서울대학교 법과경제연구센터
연구총서

개인정보 비식별화 방법론

- 보건의료정보를 중심으로 -

고학수 | 이동진 | 이선구 | 김은수 | 정종구

De-identifying
Personal
Information

박영사

어리말

바야흐로 데이터의 시대이다. 데이터 없이는 우리의 일상생활이 크게 불편해지는 세상이 되었고, 데이터가 수집되고 분석, 활용되는 상황은 지속적으로 늘어나고 있는 중이다. 데이터를 잘 수집, 보관, 활용하면 이는 개인의 일상생활에 커다란 도움을 줄 뿐더러 사회적으로나 경제 전반에도 큰 기여를 하게 된다. 다른 한편, 데이터의 오남용이나 불법적인 정보유출 등은 데이터중심경제(data-driven economy)에 대한 근본적인 신뢰를 깎아내리는 중대한 문제가 될 수 있다.

빅데이터로 활용도가 높은 정보 중에는 개인정보로 분류될법한 정보가 많다. 개인정보는 개인정보가 아닌 정보에 비해 일반적으로 보호의 필요성이 훨씬 높고 따라서 수집이나 활용 등과 관련하여 복잡한 법적 규율이 적용된다. 다른 한편, 개인정보에 적용되는 복잡한 법적 규율은 빅데이터의 수집, 분석, 활용 등에 커다란 장애요인으로 작용한다는 인식도 많다.

　빅데이터의 활용을 가능하게 해주는 동시에 개인정보를 잘 보호해 줄 수 있는 중요한 방법으로 개인정보 비식별화를 들 수 있다. 개인정보를 비식별화 하면, 오남용이나 유출 등의 가능성과 관련된 문제 자체도 상당한 정도 해결될뿐더러 개인정보에 적용되는 복잡한 법적 규율로부터도 대체로 벗어날 수 있을 것이기 때문에 데이터의 활용도가 높아질 수 있는 가능성이 열린다. 그와 동시에, 개인정보의 비식별화 과정 및 사후적인 관리의 과정은 정보에 대한 오남용과 불법 유출의 가능성을 통제하는 데에 있어 매우 중요하다. 이와 같은 맥락에서 개인정보의 비식별화에 관해 논의하고, 비식별화를 위한 기술적인 방법론 및 절차적 방법론을 정비하는 것은 매우 중요한 현실적인 의미를 가진다.

　국내에서는 최근 몇 년 사이에 비식별화에 대한 관심이 크게 늘어났다. 특히 2016년에 범정부「개인정보 비식별조치 가이드라인」이 발표된 것은 실무적인 논의와 관심을 촉발시키는 중요한 계기가 되었다. 실제로 이 가이드라인에 관해 많은 논란이 벌어지기도 했고, 실무적 유용성에 대한 회의적인 시각이 나타나기도 했다. 다른 한편, 해외에서도 비식별화에 관한 관심은 근래 몇 년 사이에 크게 늘어난 상황이다.

　이 책은 이러한 배경하에서, 관련된 논의를 정리하고 방향을 제시하는 것에 일차적인 목적을 가지고 준비된 것이다. 이 책은 철학적, 추상적 논의를 지양하고, 실용주의적인 관점에서 비식별화를 접근한다. 또한, 기술적 방법론에 지나치게 의존하는 태도의 위험성에 대해서도 지적한다. 기술적인 방법론과 절차적 통제가 서로 보완적인 역할을 해야 한다는 것이 이 책의 기본적인 입장이다. 그리고 일의적이고 기계적인 비식별화 기준을 제시하는 것은 현실적이지 않고, 오히려 주요 원칙을 정한 뒤 이를 개별상황에 따라 적절하게 판단하고 응용해야 한다는 전제하에 어떻게 비식별화를 할 것인지에 관하여 논하고 있다.

이 책의 발간을 통해 비식별화에 관한 국내에서의 논의가 한 단계 성숙할 수 있기를 기대한다. 이 책은 주로 보건의료정보를 상정하여 그에 관한 비식별화를 논의하고 있다. 하지만 비식별화에 관한 논의 자체는 여타 영역에도 유사한 원칙과 방법론이 거의 그대로 적용될 수 있을 것이다.

이 책은 필자들이 수행한 연구용역에 기초하여, 일부 내용을 수정 보완하여 준비된 것이다(국민건강보험공단, 「건강보험 빅데이터 활용 및 건강서비스 제공을 위한 법적 타당성 검토 및 가이드라인 제시」, 2016). 책자의 출간을 허용해준 국민건강보험공단에 감사드린다. 그리고 연구의 진행과정에서 여러 가지로 많은 도움을 준 국민건강보험공단의 관계자 여러분들, 자문을 제공해 준 전문가께도 감사드리고, 무엇보다 연구진으로 참여하여 헌신적인 노력을 해 준 연구진 모든 분들께 감사드린다. 연구물을 멋진 단행본으로 만들어 주신 박영사의 조성호 이사님과 김효선 선생님 그리고 편집부 여러분께도 감사의 뜻을 전한다.

2017년 6월
필자를 대표하여
고학수

차 례

개인정보 비식별화 방법론

01

서 론

서 론

　빅데이터의 활용은 미래의 중요한 성장 동력으로 주목받고 있다. 특히 보건의료 분야에서 빅데이터는 경제적 활용가치가 매우 클 것으로 기대된다. 다른 한편, 보건의료 데이터는 대부분이 민감정보이고 오남용이 발생할 경우에 프라이버시 침해의 우려가 크다.

　보건의료 빅데이터의 중요성을 고려하여 미국, 영국 등의 나라에서는 보건의료정보의 적극적이고 안전한 활용을 위한 여러 시도가 지속되고 있다. 민간부문뿐만 아니라 공공부문에서도 의료비 지출절감을 목적으로 빅데이터를 활용하는 나라들이 다수 있다. 영국은 2011년에 공개데이터 전략을 수립하면서 2013년에는 환자단위의 진료정보를 통합 및 관리하는 조직으로 HSCIC(Health and Social Care Information Center)를 창설하였고 2016년에는 이를 NHS

Digital로 개편하였다. 미국에서는 근래에 빅데이터에 기초한 정밀의료(precision medicine)에 대한 논의가 활발하게 이루어지고 있다.[1]

이처럼 보건의료에 관한 다양한 빅데이터를 적극적으로 활용하려는 수요는 점점 증가하고 있지만, 개인의 건강정보는 민감한 정보이어서 보건의료정보의 활용 빈도가 높아질수록 프라이버시 침해의 위험과 침해 시 피해 규모도 커질 우려가 있다. 따라서 건강정보의 가치를 충분히 활용하되 프라이버시 침해도 충분히 배려하는 제도의 모색이 필요한데, 그 방안으로 비식별화(de-identification) 조치가 주목받고 있다.[2] 개인을 식별할 수 있는 정보에 대해 비식별화 처리를 하게 되면 개인이 식별될 위험성을 제거하거나 크게 낮출 수 있게 되고, 이를 통해 프라이버시 침해의 위험은 예방하면서도 개인정보의 효율적인 이용을 도모할 수 있기 때문이다.

우리나라에서 보건의료정보의 맥락에서 비식별화 조치가 더욱 주목 받는 데는 또 다른 이유가 있다. 이는 현행 개인정보 보호법이 일부 모호하여 개인정보를 사용하는 데에 제약이 있는 것에 기인한다. 개인정보 보호법은 보건의료정보를 '민감정보'로 분류하여 (제23조) 정보주체의 사전 동의 없이는 정보를 처리할 수 없도록 하

---

1 강희정, '보건의료 빅데이터의 정책 현황과 과제', 보건복지포럼, 2016. 8., 62면 참조.

2 비식별화와 유사한 개념으로 익명화(anonymisation)가 있는데, 이 두 용어의 개념 차이는 아직 확실하게 정립되지 않은 상황이다. 이 책에서는 두 용어를 별도의 개념 구분 없이 이용한다. 다만, 비식별화라는 용어를 주로 쓰는 것으로 한다. 비식별화와 익명화의 개념에 대한 보다 구체적인 설명은 제4장 제1절 1.(1)의 내용 참조.

고, 법령에서 정보의 처리를 요구하거나 허용하는 경우에 한하여 예외로 하고 있다. 그러나 이 예외를 구체적으로 어떻게 해석할 지가 명확하지 않아 정보주체의 동의 없는 정보의 처리를 꺼리게 하는 원인이 되고 있다. 그런데 일정한 수준의 비식별화 조치를 통하여 보건의료정보가 더 이상 개인정보 보호법의 적용대상이 되는'개인정보'에 해당되지 않도록 한다면, 사전 동의 없이 정보를 활용할 수 있는 것이다.

이러한 상황에서 비식별화의 핵심은 '적절한' 수준의 관리 및 통제의 문제로 귀결된다. 특히 비식별화는 일회성(one-shot) 조치로 모든 문제가 해결되는 것이 아니라는 사실을 염두에 둘 필요가 있다. 따라서 적절한 비식별화 조치에 대한 논의는 비식별화 조치 수준에 대한 검토와 함께 비식별화 조치를 한 이후 재식별의 위험성을 통제하고 관리하는 것을 모두 포함한다. 이 책에서 비식별화 조치와 함께 비식별화 이후의 재식별의 위험에 대한 효과적인 관리체계를 제시하는 것도 그 때문이다.

특히 이 책에서 제시하는 보건의료정보의 관리체계는 보건의료 빅데이터 전반의 관리절차를 체계화하는 과정에서 고려되고, 절차 전반에 대한 평가와 검증 과정을 포함하는 전반적인 체계(framework) 형성의 관점에서 접근될 것을 의도한 것이다. 즉, 데이터 거버넌스, 평가절차, 사후 모니터링(monitoring) 등 데이터의 전반적인 라이프 사이클(life cycle) 측면에서 관리체계를 설정하는 것을 그 목표로 한다.

이 책에서는 우리나라 국민건강제도의 운영과정에서 수집되는 보건의료정보의 활용 방안을 중심으로 비식별화 및 정보관리체계를 살펴본다. 우리나라는 국민건강보험공단이 국민건강보험제도를 운영하는 과정에서 거의 전(全)국민에 대한 건강정보를 장기간에 걸쳐 수집하여 보유하고 있을 뿐만 아니라, 지역세대주, 직장가입자 및 만 40세 이상 세대원과 피부양자를 대상으로 일반건강검진을, 생후 4개월부터 71개월까지의 영유아를 대상으로 검진시기별로 선정하여 영유아건강검진을 실시하여 이에 관한 결과를 취합하여 보유하고 있다. 따라서 국민건강보험공단이 보유하고 있는 보건의료정보는 우리나라의 여러 빅데이터 중에서 활용가치가 가장 돋보이면서도 오남용할 경우 부정적인 파장이 매우 크기 때문에 체계적인 정보관리체계를 마련하는 것이 특히 중요하다.

전반적인 관리체계는 크게 사전적 규제와 사후적 관리로 나누어 생각할 수 있다. 사전적 규제의 대표적인 방식은 정보를 공유하기 전에 정보에 대하여 비식별화 조치를 하는 것이다. 사후적 관리는 비식별화된 정보를 제공한 이후 재식별 가능성이 나타나는 것을 방지하고 통제하기 위한 일련의 조치를 뜻한다. 이에는 절차적 통제 장치가 포함된다. 사전적 규제와 사후적 관리는 개인정보 보호라는 목적을 달성함에 있어서 상호보완적 관계에 있다. 만약 사후적 관리가 매우 엄격하게 이루어진다면 비식별화 조치의 강도는 어느 정도 완화될 수도 있고, 다른 한편 정보의 일반공개 상황과 같이 사후적 관리가 거의 불가능한 경우라면 정보에 대하여 특히 엄격한 비식별화 조치가 필요하기 때문이다.

이 책은 다음과 같이 구성되었다. 우선 제2장에서는 우리나라의 전반적인 개인정보 보호 규제체계와 보건의료 분야에서의 개인정보 보호 규제체계를 살펴본다. 제3장에서는 외국에서 보건의료정보의 공유 및 보호를 위해 마련한 법령 및 가이드라인을 포함한 관련 논의를 전반적으로 살펴본다. 해외의 논의에 대한 검토를 통해 국내 보건의료정보 관리체계 맥락에서의 비식별화에 대한 시사점을 찾는다. 제4장에서는 개인정보 비식별화와 이를 위한 관리체계를 모색한다. 제5장은 결론이다.

개인정보 비식별화 방법론

02

개인정보에 대한
법적 규율과
비식별화 논의의 필요성

개인정보에 대한
법적 규율과
비식별화 논의의 필요성

이 장에서는 먼저 우리나라의 개인정보 보호 법제를 살펴본다. 개인정보 보호 일반에 관한 규제의 체계와 그 주요 내용을 보면서 규제가 어떻게 적용되는지, 그리하여 빅데이터 활용과 관련하여서는 어떠한 한계가 생기는지 점검한다. 그리고 보건의료 영역에서의 개인정보 보호에 관한 규제체계는 어떠한지 살펴본다. 이를 바탕으로 비식별화 논의의 필요성을 도출한다.

개인정보 보호 법제도 개요

1. 개인정보 보호

(1) 법체계 개관

기술발전과 사회적 환경의 변화로 개인정보의 수집, 이용이 증가함에 따라 개인정보의 보호가 중요한 문제로 대두되고 있다. 우리나라도 1990년대 이후 영역별로 정보보호에 필요한 법들이 제정되었고, 지금까지도 그 대부분이 개인정보 보호법과 병존하고 있어 사뭇 복잡한 법제가 가동되고 있다. 보건의료정보 특유의 상황을 보기에 앞서 이러한 법제를 개관한다.

개별 법령 차원에서는 지난 2011년 제정되어 몇 차례 개정을 거친 「개인정보 보호법」이 가장 중요하다. 같은 법은 공공부문과 민간부문을 통틀어 개인정보 보호를 일괄적·통일적으로 규율하는 개인정보 보호의 기본법에 해당한다. 그러나 그밖에도 1995년 제정되어 몇 차례 개정을 거친 「신용정보의 이용 및 보호에 관한 법률」, 1999년 제정되어 몇 차례 개정을 거친 「정보통신망 이용촉진 및 정보보호 등에 관한 법률」(제정 당시에는 정보통신망이용촉진등에관한법률), 2005년 제정되어 몇 차례 개정을 거친 「위치정보의 보호 및 이용 등에 관한 법률」도 개인정보 보호를 광범위하게 규율하고 있다. 이들은 개인정보 보호에 관한 특별법에 해당한다. 그 이외에도 다수의 법령에서 개인정보 보호에 관한 개별 규정들을 두고 있다.

우리나라에서 개인정보 보호 법령의 효시(嚆矢)를 이룬 것은 1994년 제정된 「공공기관의 개인정보 보호에 관한 법률」이다. 같은 법은 공공부문의 개인정보 보호를 포괄적으로 규율하는 법으로서 국무총리실 소관 법령이었다가 2007년부터 행정자치부 소관이 되었다. 이후 재무부 소관으로 신용정보업을 규율하면서 그 과정에서 이루어지는 신용정보의 수집과 처리를 함께 다룬 「신용정보의 이용 및 보호에 관한 법률」(현재 금융위원회 소관)과, 정보통신부 소관으로 정보통신망서비스를 포괄적으로 규율하면서 그 과정에서 발생하는 개인정보의 수집과 처리를 다룬 「정보통신망 이용촉진 등에 관한 법률」(현재 방송통신위원회 소관) 및 위치정보업을 포괄적으로 규율하면서 위치정보의 수집과 처리를 함께 다룬 「위치정보의 보호 및 이용 등에 관한 법률」(현재 방송통신위원회 소관)이 순차로 제정되었다. 그 결과 공공부문에 대하여는 포괄적인 법률이 있었으나, 민간부문에 대하여는 누가, 어떤 종류의 개인정보를 어떤 맥락에서 수집·처리하는가에 따라 서로 다른 법률이 적용되었고 이들 법률이 정하는 영역에 해당하지 아니하는 영역에서는 개인정보 보호를 다루는 개별 법령이 아예 존재하지 아니한 상황이 일정 기간 지속되었다.

우리 법에서 개인정보 보호는 헌법질서의 요청이기도 하다. 따라서 개별 법령이 존재한다 하여 당연히 유효한 것이 아니라 그것이 헌법질서에 합치되는지를 따져야 하고, 반대로 개별 법령이 존재하지 아니한다고 하여 개인정보 보호가 전혀 이루어지지 아니하는 것도 아니다. 그러나 헌법상의 보호는 매우 성긴 것이어서 개인정보 보호를 둘러싼 복잡한 이해충돌을 다루는데 한계가 있다. 개인정보 보호에 관한 미국과 유럽연합(EU) 법제의 급속한 진전도 고려할 필요가 있다. 이에 행정안전부는 2011년 종래의「공공기관의 개인정보 보호에 관한 법률」을 폐지하고 그 대신「개인정보 보호법」을 제정하였다. 같은 법은 종전의「공공기관의 개인정보 보호에 관한 법률」과 달리 공공부문은 물론 민간부문에 대하여도 개인정보 보호의 기본법이 될 수 있도록 그 적용범위를 크게 확장하였다. 다만, 종래 금융위원회와 방송통신위원회 소관으로 되어 있던 법률에 대하여는 그 우선적용을 인정하였다. 나아가 새로 제정된「개인정보 보호법」도 개인정보 보호가 문제되는 모든 경우에 적용되는 것은 아니고 일정한 요건, 즉 같은 법률이 정한 "개인정보파일"이 존재하고 이를 "운용"하는 "개인정보처리자"가 "개인정보"를 "처리"하는 경우를 그 적용대상으로 하고 있다. 이로 인한 틈은 여전히 헌법(및 민사법)이 메우고 있다.

(2) 개인정보 보호법에 의한 보호

가. 적용범위

개인정보 보호법은 크게 개개인의 개인정보 수집, 처리 및 보호에 관한 규정과 공공기관의 개인정보 보호와 관계된 규정으로 구성되어 있다. 그 중에서 전자의 적용범위는 이중으로 제한되어 있다.

첫째, 개인정보 보호법은 "개인정보처리자"가 "개인정보"를 "처리"하는 경우에 한하여 적용된다. 이 점을 명시하는 규정은 없으나 개인정보 보호법 중 개인정보의 수집, 처리에 관한 규정은 개인정보처리자의 개인정보 처리상의 의무를 정함으로써 간접적으로 이를 밝힌다.

개인정보처리자란 업무를 목적으로 개인정보파일을 운용하기 위하여 스스로 또는 다른 사람을 통하여 개인정보를 처리하는 공공기관, 법인, 단체 및 개인을 말한다(개인정보 보호법 제2조 제5호). 그리고 개인정보파일은 개인정보를 쉽게 검색할 수 있도록 일정한 규칙에 따라 체계적으로 배열하거나 구성한 개인정보의 집합물, 즉 개인정보 데이터베이스를 가리킨다(개인정보 보호법 제2조 제4호). 개인정보를 업무상 체계적으로 관리하는 경우에 적용되고, 업무와 무관하게 사적인 이유로 관리하거나, 업무상이어도 그때그때 필요한 개인정보를 수집하여 보관할 뿐 (잠재적 다수의) 개인정보를 체계화하여 검색 가능하게 관리하고 있지 아니한 때에는 개인정보 보호법이 적용되지 아니한다. 이러한 경우에는 개인정보 보호를 위하여 특별한 규제가 필요할 정도의 위험(risk)이 창출되었다고 보기 어렵기 때문이다.

둘째, 위와 같은 경우에 해당한다 하더라도 그 수집 목적상 개인정보 보호법의 규율대상에서 제외되는 경우가 있다. 언론이 취재·보도를 위하여 또는 그 과정에서 개인정보를 수집·이용하거나 종교단체가 선교를 위하여 또는 그 과정에서 개인정보를 수집·이용하는 경우, 정당이 선거 입후보자 추천을 위하여 수집·이용하는 경우에는 개인정보 보호법 중 개인정보 보호에 관한 규정을 적용하지 아니한다. 언론의 자유, 종교의 자유, 정당 활동의 보장이 더 중요한 이익이고, 이에 대하여 복잡한 규제를 과하는 것이 위험하다고 본 것이다. 그밖에 「통계법」에 따른 공공기관의 개인정보 처리,

국가안전보장과 관련된 정보 분석을 목적으로 하는 개인정보 수집, 공중위생 등 공공의 안전과 안녕을 위하여 긴급히 필요한 경우로서 일시적으로 행해지는 개인정보의 처리도 같다(개인정보 보호법 제58조). 이들 역시 각각 개인정보 보호법의 복잡한 규제를 부과하지 아니할 만한 정당한 사유가 있다고 쉽사리 인정될 만한 것들이다.

나. 다른 법률과의 관계

한편 개인정보 보호에 관하여 다른 법률에 특별한 규정이 있는 경우에는 그 규정이 우선한다(개인정보 보호법 제6조). 이에 해당하는 규정은 많으나, 가장 중요한 것은 위 「정보통신망 이용촉진 및 정보보호 등에 관한 법률」, 「신용정보의 이용 및 보호에 관한 법률」, 「위치정보의 보호 및 이용 등에 관한 법률」상의 개인정보 보호에 관한 규정이고, 이 책의 내용과 관련하여 중요한 것은 그중 정보통신망 이용촉진 및 정보보호 등에 관한 법률이다. 같은 법은 직접 전기통신역무를 제공하거나 이를 이용하여 정보를 제공하거나 정보 제공을 매개하는 자와, 타인이 제공하는 전기통신역무를 이용하여 영리를 목적으로 정보를 제공하거나 그 제공을 매개하는 자("정보통신서비스제공자")가 그 "이용자"에게서 개인정보를 수집·이용하는 경우에 적용된다(정보통신망 이용촉진 및 정보보호 등에 관한 법률 제2조 제1항 제1, 2, 3호, 제22조 이하).

위 법률의 규율대상은 대부분 본래는 개인정보 보호법의 적용범위에 포함되는 것임에도 불구하고 정보통신서비스제공자와 그 이용자 사이 등 일정한 요건하에 개인정보 보호법의 적용을 배제하고 위 각 법률을 적용하게 한다. 물론 위 각 법률이 정하는 개인정보 보호에 관한 규율은 대부분 개인정보 보호법과 일치한다. 일부 일치하지 아니하는 경우에도 문제가 된 규율영역의 특성상 특칙을 두었다고 볼 소지가 적지 아니하다. 그러나 언제나 그러한 것은 아니다. 대표적으로 개인정보 보호법 제15조 제1항 제4호는 "정보주체와의 계약의 체결 및 이행을 위하여 불가피하게 필요한 경우"를 정보주체의 동의 없이 그의 개인정보를 수집할 수 있는 예외사유의 하나로 규정하고 있으나, 정보통신망 이용촉진 및 정보보호 등에 관한 법률 제22조에는 그러한 예외사유가 없는데, 이러한 차이가 두 법의 규율대상의 실질적 차이에서 비롯된, 의식적인 결정이라고 단정하기는 어려운 것이다. 그럼에도 불구하고 정보통신망 이용촉진 및 정보보호 등에 관한 법률의 적용대상인 이상 개인정보 보호법상의 "계약의 체결 및 이행을 위하여 불가피하게 필요"하다는 점이 정보주체의 동의 없이 그의 개인정보를 수집하는 것을 정당화할 만한 사유가 되지 아니한다.[1]

이처럼 반드시 합리적이라고 할 수는 없는 규율상의 차이가 존재하므로 어떤 경우에 어떤 법률이 적용되는가가 중요해진다. 같은 규정을 두고 있다 하더라도 그 소관 부서가 서로 달라 실제 운용이 달라질 수 있다는 점에서도 그러하다. 문제는 개인정보 보호법과 위 각 법률 사이의 경계 내지 적용범위에 다소간 불분명한 점이 있다는 것이다. 예컨대 정보통신서비스를 제공하고 있는 자가 동시에 오프라인 영업도 하고 있고 문제가 된 개인정보는 오직 오프라인 영업과 관련하여 오프라인에서 수집되고 처리된 경우, 여기에 개인

---

1 대법원 2016. 6. 28. 선고 2014두2638 판결 참조.

정보 보호법이 적용되어야 하는지 정보통신망 이용촉진 및 정보보호에 관한 법률이 적용되어야 하는지 반드시 분명하다고 할 수는 없다. 정보통신망 이용촉진 및 정보보호 등에 관한 법률과 신용정보의 이용 및 보호에 관한 법률, 위치정보의 보호 및 이용 등에 관한 법률 상호간에 적용영역이 분명하지 아니한 경우도 없지 아니하다. 실무상으로는 문제되는 법률들이 여러 집행기관에 의하여 중복 적용될 가능성이 있음을 염두에 두는 수밖에 없다.

다. 개인정보의 수집·목적 내 이용 및 제3자 제공

누군가 다른 사람이 나의 개인정보를 가지고 있다는 사실은 그 자체로 나의 인격의 자유로운 발현에 (주로 부정적인) 영향을 줄 수 있다. 그러나 다른 한편 개인정보를 수집, 관리하지 아니하고서는 할 수 없는 일이 있을 뿐 아니라 개인정보를 체계적으로 수집, 관리함으로써 더 효율적으로 이루어질 수 있는 일도 많다. 개인정보 보호는 결국 대립하는 두 이익 사이에서 어떻게 균형점을 찾을 것인가의 문제이다. 그리고 이러한 경우 법에서 사용하는 대표적인 잣대가 비례성의 원칙(principle of proportionality)이다.

그리하여 목적달성을 위하여 필요한 최소한의 개인정보만을 수집하고 그 범위에서 이용하는 것이 개인정보의 수집과 이용을 지배하는 중요한 원칙이 되고 있다(목적구속의 원칙). 명문 규정은 없으나 이때 목적이 "정당한", 즉, 법질서에서 받아들일 수 있는 범위 내의 것이어야 함은 물론이다. 개인정보 보호법도 마찬가지이다. 개인정보처리자는 개인정보를 처리하는 목적에 필요한 범위에서 최소한의 개인정보만을 수집하여야 하고, 그 범위에서 개인정보를 처리하여야 한다(개인정보 보호법 제3조 제1, 2항, 제15조 제1항, 제16조 제1항).

그러나 다른 한편으로는 정보주체, 즉 당해 개인정보가 귀속되는 주체에게 자기에 관한 정보에 대하여 일정한 통제권을 부여하여야 한다고 생각할 수도 있다. 적어도 우리 헌법에서는 정보주체에 이와 같은 권리(개인정보자기결정권)가 있다고 이해하고 있다. 실질적으로 목적에 구속되어야 한다는 원칙 이외에 형식적으로 정보주체에게 결정권을 주어야 한다는 것이다. 정보주체의 결정권을 실현하는 방법으로는 크게 두 가지를 생각할 수 있다. 하나는 일단 개인정보처리자가 개인정보를 -목적에 필요한 범위에서- 수집, 이용할 수 있게 하되, 정보주체에게 이에 반대할 수 있는 권한을 주는 옵트아웃(opt-out) 방식이고, 다른 하나는 개인정보처리자로 하여금 처음부터 정보주체의 사전 동의를 받아야 그에 관한 정보를 수집·이용할 수 있게 하는 옵트인(opt-in) 방식이다. 어느 쪽이든 정보주체에게 그의 의사에 따라 개인정보의 수집·이용 여부를 결정할 권한을 준다는 점에서는 같다. 그러나 두 방식은 개인정보의 수집·이용에 관하여 서로 다른 거래비용(transaction costs)을 부과하고 있고, 그 결과 현실적으로는 상당한 차이를 낳을 수 있다. 전자는 개인정보의 보호보다 활용을 더 용이하게 하고 후자는 개인정보의 활용보다 보호를 더 용이하게 하는 효과가 나타날 수 있다.

두 모형 중 어느 것을 따를지에 관하여는 서로 다른 시도가 이루어진 바 있다. 「공공기관의 개인정보 보호에 관한 법률」은 전자의 태도를 취하였으나(같은 법 제4조, 제14조) 개인정보 보호법을 제정하면서 후자를 원칙으로 하는 태도로 전환하였다. 개인정보처리자는 개인정보를 수집하려면 원칙적으로 정보주체의 사전 동의를 받아야 한다(동의 원칙). 이때 동의는 개인정보를 특정 목적으로 일정한 범위에서 수집하여 이용하는 것에 대한 동의이다. 개인정보의 수집·이용의 목적과 수집하려는 개인정보의 항목을 정보주체에게 동의 전에 알려 주어야 하는 까닭이 여기에 있다(개인정보 보호법 제15조 제1항 제1호, 제2항 제1, 2호). 그러나 단지 고지하는 것만으로는 정보주체가 그 의미와 정보의 수집에 따르는 위험 등을 잘 이해하지 못한 채 동의하거나 경솔하게 동의할 위험이 있다. 개인정보처리자가 정보주체에게 특정 재화 또는 서비스를 제공하면서 그 제공에 필요한 최소한의 개인정보를 넘어 개인정보의 수집 동의를 그 제공과 결부시키는 방식으로 사실상 개인정보 수집에 대한 동의를 강제할 가능성도 있다.

그리하여 법은 위 사정 이외에, 개인정보의 보유 및 이용 기간, 동의를 거부할 권리가 있다는 사실 및 동의 거부에 따른 불이익이 있는 경우에는 그 불이익의 내용 등을 알리고(개인정보 보호법 제15조 제2항 제3, 4호), 개인정보 수집에 대한 동의를 그것이 필수적이지 아니한 재화나 서비스의 제공과 결부시키는 것을 금지하고 있다. 이를 위하여 필요하다면 정보별로 나누어 따로 동의를 받아야 한다. 특히 정보주체에게 재화나 서비스를 홍보하거나 판매를 권유하기 위한 개인정보 수집의 경우 그러한 점을 정보주체가 "명확하게 인지할 수 있도록 알리고 동의를 받아야 한다"(개인정보 보호법 제16조 제2, 3항, 제22조 제3, 4항). 이는 이른바 실질적 자기결정을 강하게 배려하는 태도라고 할 수 있다. 판례도 정보통신망 이용촉진 및 정보보호 등에 관한 법률상 개인정보 수집·이용 동의에 관하여 "이용자가 개인정보 제공에 관한 결정권을 충분히 자유롭게 행사할 수 있도록, 정보통신서비스 제공자가 미리 해당 인터넷 사이트에 통상의 이용자라면 용이하게 법정 고지사항의 구체적 내용을 알아볼 수 있을 정도로 법정 고지사항 전부를 명확하게 게재하여야" 할 뿐 아니라, 더 나아가 "법정 고지사항을 게재하는 부분과 이용자의 동의 여부를 표시할 수 있는 부분을 밀접하게 배치하여 이용자가 법정 고지사항을 인지하여 확인할 수 있는 상태에서 개인정보의 수집·제공에 대한 동의 여부를 판단할 수 있게 하여", "동의의 표시는 이용자가 개인정보의 수집·제공에 동의를 한다"는 명확한 인식하에 행하여질 수 있도록 그 실행방법이 마련되어야 한다면서, 이벤트 팝업창에서 법정 고시사항을 화면 제일 하단에 배치한 것만으로는 적법한 동의를 받았다고 할 수 없다고 함으로써[2] 같은 이해를 보이고 있다. 정보통신망 이용촉진 및 정보보호 등에 관한 법률과 거의 같은 규정을 두고 있는 개인정보 보호법상의 개인정보 수집·이용에도 이러한 해석이 연장될 가능성이 높다.

이상과 같은 개인정보의 수집·이용에 대한 동의는 인(격)적 성질을 갖는 법률행위로서 민법(재산법)과는 별도의 규율을 받는다. 가령 이때의 동의는 설명을 전제로 한 동의(informed consent)이므로, 설명이 이루어지지 아니하면 동의가 무효가 될 가능성이 있다. 또한 민법상 법률행위에 관한 규정이 일부 수정되어 만 14세 미만 아동의 개인정보를 처리하기 위한 동의는 법정대리인이 하고 개인정보처리자는 법정대리인의 동의를 받기 위하여 필요한 최소한의 정보에

---

2 상동.

한하여 법정대리인의 동의 없이 해당 아동으로부터 직접 수집할 수 있다(개인정보 보호법 제22조 제5항). 그러나 그 반대해석으로 만 14세를 넘은 자의 개인정보 처리는 - 미성년자라 하더라도 - 정보주체 본인의 동의만 받으면 된다고 할 것인지, 아니면 - 의료행위에서 논의되는 바와 같이 - 정보주체 본인과 그의 법정대리인 쌍방의 동의를 받아야 하고 만일 두 사람의 의견이 서로 다른 경우에는 복잡한 조정 문제가 생긴다고 보아야 할지는 반드시 분명하다고 할 수 없다. 성년인 정보주체에 대하여 성년후견이 개시되고 그의 능력이 제한된 경우에도 해석상 문제가 있다.

동의를 받은 경우 개인정보의 이용은 원칙적으로 그 동의의 범위로 제한된다. 동의의 범위가 어디까지인가 하는 점은 동의의 해석에 관한 문제가 된다.

다만, 특히 주민등록번호를 과도하게 수집하여 이용함으로써 생기는 문제를 피하기 위하여 주민등록번호에 대하여는 법령에서 구체적으로 주민등록번호의 처리를 요구하거나 허용한 경우 및 정보주체 또는 제3자의 급박한 생명, 신체, 재산의 이익을 위하여 명백히 필요하다고 인정되는 경우와 행정자치부령으로 정하는 경우가 아닌 한 정보주체의 동의를 받아도 수집·이용할 수 없게 하고 있다. 또한 위와 같은 사유가 있다 하더라도 특히 정보주체가 인터넷 홈페이지를 통하여 회원으로 가입하는 단계에서는 주민등록번호를 사용하지 아니하고도 회원으로 가입할 수 있는 방법을 제공하여야 한다(개인정보 보호법 제24조의2).

그러나 모든 경우에 정보주체의 명시적·직접적 사전 동의가 필요한 것은 아니다. 최근의 판례는 개인정보를 스스로 공개하여 게시하였다는 사실로부터 묵시적 동의를 읽어내기도 한다.[3] 좀 더 중요한 것은 개인정보 보호법상 정보주체의 의사를 묻지 아니하고 개인정보를 수집·이용하는 것을 허용하는 예외가 있다는 점이다(개인정보 보호법 제15조 제1항 제2 내지 6호). 예외사유는 다음과 같다.

> ▶ 제2호: 법률에 특별한 규정이 있거나 법령상 의무를 준수하기 위하여 불가피한 경우
> ▶ 제3호: 공공기관이 법령 등에서 정하는 소관 업무를 수행하기 위하여 불가피한 경우
> ▶ 제4호: 정보주체와의 계약의 체결 및 이행을 위하여 불가피

---

3 판례는 명문 규정이 없음에도 불구하고 "정보주체가 직접 또는 제3자를 통하여 이미 공개한 개인정보는 그 공개 당시 정보주체가 자신의 개인정보에 대한 수집이나 제3자 제공 등의 처리에 대하여 일정한 범위 내에서 동의하였다고 할 것"이라면서, 그 범위에서 이용하는 것은 정보주체로부터 직접 동의를 받지 아니하더라도 허용된다고 한다. 물론 이 경우에도 개인정보처리자의 이용이 정보주체의 추단적 동의의 범위에 있는지 여부는 동의의 범위에 대한 해석 문제로 귀결되는데, 직접 동의를 받은 경우와 달리 추단적 동의의 경우 어떤 경우에 동의가 있었다고 볼 것인지에 관하여는 해석이 상당히 까다롭다. 판례는 "공개된 개인정보의 성격, 공개의 형태와 대상 범위, 그로부터 추단되는 정보주체의 공개 의도 내지 목적뿐만 아니라, 정보처리자의 정보제공 등 처리의 형태와 그 정보제공으로 인하여 공개의 대상 범위가 원래의 것과 달라졌는지, 그 정보제공이 정보주체의 원래의 공개 목적과 상당한 관련성이 있는지 등을 검토하여 객관적으로 판단하여야" 한다고 한다(대법원 2016. 8. 17. 선고 2014다235080 판결). 이러한 근거에서 개인정보가 이용되는 경우 정보주체가 아닌 제3자가 정보의 출처가 되므로 정보주체는 개인정보처리자에게 자신에 대한 개인정보의 수집 출처와 처리 목적 등을 알려줄 것을 요구할 수 있고, 나아가 그 처리의 정지도 요구할 수 있다(개인정보 보호법 제20조 제1항, 제37조). 이러한 맥락에서, 정보주체의 -구체적- 결정권은 사후 통제를 통하여 보장되는 것으로 보아야 한다.

하게 필요한 경우

▶ **제5호**: 정보주체 또는 그 법정대리인이 의사표시를 할 수 없는 상태에 있거나 주소불명 등으로 사전 동의를 받을 수 없는 경우로서 명백히 정보주체 또는 제3자의 급박한 생명, 신체, 재산의 이익을 위하여 필요하다고 인정되는 경우

▶ **제6호**: 개인정보처리자의 정당한 이익을 달성하기 위하여 필요한 경우로서 명백하게 정보주체의 권리보다 우선하는 경우. 다만, 개인정보처리자의 정당한 이익과 상당한 관련성이 있고 합리적인 범위를 초과하지 아니하는 경우에 한한다.

위 예외사유는 "사상·신념, 노동조합·정당의 가입·탈퇴, 정치적 견해, 건강, 성생활 등에 관한 정보, 그밖에 정보주체의 사생활을 현저히 침해할 우려가 있는 개인정보로서 대통령령으로 정하는 정보"(민감정보)와 "법령에 따라 개인을 고유하게 구별하기 위하여 부여된 식별정보로서 대통령령으로 정하는 정보"(고유식별정보)에 대하여는 더욱 제한된다. 이때에는 정보주체의 별도의 동의를 받지 못한 이상 민감정보나 고유식별정보의 처리를 요구하거나 허용하는 명문 규정이 있어야 수집·이용이 가능하다(개인정보 보호법 제23조, 제24조 제1항). 고유식별정보라 하더라도 주민등록번호의 경우에는 법령에서 "구체적으로" 주민등록번호의 처리를 요구하거나 허용한 경우와 정보주체 또는 제3자의 급박한 생명, 신체, 재산의 이익을 위하여 명백히 필요하다고 인정되는 경우, 행정자치부령으로 정하는 경우에 한하여 수집·이용할 수 있다(개인정보 보호법 제24조의2 제1항).[4]

---

[4] 그밖에 이 책의 연구범위를 벗어난 문제이기는 하지만, 공개된 장소에 설치된 비

위 예외규정에 의하여 정보주체의 동의 없이 개인정보를 수집·이용하는 경우에도 법률규정, 법령상 의무 내지 소관 업무, 당해 계약의 체결 및 이행, 정보주체 또는 제3자의 급박한 생명, 신체, 재산의 이익, 개인정보처리자의 정당한 이익을 위하여 "필요한 최소한의" 정보에 대해서만 수집·이용이 이루어져야 한다.

목적 범위 내에서 수집·이용한다 하더라도 그 처리방법은 여러 가지가 있을 수 있다. 개인정보처리자는 원칙적으로 스스로 이를 처리하여야 한다. 이행보조자(민법 제391조)를 사용할 수는 있다. 문제는 이행보조자가 아닌 제3자에게 처리를 맡길 수 있는가 하는 점이다. 이때에는 두 경우를 나누어 보아야 한다.

만약 제3자에게 맡기고자 하는 것이 개인정보의 처리업무라면, 즉 이른바 아웃소싱(outsourcing)을 하고자 한다면, 이는 개인정보의 "위탁"에 해당한다. 개인정보 위탁은 정보주체로부터 별도의 명시적 동의를 받지 아니하여도 할 수 있다. 대신 개인정보 처리업무의 위탁에 관하여 일정한 세부사항을 공개하여야 하고(개인정보 보호법 제26조), 수탁자가 업무와 관련하여 개인정보 보호법을 위반하여 발생한 손해배상책임에 대하여 수탁자를 개인정보처리자의 소속 직원으로 간주하므로(개인정보 보호법 제26조 제6항) 법률상(민법 제391조)·사

디오감시장치(영상정보처리기기)에 의한 개인정보 수집에 대하여는 별도의 허용 사유 내지 요건이 규정되어 있다(개인정보 보호법 제25조, 제58조 제2항). 반면 개인정보처리자가 동창회, 동호회 등 친목 도모를 위한 단체를 운영하기 위하여 개인정보를 수집·이용하는 것은 별다른 제한 없이 허용된다(개인정보 보호법 제58조 제3항).

실상(민법 제756조) 면책 가능성 없이 전 책임을 지게 된다.

　　반면 개인정보처리자가 단지 개인정보의 처리만을 위탁하는 것이 아니라 - 당초 목적 범위에서, 또는 당초의 목적 달성을 위하여 - 고유한 실질적 업무수행을 위하여 제3자에게 개인정보에 대한 접근통제권을 부여한다면 이는 제3자 "제공"에 해당한다. 이는 정보주체가 직면할 수 있는 위험(risk)을 상당한 정도로 키우므로 당연히 허용되는 것은 아니고, 자신의 수집 · 이용에 준하는 요건을 갖추어야 한다. 즉, 원칙적으로 제3자 제공에 대하여 별도의 동의를 받아야 하며, 이때 동의를 위해서는 미리 개인정보를 제공받는 자, 그의 이용 목적, 제공하려는 개인정보의 항목, 개인정보를 제공받는 자의 개인정보 보유 및 이용 기간 및 동의를 거부할 권리가 있다는 사실과 거부에 따른 불이익이 있는 경우에는 그 불이익의 내용까지 알려야 한다(개인정보 보호법 제17조 제2항).

　　그러나 당초의 수집 목적과 관련하여 제3자 제공에 대하여 법률에 특별한 규정이 있거나, 제3자 제공이 법령상 의무를 준수하기 위하여 불가피하거나, 제3자 제공이 공공기관이 법령 등에서 정하는 소관 업무의 수행을 위하여 불가피한 경우 및 정보주체 또는 그 법정대리인이 의사표시를 할 수 없는 상태에 있거나 주소불명 등으로 사전 동의를 받을 수 없는 경우로서 명백히 정보주체 또는 제3자의 급박한 생명, 신체, 재산의 이익을 위하여 제3자 제공이 필요하다고 인정되는 경우에는 별도의 동의 없이 제3자 제공을 할 수 있다(개인정보 보호법 제17조 제1항 제2호). 이 예외조항을 앞에서 본 개인정보의 수집 · 조직 내 이용에 대한 동의원칙의 예외 사항과 비교해

보면, 정보주체와의 계약 체결 및 이행을 위하여 불가피하게 필요한 경우와 개인정보처리자의 정당한 이익을 달성하기 위하여 필요한 경우로서 명백하게 정보주체의 권리보다 우선하는 경우가 제외되어 있음을 알 수 있다. 전자는 그러한 사유가 있다 하더라도 동의를 받아야 한다고 본 것이고, 후자는 이를 위하여 제3자 제공이 필요한 경우를 상정할 수 없다고 본 것이라고 해석할 수 있다. 특히 민감정보, 고유식별정보에 대하여는 앞에서 수집·이용에 관하여 설명한 바와 같은 제한이 제3자 제공에 대하여도 적용된다(개인정보 보호법 제23조, 제24조).

다만, 제공받는 제3자가 국외에 소재하는 경우에는 정보주체의 동의만이 허용요건이 될 뿐, 법에 별도로 규정된 예외는 없다(개인정보 보호법 제17조 제3항). 정보주체의 동의를 받지 아니하고 제3자에게 제공할 수 있는 경우에는 국외에 소재하는 제3자에게도 동의 없이 제공할 수 있다는 견해가 있으나, 이에 관해서는 논의가 본격적으로 이루어지지 않은 상태이다. 나아가 개인정보처리자는 정보주체의 동의를 받은 때에도 개인정보 보호법을 위반하는 내용의 계약을 체결하여서는 아니 된다(개인정보 보호법 제17조 제3항). 이는 개인정보 보호법이 이른바 국제적 강행규정에 해당함을 선언하는 의미도 갖는다.

이렇게 다른 개인정보처리자로부터 개인정보를 제공받은 자 또한 그 개인정보를 목적 외로 이용하거나 제3자에게 제공하지 아니할 의무를 짐은 물론이다(개인정보 보호법 제19조).

라. 개인정보의 목적 외 제3자 제공·이용

개인정보의 다양한 활용이 가능하기 위해서는 당초 수집한 목적에 따라 이용하는 것 이외에 이를 별도의 독자적 목적을 갖고 있는 제3자에게 제공하거나 수집한 개인정보처리자 스스로 당초의 목적을 벗어나 다른 목적에 이용할 가능성이 일정한 경우에 부여되어야 한다. 제3자 제공 등이 불가피한 경우도 있다. 그러나 이는 목적구속의 원칙의 예외이고 정보주체의 자기결정에 의하여 정당화될 수 없는 경우이므로 좀 더 섬세한 이익조정이 필요하다.

이와 관련하여 법은 이중의 요건을 설정하고 있다. 먼저, 목적 외 이용이나 제3자 제공이 "정보주체 또는 제3자의 이익을 부당하게 침해할 우려"가 없어야 한다. 이 요건은 목적 내 제3자 제공에 관하여 규정하는 제17조에는 없는 것이다.

다음, 목적 외 이용이나 제3자 제공에 대한 정보주체의 별도의 동의가 있거나 그 밖의 근거가 있어야 한다. 동의의 요건은 목적 내 제3자 제공의 요건과 대체로 비슷하다. 개인정보를 제공받는 자, 개인정보의 이용 목적(제공 시에는 제공받는 자의 이용목적을 말한다), 이용 또는 제공하는 개인정보의 항목, 개인정보의 보유 및 이용 기간(제공 시에는 제공받는 자의 보유 및 이용 기간을 말한다), 동의를 거부할 권리가 있다는 사실 및 동의 거부에 따른 불이익이 있는 경우 그 불이익의 내용을 정보주체에게 알린 다음 동의를 받아야 한다(개인정보 보호법 제18조 제2항 제1호, 제3항). 이때의 이용 목적은 당초 그 개인정보를 수집한 개인정보처리자의 이용 목적과는 다르다.[5] 또한 정보주체의 동의 없이 목적 외 이용이나 제3자 제공을 할 수 있는 경우도 있는데, 이 요건은 목적 내 제3자 제공의 요건과 다소 다르다(개인정보 보호법 제18조 제2항). 일부 조항은 목적 외 이용의 전형적인 허용사유를 포함하고 있고(가령 제4호, 제6 내지 9호), 다른 한편 목적 내 이용보다 그 범위를 제한하거나 요건을 강화하고 있는 조항도 있다(가령 제5호).

▶ 제2호: 다른 법률에 특별한 규정이 있는 경우
▶ 제3호: 정보주체 또는 그 법정대리인이 의사표시를 할 수 없는 상태에 있거나 주소불명 등으로 사전 동의를 받을 수 없는 경우로서 명백히 정보주체 또는 제3자의 급박한 생명, 신체, 재산의 이익을 위하여 필요하다고 인정되는 경우
▶ 제4호: 통계작성 및 학술연구 등의 목적을 위하여 필요한 경우로서 특정 개인을 알아볼 수 없는 형태로 개인정보를 제공하는 경우
▶ 제5호: 개인정보를 목적 외의 용도로 이용하거나 이를 제3자에게 제공하지 아니하면 다른 법률에서 정하는 소관 업무를 수행할 수 없는 경우로서 보호위원회의 심의·의결을 거친 경우
▶ 제6호: 조약, 그 밖의 국제협정의 이행을 위하여 외국정부 또는 는 국제기구에 제공하기 위하여 필요한 경우

---

5 직접 동의를 받지 못하였다 하더라도 정보주체가 직접 또는 제3자를 통하여 이미 공개한 개인정보는 그 공개 당시 정보주체가 자신의 개인정보에 대한 수집이나 제3자 제공 등 처리에 대하여 일정한 범위 내에서 동의하였다고 보는 것이 판례임은 앞서 설명한 바와 같다(대법원 2016. 8. 17. 선고 2014다235080 판결 등).

▶ 제 7 호: 범죄의 수사와 공소의 제기 및 유지를 위하여 필요한 경우

▶ 제 8 호: 법원의 재판업무 수행을 위하여 필요한 경우

▶ 제 9 호: 형(刑) 및 감호, 보호처분의 집행을 위하여 필요한 경우

다만, 제5 내지 9호의 사유는 - 아마도 개인정보처리자가 - 공공기관인 경우로 한정한다(개인정보 보호법 제18조 제2항 단서).

위 각 예외사유 중 실무적으로 중요한 것은 제2호와 제4호일 것이다. 제2호와 관련하여, 판례는 민사소송절차에서 법원이 문서제출명령을 하는 경우(민사소송법 제344조 제2항 제2호) 문서제출거부사유에 해당하지 아니하는 한 문서소지인에게 문서제출의무가 있고, 이는 개인정보 보호법 제18조 제2항 제2호에서 정하는 사유에 해당하므로, 그 문서에 개인정보가 포함되어 있다 하더라도 문서제출을 거부할 수 없다고 한 것[6] 이외에는 찾아보기 어렵다.

한편, 특히 민감정보와 고유식별정보의 목적 외 이용과 관련하여서는 미묘한 해석 문제가 제기될 수 있다. 개인정보 보호법 제23조와 제24조는 모두 민감정보 및 고유식별정보에 대하여 별도의 동의를 받거나, 법령이 그 처리를 요구하거나 허용하는 경우가 아닌한 이들 정보의 처리를 금지하고 있다. 그리고 이러한 "처리"에는 개인정보의 "이용"과 "제공"이 모두 포함된다(개인정보 보호법 제2조 제2호). 또한 개인정보 보호법 제23조, 제24조는 민감정보, 고유식별정보 처리에 대한 동의를 받음에 있어 개인정보 보호법 제15조 제2

---

6 대법원 2016. 7. 1.자 2014마2239 결정.

항 각 호 또는 제17조 제2항 각 호의 사항을 알릴 것을 요구할 뿐 목적 외 이용 및 제3자 제공에 관한 제18조 제3항은 언급하지 아니한다. 그 결과 개인정보 보호법 제23조, 제24조가 목적 외 이용 및 제3자 제공, 즉 개인정보 보호법 제18조에 대하여도 적용되는지 여부는 분명하지 않게 되었다. 다시 말하면, 개인정보 보호법 제23조, 제24조는 (1) 제15조와 제17조에 대한 특칙인지, 또는 (2) 제15조, 제17조, 제18조 모두에 대한 특칙인지 명확하지 않다.

동의의 요건에 관하여는 여러 가지 해석이 있을 수 있다. 우선 개인정보 보호법 제23조, 제24조의 동의는 목적 내 이용 등에 관한 동의만을 포함하고, 이 규정이 같은 법 제18조에 대하여도 특칙이어서 목적 외 이용 및 제3자 제공에 대한 동의가 허용되지 아니한다는 법해석의 입장이 있을 수 있다. 그리고 같은 법 제23조, 제24조의 동의가 목적 외 이용 및 제3자 제공에 대한 동의를 포함하거나 위 규정이 같은 법 제18조에 대한 특칙은 아니어서 민감정보나 고유식별정보라 하더라도 별도의 동의를 받아 목적 외 이용 및 제3자 제공을 할 수 있다는 입장도 있을 수 있다. 그 이외에 법령상 민감정보나 고유식별정보의 처리가 요구되거나 허용되는 경우에 대하여도 이 규정이 제18조에 대한 특칙이고 그 자체 목적 내 처리만을 포섭한다는 입장, 이 규정이 제18조에 대한 특칙이기는 하나 목적 내 처리와 목적 외 처리 모두를 포섭한다는 입장, 이 규정은 제15조, 제17조에 대한 특칙일 뿐 제18조에 대한 특칙은 아니고 목적 외 이용 및 제3자 제공에 대하여는 민감정보 및 고유식별정보라 하더라도 여전히 제18조가 적용된다는 입장이 있을 수 있다. 이에 관하여 아직까지 본격적인 법적 논의는 이루어지지 아니하고 있다.

주민등록번호가 아닌 한 동의에 의한 목적 외 제3자 제공은 비교적 수월하게 허용할 수 있을 것이나, 동의 원칙의 예외에 대하여는 논란의 소지가 있다.

그밖에 목적 외 국외 제3자 제공에 대하여는 – 그것이 허용된다고 보는 한 – 목적 내 국외 제3자 제공에 대한 것과 같은 제한이 부과된다. 개인정보 보호법 제18조는 제17조 제3항을 인용하지 아니하나, 제17조 제1항 제1호가 목적 내·외를 불문하고 동의를 제3자 제공의 예외사유로 들고 있고, 이에 대하여 제17조 제3항과 제18조 제2항 제1호가 각각 국외 이전과 목적 외 제공의 추가요건을 정하고 있다고 해석할 수 있다. 한편, 개인정보 보호법 제18조 제1항 제6호는 "조약, 그 밖의 국제협정의 이행을 위하여 외국정부 또는 국제기구에 제공하기 위하여 필요한 경우"를 예외사유로 들고 있는데, 이는 그 성질상 대부분의 경우에 국외 제공일 수밖에 없다.

마. 개인정보의 안전한 관리와 파기

개인정보처리자는 개인정보파일을 운용하여야 하고, 이를 위해서는 어떠한 형태로든, 가령 디지털저장매체에 저장하든 종이 등에 기록하든 그 보관이 거의 필수적이다. 이러한 기록, 저장, 보유는 모두 법률적으로 개인정보의 "처리"에 해당하나(개인정보 보호법 제2조 제2호) 대개는 목적에 필요한 행위로서 그 자체로 독자적인 법률적 문제를 발생시키지는 아니한다.

그러나 개인정보처리자가 개인정보를 보관함에 따라 이것이 분실·도난·유출될 위험이 발생하고, 또 위조·변조·훼손 등으로 인해 그 정확성 등이 손상될 위험도 발생한다. 이는 개인정보처리자가 개인정보파일을 운용함으로써 생기는 위험(risk)이므로 개인정보처리자는 그에 대하여 적절한 대책을 수립하여야 한다.

이와 관련하여 법은 미국과 유럽연합 등에서 발전되어온 기술적·관리적 조치(Technological and Organizational Measure: TOM) 개념을 수용하고 있다. 즉, 개인정보처리자는 개인정보가 분실·도난·유출·위조·변조 또는 훼손되지 아니하도록 내부 관리계획의 수립, 접속기록 보관 등 대통령령으로 정하는 바에 따라 안전성 확보에 필요한 기술적·관리적 및 물리적 조치를 취하여야 한다(개인정보 보호법 제29조). 개인정보처리자는 관리적 조치 중 하나로 – 그가 자연인 개인이 아닌 한 – 개인정보처리업무를 총괄하여 책임질 개인정보 보호책임자를 지정하여야 한다. 그에게는 일정한 개인정보 보호에 관한 구체적 업무가 법률상 부과되어 있다(개인정보 보호법 제31조). 또한 개인정보처리자는 임직원, 파견근로자, 시간제근로자 등 개인정보처리자의 지휘·감독을 받아 개인정보를 처리하는 자에 대하여 적절한 관리·감독을 하고, 개인정보의 적정 취급을 보장하기 위하여 정기적으로 필요한 교육을 실시할 의무도 진다(개인정보 보호법 제28조). 그밖에 개인정보 보호법 시행령 제30조 제1항은 개인정보처리자가 취하여야 할 기술적·관리적 조치를 다음과 같이 구체화한다.

▶ 제1호: 개인정보의 안전한 처리를 위한 내부 관리계획의 수립·시행
▶ 제2호: 개인정보에 대한 접근 통제 및 접근 권한의 제한 조치
▶ 제3호: 개인정보를 안전하게 저장·전송할 수 있는 암호화

기술의 적용 또는 이에 상응하는 조치

▶ 제4호: 개인정보 침해사고 발생에 대응하기 위한 접속기록의 보관 및 위조·변조 방지를 위한 조치

▶ 제5호: 개인정보에 대한 보안프로그램의 설치 및 갱신

▶ 제6호: 개인정보의 안전한 보관을 위한 보관시설의 마련 또는 잠금장치의 설치 등 물리적 조치

나아가 개인정보 보호법 시행령 제30조 제3항은 이러한 안전성 확보 조치에 관한 세부 기준을 행정자치부장관이 정하여 고시하게 하고 있다. 비슷한 규정을 두고 있는 정보통신망 이용촉진 및 정보보호 등에 관한 법률상 안전성 확보의무에 관한 것이지만 판례는 이러한 "고시에서 정하고 있는 기술적·관리적 보호조치를 다하였다면, 특별한 사정이 없는 한" "개인정보의 안전성 확보에 필요한 보호조치를 취하여야 할 법률상 또는 계약상 의무를 위반하였다고 보기는 어렵다"고 한다.[7] 물론 고시도 구체적으로 어떤 기술, 어떤 접근 통제 및 접근 권한의 제한 조치를 취하여야 하는지 일일이 특정하지는 아니한다. 이와 관련하여서는 일반적으로 해킹 등 침해사고 당시 보편적으로 알려져 있는 정보보안의 기술 수준, 관리자의 업종·영업규모와 그의 전체적인 보안조치의 내용, 정보보안에 필요한 경제적 비용 및 효용의 정도, 해킹기술의 수준과 정보보안기술의 발전 정도에 따른 피해발생의 회피 가능성, 그가 수집한 개인정보의 내용과 개인정보의 누출로 인하여 정보주체가 입게 되는 피해의 정도 등을 종합적으로 고려하여 해킹 등 침해사고 당시에 사

---

7 대법원 2015. 2. 12. 선고 2013다43994, 44003 판결 참조.

회통념상 합리적으로 기대 가능한 정도의 보호조치만을 요구하여야 한다는 것이 판례의 입장이다.[8] 그밖에 고유식별정보를 처리하는 경우에 대하여는 암호화 등 안전성 확보조치를 대통령령으로 따로 정하도록 하고 있고, 그중 주민등록번호의 처리에 관하여는 다시 따로 대통령령으로 정하도록 하고 있다(개인정보 보호법 제24조 제3항, 제24조의2 제2항). 이 경우에 대하여도 앞서 본 바와 같은 판례 법리가 적용될 가능성이 높다.

만일 개인정보처리자가 개인정보의 처리를 제3자에게 위탁하였다면 그는 수탁자에 대하여 교육 및 처리 현황 점검을 포함하여 대통령령으로 정하는 수탁자 감독의무를 진다(개인정보 보호법 제26조 제4항). 나아가 그는 자신의 감독상 과실이 없는 경우에도 수탁자에게 과실이 있는 한 법률상(민법 제391조)·사실상(민법 제756조) 면책 가능성이 없는 전책임을 진다(개인정보 보호법 제26조 제6항). 반면 개인정보처리자가 개인정보를 제3자에게 제공한 때에는 그는 "개인정보를 제공받는 자에게 이용 목적, 이용 방법, 그밖에 필요한 사항에 대하여 제한을 하거나, 개인정보의 안전성 확보를 위하여 필요한 조치를 마련하도록 요청하여야" 하고, 이때 요청받은 자는 "개인정보의 안전성 확보를 위하여 필요한 조치를 하여야" 한다(개인정보 보호법 제18조 제5항). 이 경우에 대하여는 소속 직원으로 간주하는 규정이 없으므로 제3자에게 제공한 개인정보처리자는 위와 같은 조치 내지 요청을 하였고, 그에 과실이 없는 한, 제공받은 제3자의 과실에 대하여 책임을 지지 아니한다. 이 점에서 특히 제3자 제공의 경우 제

---

8 상동.

3자 제공으로 인하여 증대된 위험에 상응하는 적절한 조치 요청이 무엇인가 하는 점이 중요한데, 아직 우리나라에서는 별다른 논의를 찾아보기 어렵다.

그밖에 법은 개인정보가 유출되는 경우 과실 유무를 불문하고 그 사실을 정보주체에게 통지할 의무를 지우고 있다(개인정보 보호법 제34조 제1항). 아울러 개인정보처리자는 유출 후 피해 최소화의무도 진다(개인정보 보호법 제34조 제2항).

개인정보처리자는 보유기간의 경과, 개인정보 처리 목적 달성 등으로 인하여 개인정보의 보유가 더 이상 필요하지 않게 되었을 때에는 지체 없이 그 개인정보를 파기할 의무가 있고, 파기 시에는 개인정보가 복구 또는 재생되지 아니하도록 조치할 의무가 있다(개인정보 보호법 제21조 제1, 2항). 파기는 전자적 파일인 경우에는 복원 불가능한 방법으로 영구 삭제하고, 그 이외에 인쇄물 등의 경우에는 파쇄·소각하는 방법으로 하여야 한다(개인정보 보호법 시행령 제16조). 목적구속의 원칙의 발현이자 관리적 조치의 일환이라고 할 수 있다.

개인정보처리자는 위 사항을 포함하는 개인정보 처리방침을 수립하고 이를 공개하여야 한다(개인정보 보호법 제30조). 또한 개인정보처리자는 위 조치에 대하여 행정자치부장관으로부터 개인정보 보호 인증을 받을 수 있다(개인정보 보호법 제32조의2).

바. 개인정보처리자 등의 책임과 정보주체의 권리

개인정보 보호법상의 의무를 위반한 자는 형사처벌 또는 과징금, 과태료의 대상이 된다. 가령 개인정보의 수집에 관한 규제를 준수하지 아니한 자, 파기의무를 위반한 자, 기타 설명할 의무(duty to inform)를 위반한 자 등은 일응 과태료에 처해진다(개인정보 보호법 제75조 참조). 그리고 부정한 수단이나 방법으로 개인정보를 취득하거나 처리 동의를 받거나, 업무상 알게 된 개인정보를 누설하거나 권한 없이 다른 사람이 이용하게 하거나, 정당한 권한 없이 또는 허용된 권한을 초과하여 다른 사람의 개인정보를 훼손·멸실·변경·위조 또는 유출한 개인정보처리자 또는 개인정보를 처리하였던 자에 대하여는 형사처벌이 가능하다(개인정보 보호법 제59조, 제71조 제5, 6호, 제72조 제2호). 이때에는 "개인정보를 처리하였던 자"로 족하므로 법적인 의미의 개인정보처리자뿐 아니라 사실상 개인정보를 처리한 자 일체를 포괄한다고 해석된다.[9] 또한 제3자 제공에 대한 동의를 받거나 기타 허용근거가 없음에도 제3자에게 개인정보를 제공하거나 이를 알면서 제공받은 자, 정보주체의 동의 기타 허용근거가 없음에도 개인정보를 이용하거나 제3자에게 제공한 자 및 이를 알면서 영리 또는 부정한 목적으로 개인정보를 제공받은 자, 법이 요구하는 기술적·관리적 조치의무를 위반하여 개인정보를 분실·도난·유출·위조·변조 또는 훼손당한 자에 대하여도 형사처벌을 과할 수 있다(개인정보 보호법 제71조 제1, 2호, 제73조 제1항).

---

9 대법원 2016. 3. 10. 선고 2015도8766 판결 참조.

다른 한편, 행정적으로는 감독행정기관에게 광범위한 자료제출 요구 및 검사권한과 시정조치명령권한이 부여되어 있다. 시정조치 에는 침해행위의 중지, 처리의 일시정지 기타 필요한 조치가 포함 되고, 구체적으로 어떤 조치를 취할지는 감독행정기관의 합리적 재 량에 맡겨져 있다. 감독행정기관은 중앙행정기관, 지방자치단체, 국 회, 법원, 헌법재판소, 중앙선거관리위원회와 그 소속 기관에 대하 여는 위 각 기관, 그밖에는 (주로는 민간부문) 행정자치부장관이다. 다 만, 개인정보 보호위원회가 중앙행정기관 등에 대하여 필요한 경우 조치 권고를 할 수 있고, 중앙행정기관 등은 특별한 사유가 없는 한 이를 "존중하여야 한다"고 규정되어 있다(개인정보 보호법 제63조, 제 64조). 시정조치명령은 결과공표(개인정보 보호법 제66조)와 위반에 대한 과태료(개인정보 보호법 제75조 제1항 제13호)에 의하여 그 집행력이 확보 된다. 특히 주민등록번호의 유출 등에 대하여는 행정자치부장관에 게 5억 원 이하의 과징금을 부과·징수할 권한이 부여되어 있다(개 인정보 보호법 제34조의2). 그러나 이 권한이 중앙행정기관, 지방자치단 체, 국회, 법원, 헌법재판소, 중앙선거관리위원회와 그 소속 기관에 대하여도 행사될 수 있는지에 관하여는 논란의 소지가 있다.

그밖에 정보주체에게 개인정보 열람청구권, (부정확한 정보의) 정정 ·삭제청구권, 처리정지청구권이 부여되어 있고, 손해배상청구권도 인정되고 있다. 개인정보가 유출되었다는 점만으로도 비재산적 손 해(위자료)가 인정될 수는 있으나 개인정보가 제3자에게 알려질 실 질적 위험이 발생할 정도가 되어야 한다.[10] 이때 손해배상책임의

---

10 대법원 2012. 12. 26. 선고 2011다59834 판결.

근거는 제1차적으로는 불법행위이지만, 정보주체와 책임주체 사이에 계약관계(가령 서비스이용관계)가 존재할 때에는 계약책임도 경합한다.[11] 법은 일반적인 손해배상 이외에 미국법에서 유래한 이른바 법정손해배상(statutory damages)과 징벌적 손해배상(punitive damages)의 가능성도 인정하고 있다(개인정보 보호법 제35조 내지 제39조의2). 명문의 규정은 없으나 침해행위의 중지·금지 및 예방을 구할 권리도 있다(개인정보 보호법 제47조 제1항, 제51조 참조). 이들 권리는 민간부문에 속하는 개인정보처리자에 대하여 행사할 때에는 민사소송의 방법으로 추구하여야 하는 사권(私權)이지만, 공공부문에서는 직접 공공기관에 대하여 행사할 수 있고 응하지 아니하는 경우 행정심판 및 행정소송을 하여야 하는 공권(公權)이 된다. 법은 이들 일반에 관하여 개인정보 분쟁조정위원회의 분쟁조정절차를 따로 두고 있고, 특히 대표당사자가 집단(class)을 대표하여 진행할 수 있는 집단분쟁조정절차를 인정하며, 나아가 침해행위의 중지·금지 및 예방청구에 대하여는 소비자단체 등에게 이른바 단체소송(Verbandsklage) 제소권도 부여하고 있다(개인정보 보호법 제40조 내지 제57조).

2. 공공부문의 정보공개

(1) 공공기관의 정보공개에 관한 법률

개인정보 보호와 개인정보의 이용·활용은 동전의 양면과 같은 관계에 있다. 정보를 보호하기 위해서 정보의 이용을 강력하게 제

---

11 대법원 2015. 2. 12. 선고 2013다43994, 44003 판결 참조.

한하다보면 정보의 활용이 어려워지고, 정보의 이용을 활성화하기 위하여 정보의 수집과 활용을 수월하게 하다보면 정보가 오·남용될 여지가 생기는 것이다. 공공부문의 정보 공개 역시 마찬가지여서, 행정의 투명성을 제고하고 공공부문에서 보유하고 있는 정보의 이용을 가능하게 하면 정보가 가진 가치는 여러 부문에서 활용될 수 있겠지만 반대로 개인정보 등이 침해될 위험성도 적지 아니하다. 이러한 이해관계를 규율하기 위하여 1996년 「공공기관의 정보공개에 관한 법률」이 제정되었고, 이후 수차 개정되어 오늘에 이르고 있다.

공공기관의 정보공개에 관한 법률은 공공기관이 직무상 작성 또는 취득·관리하고 있는 문서 등 매체에 기록된 사항("정보")을 특정인에게 열람·제공하는 것("공개")에 관하여 규율한다(공공기관의 정보공개에 관한 법률 제2조 제1, 2호). 법은 공공기관이 보유·관리하는 정보는 국민의 알권리 보장을 위하여 적극 공개하여야 한다는 원칙을 세우고, "모든 국민"에게 일응 정보공개청구권을 인정한다(공공기관의 정보공개에 관한 법률 제3조, 제5조 제1항).

그런데 이러한 광범위한 정보공개 원칙은 정보주체의 개인정보 자기결정권을 침해할 수도 있다. 그리하여 법은 다른 예외사유와 함께 "해당 정보에 포함되어 있는 성명·주민등록번호 등 개인에 관한 사항으로서 공개될 경우 사생활의 비밀 또는 자유를 침해할 우려가 있다고 인정되는 정보"를 예외사유로 규정하여, 이에 해당하는 경우 "공개하지 아니할 수 있다"고 한다(공공기관의 정보공개에 관한 법률 제9조 제1항 제6호). 판례는 위 사유에 "이름·주민등록번호 등

정보 형식이나 유형을 기준으로 비공개대상정보에 해당하는지를 판단하는 '개인식별정보'뿐만 아니라 그 외에 정보의 내용을 구체적으로 살펴 '개인에 관한 사항의 공개로 개인의 내밀한 내용의 비밀 등이 알려지게 되고, 그 결과 인격적·정신적 내면생활에 지장을 초래하거나 자유로운 사생활을 영위할 수 없게 될 위험성이 있는 정보'도 포함"된다고 하여 엄밀한 의미의 개인정보에 이르지 아니하여도 공개를 거절할 수 있다는 입장을 취하였다.[12] 이는 2004. 1. 29. 개정 전 공공기관의 정보공개에 관한 법률이 제7조 제1항 제6호 본문에서 '당해 정보에 포함되어 있는 이름·주민등록번호 등에 의하여 특정인을 식별할 수 있는 개인에 관한 정보'를 예외사유로 규정하여 식별가능성을 명문으로 언급하였으나, 2014. 1. 29. 개정으로 식별가능성 표지만 삭제하였다는 점을 중요하게 본 것인데, 이와 같은 판단의 당부에 관하여는 논란이 있다. 어떻든 공공기관은 예외사유가 없는 한 정보를 공개할 의무가 있으나 개인정보는 물론, 식별가능성이 없다 하더라도 정보주체 입장에서 그의 인격적·정신적 내면생활에 지장을 초래할 우려가 있다고 인정되는 정보에 대하여도 공개를 거절할 수 있는 것이다.

(2) 공공데이터의 제공 및 이용 활성화에 관한 법률

나아가 "정부 3.0"을 입법적으로 뒷받침하기 위하여 2013년에 제정된 「공공데이터의 제공 및 이용 활성화에 관한 법률」은 공공기관이 생성 또는 취득하여 관리하고 있는 자료 또는 정보 중 특히

---

12 대법원 2012. 6. 18. 선고 2011두1261 전원합의체 판결의 다수의견.

데이터베이스, 전자화된 파일 등 광(光) 또는 전자적 방식으로 처리된 것("공공데이터")에 대하여 좀 더 적극적인 제공 및 이용을 도모하고 있다(공공데이터의 제공 및 이용 활성화에 관한 법률 제2조 제2호, 제3조). 같은 법은 각 공공기관에게 보유·관리하는 공공데이터를 국민에게 "제공", 즉 접근할 수 있게 하거나 전달할 의무를 지우고(공공데이터의 제공 및 이용 활성화에 관한 법률 제2조 제4호, 제17조 제1항), 그와 관련하여 모든 국민을 평등하게 대우하여야 하며, 영리를 목적으로 이용하는 경우에도 금지 또는 제한할 수 없게 하고 있다(공공데이터의 제공 및 이용 활성화에 관한 법률 제3조 제2, 4항). 법문상으로는 공공기관의 정보공개에 관한 법률이 공개 여부의 결정을 당해 공공기관의 재량에 맡기고 있는 것과 달리 공공데이터의 제공 및 이용 활성화에 관한 법률은 이를 기속행위(羈束行爲)로 정하여 서로 다른 태도를 취한 것처럼 보일 수 있다. 그러나 종래 공공기관의 정보공개에 관한 법률상으로도 정보공개거부처분에 대하여 재량권의 일탈·남용법리를 널리 활용해왔으므로 실제로 큰 변화가 생긴 것은 아니다.

공공데이터의 제공 및 이용에 관한 법률도 일정한 사유가 있는 경우 공공데이터를 제공 대상에서 제외하는데, 그중에는 "「공공기관의 정보공개에 관한 법률」 제9조에 따른 비공개대상정보"가 포함되어 있다(공공데이터의 제공 및 이용 활성화에 관한 법률 제17조 제1항 제1호). 그 해석에 관하여는 앞서 본 정보공개청구에 대한 판례의 태도가[13] 적용될 것이다. 즉, 개인정보는 물론, 그에 이르지 아니하였다 하더라도 개인의 사생활 등에 관련된 정보에 대하여는 공개를 거부

---

13 상동.

할 수 있다. 아울러 공공기관의 장은 "이용자의 요청에 따라 추가 적으로 공공데이터를 생성하거나 변형 또는 가공, 요약, 발췌하여 제공할 의무"는 지지 아니한다(공공데이터의 제공 및 이용 활성화에 관한 법률 제26조 제3항)는 점에도 유의하여야 한다.

2절 보건의료정보 관련 개인정보 보호 법제도

이 책은 개인정보 일반보다는 특히 보건의료정보를 중심으로 하여 빅데이터 활용가능성을 탐색하는 데에 초점을 맞춘 것이다. 보건의료정보에 대한 구체적인 논의에 앞서, 위에서는 개인정보 보호법, 정보통신망 이용촉진 및 정보보호에 관한 법률, 공공기관의 정보공개에 관한 법률, 공공데이터의 제공 및 이용 활성화에 관한 법률 등의 맥락에서 고려가 필요하거나 발생할 수 있는 법적인 쟁점을 검토하였다. 이제 보건의료정보에 대해 살펴보기로 한다. 논의와 분석의 출발점은 보건의료정보 수집의 목적이 무엇이었는가가 되어야 한다. 그런데 보건의료정보는 대부분 병·의원 등 요양기관에서 수집되고 일부 정보는 건강검진기관이나 국세청 등 몇몇 국가기관으로부터 수집된다. 이러한 각각의 유형의 정보에 대해 수집되는 경로 및 그 이후의 과정과 관련된 법제도에 관해 살펴본다.

1. 보건의료정보의 수집과 그 목적, 법적 근거

(1) 요양기관(병·의원)의 정보 수집, 이용

국민건강보험이 적용되는 대다수 국민이 병·의원에서 보건의료 서비스를 제공받기 위해서는 환자 자신이 병·의원을 방문하여 이름, 생년월일 등 기본적인 사항과 건강보험증 기타 신분증을 제시하여야 한다(국민건강보험법 제12조 제2항, 제3항). 의식이 없는 응급환자를 진료하는 경우 등 인적 사항에 관한 정보 없이 보건의료서비스를 제공하는 예도 있지만, 일반적으로는 인적 사항을 수집하게 된다. 인적 사항의 파악을 통해, 그 환자에 대한 과거의 정보를 확인하여 현재의 정보와 결합하여 더 나은 보건의료서비스를 제공할 수도 있고, 보통 후불(後拂)인 보건의료서비스에 대한 대가(진료비)를 지급할 상대방을 특정할 수도 있게 되고, 그리고 국민건강보험공단에 요양급여비용을 청구하는 데에 환자의 인적 사항이 필요하기도 하다. 이 맥락에서 좀 더 중요한 것은 진료과정에서 수집되는 정보이다. 의사 등은 문진(history taking), 이학적 검사(physical examination), 그 이외의 침습적 또는 비침습적 검사방법을 이용하여 환자의 건강 등에 관한 정보를 수집하고, 그에 따라 일정한 처치를 하거나 처방을 한다. 처치 중 일부는 의료기관 내부에서 직접 이루어지고, 일부는 처방전의 형태로 환자에게 교부된다(의료법 제18조). 나아가 의사등 의료인은 진료기록부 등을 갖추어 두고(의료법 제22조 제1항), 위 과정에 관하여 일정한 사항을 기재하여야 한다. 의사가 진료기록부에 기재하여야 하는 사항은 다음과 같다(의료법 시행규칙 제14조 제1항 제1호 가목).

▶ 진료를 받은 사람의 주소·성명·연락처·주민등록번호 등 인적사항

▶ 주된 증상. 이때 의사가 필요하다고 인정하면 주된 증상과 관련한 병력(病歷)·가족력(家族歷)을 추가로 기록할 수 있다.

▶ 진단결과 또는 진단명

▶ 진료경과(외래환자는 재진환자로서 증상·상태, 치료내용 등이 변동되어 의사가 그 변동을 기록할 필요가 있다고 인정하는 환자만 해당)

▶ 치료 내용(주사·투약·처치 등)

▶ 진료 일시(日時)

나아가 의료인은 작성된 진료기록부 등을 일정 기간 보존할 의무를 진다(의료법 제22조 제2항). 보존기간은 환자명부는 5년, 진료기록부의 경우 10년, 처방전의 경우 2년, 수술기록의 경우 10년, 검사소견기록의 경우 5년, 방사선사진 및 그 소견서의 경우 5년, 간호기록부의 경우 5년 등이다(의료법 시행규칙 제15조 제1항). 위 기록은 문서 등의 형태로 작성·보관할 수도 있지만 전자의무기록(Electronic Medical Record: EMR)으로 작성·보관할 수도 있다(의료법 제23조). 의료인이 기록을 작성하지 아니하거나 내용을 부당하게 누락하거나 위 기간 동안 보관하지 아니하면 형사처벌을 받는다(의료법 제90조).

이 과정에서 수집되는 정보를 둘러싼 법률관계에 대하여는 제1차적으로 개인정보 보호법이 적용된다.

먼저, 병·의원이 수집하는 위 진료 관련 정보는 대부분 "살아 있는 개인에 관한 정보로서 성명, 주민등록번호 및 영상 등을 통하

여 개인을 알아볼 수 있는 정보"(개인정보 보호법 제2조 제1호)에 해당하여 개인정보가 된다. 또한 병·의원 개설주체는 위 정보를 정보주체별로 일정한 형태로 정리하여 쉽게 검색할 수 있도록 일정한 규칙에 따라 체계적으로 배열하여 두고 이를 운용하게 마련이고 또 의료법과 국민건강보험법상 그러한 운용이 강제되므로 "업무를 목적으로 개인정보파일을 운용"하는 "개인정보처리자"이다. 이때 병·의원에서 행하는 의료행위 자체도 개인정보 보호법상으로는 개인정보의 "처리"에 해당한다. 즉, 의료인은 환자에 관한 개인정보를 환자에게 직접 묻거나 환자를 진찰하는 등의 방법으로 "수집·생성"하고, 이를 필요에 따라 과거의 진료기록이나 건강보험정보 등과 "연계"하며, 진료기록부 또는 전자의무기록에 "저장·보유"하는 것이다.

따라서 병·의원 등 의료기관 개설자는 개인정보 처리방침을 수립하여 이를 병·의원 인터넷 홈페이지에 게시하거나 병·의원 안의 보기 쉬운 장소에 게시하고(개인정보 보호법 제30조 제2항, 개인정보 보호법 시행령 제31조), 개인정보 보호책임자를 지정하고 개인정보취급자에 대하여 교육을 포함한 적절한 지휘·감독을 하며, 접근 통제, 암호화 등 이른바 기술적·관리적 조치를 취해야 하는 등 개인정보 보호법상의 의무를 진다(개인정보 보호법 제28조, 제29조, 제31조). 그 위반에 대하여 개인정보 보호법상의 책임을 짐은 물론이다.

나아가 의료법에도 보건의료정보에 관하여 개별적인 보호규정이 있다. 즉, 의료법 제19조는 "① 의료인이나 의료기관 종사자는 이 법이나 다른 법령에 특별히 규정된 경우 외에는 의료·조산 또는 간호업무나 제17조에 따른 진단서·검안서·증명서 작성·교부 업무, 제18조에 따른 처방전 작성·교부 업무, 제21조에 따른 진료기록 열람·사본 교부 업무, 제22조 제2항에 따른 진료기록부등 보존 업무 및 제23조에 따른 전자의무기록 작성·보관·관리 업무를 하면서 알게 된 다른 사람의 정보를 누설하거나 발표하지 못한다. ② 제58조 제2항에 따라 의료기관 인증에 관한 업무에 종사하는 자 또는 종사하였던 자는 그 업무를 하면서 알게 된 정보를 다른 사람에게 누설하거나 부당한 목적으로 사용하여서는 아니 된다"고 규정하고 이를 위반한 자에 대하여 형사처벌 등을 과하고 있다. 다음, 의료법 제21조 제1항은 "의료인이나 의료기관 종사자는 환자가 아닌 다른 사람에게 환자에 관한 기록을 열람하게 하거나 그 사본을 내주는 등 내용을 확인할 수 있게 하여서는 아니 된다"고 규정하고 그 위반에 대하여 형사처벌을 과한다.

중요한 점은 의료인이 이러한 정보를 수집하는 목적이 무엇인가 하는 점이다. 의료인이 진료를 위하여 환자로부터 정보를 수집하는 행위 자체에 대하여는 별도의 설명을 하거나 명시적 동의를 받을 필요는 없고 별도의 설명을 하거나 명시적 동의를 받는 일도 거의 없다. 이는 무엇보다도 의료기관에 온 환자는 진료를 받기 위하여 온 것이고, 환자 측과 의료기관 사이의 의료계약의[14] 급부내용도 진료에 관한 것이기 때문이다. 의료인이 정보를 수집하는 목적이 진료에 있는 이상 이는 목적에 부합하는 정보수집으로 계약의 이행

---

14 통설은 이를 의료계약으로 이해하고, 판례도 계약관계의 성립을 전제로 하는데, 의료사무관리가 성립되는 경우도 존재한다. 어느 경우든 법률관계의 실질에 큰 차이가 생기지는 아니한다.

을 위하여 필요한 정보 처리인 것이다.

나아가 요양급여의 대상인 한도에서는 요양기관의 요양급여비용청구도 위 정보수집의 목적 범위에 포함된다고 보아야 한다. 의료행위의 대다수는 요양급여대상이고, 의료계약상 환자 측에게는 진료비 내지 의료비를 지급할 의무가 있으며, 요양급여의 대상인 한도에서 이 진료비 내지 의료비지급의무는 - 본인부담금을 제외하면 - 요양급여비용청구를 하게 하는 방법으로 실현된다. 국민건강보험 가입자가 건강보험하에서 요양기관의 요양급여를 받는 경우 정보수집 목적에 요양급여비용청구가 포함될 수밖에 없는 까닭이다.

이 과정에서 수집되는 정보 중에서 진료정보는 대부분 민감정보이고, 주민등록번호와 건강보험 자격정보는 고유식별정보이다. 그러나 의료법이 의사의 진료의무와 진료기록부 작성, 보관의무를 명시하고 있으므로, 이들을 처리할 법령상의 근거도 존재한다.

(2) 건강보험심사평가원과 국민건강보험공단

국내에 거주하는 국민은 원칙적으로 법률상 당연히(ipso jure) 건강보험 가입자 또는 피부양자가 된다(국민건강보험법 제5조, 당연가입제). 보험자는 공법인인 국민건강보험공단이다(국민건강보험법 제13조).

요양급여는 현물 제공, 즉 직접 보건의료서비스를 제공함이 원칙이다(국민건강보험법 제41조 제1항). 그러나 국민건강보험공단이 직접 운영하는 의료기관은 매우 제한되어 있다. 그 대신 우리 법은 사인

(私人) 등이 개설한 의료기관을 「요양기관」으로 지정하여 요양급여를 제공하게 하고, 그 뒤 각 요양기관에 「요양급여비용」을 지급한다. 의료법에 따라 개설된 의료기관이나 약사법에 따라 등록된 약국은 원칙적으로 법률상 당연히 요양기관이 된다(국민건강보험법 제42조 제1항, 당연지정제). 요양기관은 정당한 이유 없이 요양급여를 거부하여서는 아니 된다(국민건강보험법 제42조 제5항). 가입자는 국민건강보험공단에 건강보험료를 납부하여야 한다.

이상의 업무를 수행하기 위해서는 국민건강보험공단이 누가 가입자 또는 피부양자인지에 관한 정보를 갖고 있어야 한다. 이는 이름, 주민등록번호, 주소 및 가족관계 등 인적 사항에 관한 정보를 포함한다. 또한 건강보험은 사회보험(Sozialversicherung, public insurance)으로서 보험가입자의 위험의 크기가 아닌 소득과 재산의 크기를 고려하여 건강보험료를 받는다(국민건강보험법 제69조 이하). 이를 위하여 국민건강보험공단은 각 가입자 등의 소득과 재산에 관한 정보를 갖고 있어야 한다. 위 정보는 대부분 개인정보에 해당될 것이고, 국민건강보험공단은 업무 목적으로 그 집합물, 즉 개인정보파일을 운용하므로 개인정보처리자에 해당한다. 따라서 국민건강보험공단에 대하여도 개인정보 보호법이 적용된다. 다만, 이들 정보의 위 목적 범위 내의 수집과 보관에 대하여는 법령상 처리가 허용 또는 요구된다는 점에서 개인정보 보호법상 동의 원칙 등이 적용되지 아니한다. 국민건강보험공단법상 "국민건강보험공단은 국가, 지방자치단체, 요양기관, 「보험업법」에 따른 보험회사 및 보험료율 산출 기관, 「공공기관의 운영에 관한 법률」에 따른 공공기관, 그 밖의 공공단체 등에 대하여 다음 각 호의 업무를 수행하기 위하여 주민등록·

가족관계등록·국세·지방세·토지·건물·출입국관리 등의 자료로서 대통령령으로 정하는 자료를 제공하도록 요청할 수 있다"는 특칙을 두고 있기 때문이다(국민건강보험공단법 제96조 제1항). 가령 종합소득, 연금소득, 재산세, 자동차세 등 과세자료 외에 가입자 신고로 전·월세 자료가 이러한 경로를 통하여 확보된다. 이러한 정보는 건강보험공단이 보유하게 되는 보건의료정보 중 자격 및 보험료DB에 포함된다.

나아가 요양기관은 가입자, 피부양자의 질병, 부상, 출산 등에 대하여 요양급여를 실시하고, 국민건강보험공단에 요양급여비용의 지급을 청구한다(국민건강보험법 제41조, 제47조 제1항). 국민건강보험공단은 대체로 요양기관이 제공한 의료행위, 약제, 치료재료의 내용과 양, 회수에 따라 요양급여비용을 산정, 지급한다(행위별수가제). 이를 위하여 요양급여기준을 제정하여 원칙적으로 상병별로 급여대상이 되는 의료행위, 치료재료, 약제와 그 양 내지 회수 및 각각의 상대가치점수를 규정하고 있다. 요양급여비용은 기본적으로 이 상대가치점수에 수가계약으로 정해진 단가를 곱하고 가산 등 약간의 조작을 가하여 정한다. 요양기관이 실제 하지 아니한 의료행위, 약제, 치료재료에 대하여, 또는 실제로 하기는 하였으나 기준에 맞지 아니하게 한 의료행위, 약제, 치료재료에 대하여 요양급여비용의 지급을 구하는 경우에는 요양급여비용을 지급하지 아니한다. 가입자 및 피부양자가 아니거나 어떠한 사정, 가령 건강보험료 체납(국민건강보험법 제53조 제3, 4, 5, 6항) 등으로 급여가 제한된 사람에게 의료행위, 약제, 치료재료를 제공한 때에도 같다.

이상과 같은 업무를 수행하기 위하여 건강보험으로서는 요양기관의 요양급여비용 지급청구가 정당한지 여부를 판단하는 기구가 필요한데, 국민건강보험법은 그 제정 당시 공단 내부에 있던 이 심사기구를 별도의 법인으로 독립시켰다. 그것이 건강보험심사평가원이다(국민건강보험법 제62조 이하). 요양기관이 국민건강보험공단에 요양급여비용의 지급을 청구할 때에는 건강보험심사평가원에 요양급여비용 심사청구를 하여야 하는데, 심사청구를 하면 지급청구도 있는 것으로 간주하므로(국민건강보험법 제47조 제2항), 실제로는 후자, 즉 건강보험심사평가원에 심사청구를 하게 되는 것이 원칙적이다. 심사청구를 받은 건강보험심사평가원은 요양급여비용에 관하여 심사하고 그 결과를 국민건강보험공단과 요양기관에 알려야 한다(국민건강보험법 제47조 제2항).

심사청구 및 지급청구를 위해 요양기관은 가입자 또는 피부양자에 대하여 일정한 내용의 요양급여를 제공하였음을 증명할 자료를 제공하여야 한다. 이는 의료기관의 경우 환자, 약국의 경우 그 이용자의 이름, 주민등록번호, 건강보험정보 등 고유식별정보를 포함하는 인적 사항과, 정보주체가 언제 어떤 의료기관 또는 약국을 방문하였는지에 관한 정보 및 진료과목, 진단명(상병), 진단 및 치료를 위하여 한 처치, 사용한 약제, 치료재료와 그 회수 내지 양 등 건강에 관한 민감정보를 포함한다. 이것이 국민건강보험공단의 진료상세DB를 구성한다.

요양기관과 건강보험심사평가원, 국민건강보험공단은 서로 독립된 별개의 법적 단위이므로, 이들 사이에 정보를 주고받는 것은 제

3자 제공에 해당한다. 요양기관은 요양급여비용을 청구하기 위하여 환자로부터 수집한 개인정보를 건강보험심사평가원과 국민건강보험공단에 제공하고 건강보험심사평가원과 국민건강보험공단도 심사 등 업무를 위하여 국세청 등으로부터 제공받은 개인정보, 요양기관으로부터 제공받은 개인정보를 일정부분 서로에게 제공한다. 그러나 앞에서 본 바와 같이 건강보험 가입자와 피부양자가 요양기관에서 보건의료서비스를 제공받을 때에는 건강보험에 의한 요양급여도 제공받는 것을 목적의 일부로 하고 있다고 보아야 하므로, 이는 목적 내 제3자 제공이 된다. 따라서 요양기관에서 이러한 제3자 제공에 대하여 별도의 설명과 동의절차를 마련할 필요는 없다. 요양급여를 구하는 가입자의 의사를 규범적으로 해석하면 이러한 제공에 대한 묵시적 동의를 읽어낼 수 있기 때문이다.

위 정보는 모두 정보주체 이외로부터 수집한 개인정보에 해당하므로 정보주체가 요구하는 경우 개인정보의 수집 출처, 처리 목적 등을 알릴 의무가 있고(개인정보 보호법 제20조 제1항), 정보주체가 요구하는 경우 열람할 수 있게 해주어야 한다(개인정보 보호법 제35조). 그러나 국민건강보험법에 의하여 수집 대상으로 되어 있는 정보이므로 삭제나 처리정지를 요구할 수는 없다(개인정보 보호법 제36조 제1항, 제37조 제2항 제1호, 제3호).

국민건강보험공단과 건강보험심사평가원은 각각 개인정보처리자이고 개인정보 보호법의 적용을 받으므로, 위 정보를 안전하게 관리할 수 있도록 접근통제, 암호화 등 기술적·관리적 조치를 취하여야 한다. 그 위반에 대하여 개인정보 보호법상 책임을 짐은 물론이다. 나아가 국민건강보험법은 "공단, 심사평가원 및 대행청구단체에 종사하였던 사람 또는 종사하는 사람은 다음 각 호의 행위를 하여서는 아니 된다"고 하면서 그 제1호로 "가입자 및 피부양자의 개인정보(「개인정보 보호법」 제2조 제1호에 정의된 개인정보를 말한다)를 직무상 목적 외의 용도로 이용하거나 정당한 사유 없이 제3자에게 제공하는 행위"를 들고 있다(국민건강보험법 제102조 제1호). 그 위반에 대하여는 국민건강보험법상 형사처벌 규정이 별도로 마련되어 있다.

그밖에 국민건강보험공단과 건강보험심사평가원은 개인정보 처리방침을 수립하고 이를 공개할 의무 등을 진다. 나아가 국민건강보험공단과 건강보험심사평가원은 「공공기관의 운영에 관한 법률」 제4조에 의하여 보건복지부 산하 위탁집행형 준정부기관으로 지정되어 있어 개인정보 보호법상 "공공기관"에 해당하므로(개인정보 보호법 제2조 제6호 나목, 개인정보 보호법 시행령 제2조 제2호, 공공기관의 운영에 관한 법률 제4조), 개인정보파일을 행정자치부장관에게 등록하고, 개인정보 영향평가를 실시한 결과를 행정자치부장관에게 제출하여야 한다(개인정보 보호법 제32조, 제33조).

(3) 국가건강검진 정보

국민건강보험공단은 요양급여 이외에 건강검진 또한 현물급여한다(국민건강보험법 제52조). 국민건강보험공단이 제공하는 건강검진에는 일반건강검진, 암검진, 영유아건강검진이 있다. 건강검진은 의료법상 의료기관이나 보건소 중 일정한 요건을 갖추어 건강검진기관으로 지정된 기관("검진기관", 건강검진기본법 제14조)에서 실시한다(국민건강보험법 제52조 제2항, 국민건강보험법 시행령 제25조). 건강검진을 실시한 검진기관은 국민건강보험공단에 그 결과를 통보하고, 국민건강보험공단은 이를 검진 대상자에게 통보하여야 한다. 다만, 검진기관이 건강검진을 받은 사람에게 직접 통보한 경우는 국민건강보험공단은 본인에 대한 통보를 생략할 수 있다(국민건강보험법 제52조 제2항, 국민건강보험법 시행령 제25조). 검진기관은 국민건강보험공단으로부터 검진비용을 지급받는다(건강검진기본법 제21조, 제24조).

검진기관은 건강검진과정에서 검진 대상자의 인적 사항과 검진 결과, 즉 그의 건강에 대한 정보를 수집·생성한다. 이와 같이 "국가건강검진을 통하여 얻은 개인의 신상정보로서 문진·진찰·의사소견 및 각종 검사결과 등 건강검진에 관한 문서 또는 광·전자적 방식으로 처리한 부호·문자·음성 및 영상 등의 자료"를 "건강검진자료"라고 한다(건강검진기본법 제3조 제4호). 건강검진자료는 개인정보 보호법상 개인정보에 해당하고, 그 중에서도 민감정보에 해당한다(개인정보 보호법 제23조 참조). 검진기관도 검진결과에 대하여 개인정보파일을 생성하고 운용할 것이고, 따라서 검진기관에 대하여도 개인정보 보호법이 적용된다. 물론, 이들은 이미 의료법상 의료기관 또는 보건소이므로 다른 이유로도 개인정보 보호법의 적용을 받게 된다. 어떻든 이들에 대하여는 개인정보 보호법상의 규제가 적용된다.

그러나 검진기관이 검진 대상자의 인적 사항과 건강에 대한 정보를 수집하기 위하여 개인정보 보호법 제15조 제1항에 따라 명시적 동의를 받아야 하는 것은 아니다. 건강검진의 제1차적 목적이

바로 이와 같은 정보의 생성이기 때문이다.

나아가 검진기관은 검진결과를 국민건강보험공단에 제공한다. 이는 목적 내 제3자 제공에 해당하는데, 국민건강보험법 제52조 제2항, 국민건강보험법 시행령 제25조가 있으므로 개인정보 보호법 제23조 제1항 제2호의 예외인 "법령에서 민감정보의 처리를 요구하거나 허용하는 경우"에 해당되어 별도의 동의가 없이 가능하다.

국민건강보험공단은 검진 대상자(잠재적으로는 전국민)의 검진 "결과"를 보유하게 된다. 이 결과에는 검진기관과 신장, 체중, 허리둘레, 혈압, 혈당, 콜레스테롤, 혈색소, 요당, 뇌졸중/심장병/고혈압/당뇨병의 과거병력과 가족력, 흡연 여부 및 흡연상태, 흡연기간, 흡연량 등 다양한 정보가 포함된다. 요양급여의 경우 진단과 처치에 관한 정보만을 제공받고 진료결과에 관한 정보는 제공받지 못하는 것과 다르며, 전 국민을 대상으로 한 정보라는 점에서도 차이가 있다.

국민건강보험공단은 제공받은 건강검진자료를 그 목적 내에서 이용하여야 한다. 그런데 국가건강검진은 검진 대상자에게 자신의 건강상태를 확인시켜주고 그의 질병을 예방하거나 조기발견하게 하는 것(건강검진기본법 제3조 제1호 참조) 이외에도 매우 광범위한 목적을 추구하고 있다. 법이 제시하는 활용목적은 다음과 같다(건강검진기본법 제18조).

▶ 건강정책 수립 및 이를 위한 통계자료의 작성

▶ 지역사회 건강증진사업

▶ 만성질환 관리 및 지원 사업

▶ 국가건강검진 검사항목 및 검진주기의 평가 및 지침 개발

▶ 국가건강검진제도 개선 및 평가를 위한 연구사업

요컨대 국민건강보험공단이 건강정책 수립 및 이를 위한 통계자료의 작성, 만성질환 관리 및 지원 사업 등 목적을 위하여 건강검진자료를 이용하는 것은 처음부터 목적 내 이용으로 허용되므로 별도의 동의가 필요하지 않다.

(4) 노인장기요양보험 관련 정보

또한 국민건강보험공단은 노인장기요양급여를 현물로 제공한다(「노인장기요양보험법」 제23조 참조). 건강보험의 가입자 및 피부양자는 법률상 당연히 장기요양보험의 가입자 및 피부양자가 되고(노인장기요양보험법 제11조 참조), 소득 등에 따라 정해지는 장기요양보험료를 - 건강보험료와 함께 - 납부하여야 한다. 이들이 65세 이상이 되거나 65세 미만으로 치매·뇌혈관성질환 등 대통령령으로 정하는 노인성 질병을 갖게 되면 장기요양급여를 신청할 수 있다(노인장기요양보험법 제2조 제1호, 제12조). 장기요양급여를 신청을 할 때에는 의사 등이 발급하는 소견서를 첨부하여 제출하여야 하고, 그 후 국민건강보험공단으로부터 장기요양인정을 받아야 한다(노인장기요양보험법 제13조 제1항, 제14조). 이를 위한 인정조사과정에서 대상자가 일정 신체기능, 즉 옷 벗고 입기, 세수하기, 양치질하기, 식사하기, 체위변경하기, 일어나 앉기, 소변조절하기를 수행할 수 있는지 여부에 관한 정보

가 수집되고 보관된다. 이와 같은 조사는 가입자 등의 개인정보, 특히 보건의료정보의 수집으로 볼 여지가 있지만, 노인장기요양보험법상 근거가 있으므로 정보 수집에 관하여 별도의 명시적 설명이나 동의는 필요 없다(개인정보 보호법 제23조 제1항 제2호).

장기요양인정이 되면 그 대상자(수급자)에 대하여 재가급여로 방문요양, 방문목욕, 방문간호, 주·야간보호, 단기보호 등이 제공될 수 있고, 시설급여로 장기요양기관이 운영하는 노인의료복지시설 등의 입소가 가능하게 되고, 또한 특별현금급여로 각종 요양비 및 간병비의 지급이 이루어질 수 있다(노인장기요양보험법 제23조). 위와 같은 급여의 제공을 위하여 그때그때 수급자에 대한 일정한 정보, 가령 방문요양/방문목욕/방문간호/단기보호 등의 제공 여부 및 월 제공 회수, 복지용구 및 시설급여의 제공 여부와 내용 등에 관한 정보가 관리되어야 한다. 그러나 이 또한 법령에서 정한 업무의 수행을 위하여 필요한 처리로서 동의 등 별도의 근거가 필요하지는 아니하다.

2. 보건의료정보의 목적 외 이용·제3자 제공과 비식별화

(1) 보건의료정보의 목적 외 이용·제3자 제공

그런데 이처럼 병·의원과 국민건강보험공단에 수집, 축적되는 개인정보가 진료, 요양급여, 건강검진, 노인장기요양보험급여의 제공과 그 비용의 지급 등을 목적으로 수집된 것인 이상 그 이외의 목적으로 위 정보를 활용하는 것은 모두 목적 외 이용 또는 목적 외 제3자 제공이 될 수밖에 없다. 보건의료정보의 공익적인 활용 또한 대부분은 개인정보 보호법상 목적 외 이용 또는 목적 외 제3자 제공이 된다. 가령 특정 환자 또는 다수 환자의 보건의료정보를 분석하여 임상의학연구에 활용하는 것, 이를 이용하여 의약품의 안전성과 효능 등을 검증하는 것, 국민의 생활습관 및 환경과 건강검진결과를 분석하여 질병원인이나 특정 지역 환경의 유해요소를 찾아내는 것, 개개의 의료인 및 의료기관의 의약품 선택 동향과 특정 지역의 의약품 선호 성향을 분석하여 의약품 개발 및 판매 전략을 수립하는 것, 의료인, 의료기관, 의약품, 의료행위 등의 질(quality)을 평가, 검증하는 것, 일정한 질병소인이 있는 사람을 찾아 건강 관련 상품이나 서비스의 맞춤형 마케팅(target marketing)을 하는 것, 위험에 연동된 요인들을 찾아내 생명, 상해 및 실손 의료 보험료의 산정에 쓰거나, 국가적 단위의 보건의료정책 수립에 사용하는 것 등 보건의료정보의 일체의 유용한 활용은 대부분 개인정보 보호법상 목적 외 이용 또는 목적 외 제3자 제공인 것이다.

그리하여 병·의원 단계에서 보건의료정보를 목적 외로 이용하거나 제3자에게 제공하는 것이 가능하기 위해서는 현행법상 원칙적으로 정보주체로부터 별도의 동의를 받아야 한다. 이를 위해 정보주체에게 그 이용 목적, 이용하는 개인정보의 항목 및 보유, 이용기간을 알려야 하고 제3자에게 제공할 때에는 그 제3자 또한 알려야 한다(개인정보 보호법 제18조 제2항 제1호, 제3항). 예컨대 병·의원의 경영 및 서비스에 관하여 조사하거나, 의·약학연구나 의약품 안전성 및 효능의 검증을 목적으로 의료정보를 직접 이용하거나, 다른 기관 소속의 연구자와 이를 공유하거나 제약회사 등에게 제공하는 경우에는 원칙적으로 위와 같은 사정을 모두 알리고 정보주체로부터 동의를 받아야 하는 것이다. 실제로 전향적(prospective) 연구를 하는 때에는 연구대상자로부터 명시적 동의를 받는 것이 보통이다. 명시적 동의를 받는 이상 고유식별정보나 민감정보라 하더라도 처리할 수 있으나, 고유식별정보 및 민감정보도 처리한다는 점을 특히 명시하여 별도의 동의를 받아야 한다(개인정보 보호법 제23조 제1항 제1호, 제24조 제1항 제1호). 다만, 주민등록번호의 경우 정보주체의 동의가 있더라도 이를 구체적으로 요구하거나 허용하는 명문규정이 없으면 이용하거나 제3자에게 제공할 수 없는데(개인정보 보호법 제24조의2), 관계 법령상 보건의료정보 활용의 맥락에서 제시될 수 있는 명문규정은 찾기 어렵다.

특히 "사람을 대상으로 물리적으로 개입하거나 의사소통, 대인 접촉 등의 상호작용을 통하여 수행하는 연구 또는 개인을 식별할 수 있는 정보를 이용하는 연구로서 보건복지부령으로 정하는 연구", 즉 "인간대상연구"에 대하여는 개인정보 보호법 이외에도 「생명윤리 및 안전에 관한 법률」이 적용된다(생명윤리 및 안전에 관한 법률 제2조 제1호). 이러한 연구를 수행하는 경우 연구계획서를 작성, 기관 생명윤리위원회(IRB)의 심의를 받아야 하고(생명윤리 및 안전에 관한 법률 제15조), 그 연구대상자에게도 연구목적, 참여기간, 절차 및 방법, 예상되는 위험과 이득, 개인정보 보호에 관한 사항, 개인정보 제공에 관한 사항, 손실보상, 동의 철회에 관한 사항 등에 관하여 충분히 설명하고 위 사항이 포함된 서면(전자문서를 포함한다)으로 동의를 받아야 한다(생명윤리 및 안전에 관한 법률 제16조 제1항, 제3항). 연구자는 위

동의를 받은 뒤에는 기관생명윤리위원회의 심의를 거쳐 개인정보를 제3자에게 제공할 수 있다(생명윤리 및 안전에 관한 법률 제18조 제1항). 다만, 이때에도 연구대상자가 개인식별정보[15]를 포함하는 것에 동의하지 아니한 이상 익명화하여 제공하여야 한다(생명윤리 및 안전에 관한 법률 제18조 제2항). 인체유래물연구를 수행하고 인체유래물을 제3자에게 제공하는 경우에도 대체로 같다(생명윤리 및 안전에 관한 법률 제36조, 제37조, 제38조). 일반적인 제3자 제공보다 그 요건, 절차, 범위가 더 엄격하다.

의료법 제19조는 일반적으로 의료인에게 정보 누설을 금지하고, 제21조는 진료기록부 등의 열람을 제한한다. 약사법 제30조 제3항도 조제기록부 열람을 제한한다. 이들은 정보주체의 동의를 제한 해제사유로 정하지 아니한다. 그러나 정보주체가 정보의 열람 등을 요구할 수 있음에 비추어 볼 때, 정보주체의 동의하에 제3자 열람을 허용하는 것은 위 각 규정의 의무에 반하지 아니한다고 봄이 타당하다. 즉, 동의가 위 의무위반에 대한 형사처벌을 조각하는 구성요건배제적 양해에 해당한다고 할 수 있다.

이처럼 정보주체로부터 사전 동의를 받은 경우에는 수집한 개인정보를 제3자, 가령 보건의료 관련 컨설팅 회사나 보험사에게 유상으로 제공할 수도 있다.

정보주체로부터 사전 동의를 받지 못한 경우에는 어떠한가. 목

---

15 개인정보 보호법상 고유식별정보와 같은 의미이다.

적 외 제3자 제공은 물론, 목적 외 이용도 개인정보 보호법 제18조의 제한을 받는다. 즉, 법이 정하는 일정한 사유가 있을 때에 한하여 제공이나 이용이 가능하다. 보건의료서비스와 관련하여 의미 있는 예외사유는 사실상 "통계작성 및 학술연구 등의 목적을 위하여 필요한 경우로서 특정 개인을 알아볼 수 없는 형태로 개인정보를 제공하는 경우"(개인정보 보호법 제18조 제2항 제4호) 정도뿐이다. 목적 외 이용을 할 때에도 그 목적이 "통계작성 및 학술연구 등"에 해당하는 경우에는 이용이 허용되고, 제3자 제공도 가능하나, 제3자에게 제공할 때에는 "특정 개인을 알아볼 수 없는 형태로" 가공하여 제공하여야 한다는 것이다. 다만, 개인정보처리자 자신이 위 목적으로 이용할 때에는 "특정 개인을 알아볼 수 없는 형태로 개인정보를 제공"할 의무는 없다고 보아야 한다. 위 후단은 그 문언상 "제공"에 제한되어 있고, 개인정보처리자가 스스로 이용하는데 "특정 개인을 알아볼 수 없는 형태로" 가공하여야 한다는 것은 선뜻 받아들이기 어렵기 때문이다. 후향적(retrospective) 연구는 대체로 이 규정에 근거를 두고 있다.

한 가지 문제는 이 규정과 민감정보, 고유식별정보, 특히 주민등록번호의 처리를 제한하는 개인정보 보호법 제23조, 제24조, 제24조의2의 관계를 어떻게 해석할 것인지에 관한 것이다. 위 규정들은 법령에서 민감정보, 고유식별정보, 주민등록번호의 처리를 요구하거나 허용하는 경우로 다시 그 처리를 제한하고 있다. 앞서 본 바와 같이 주민등록번호의 경우 반드시 주민등록번호를 사용하여야 하는 경우로 법령이 특정한 경우에 해당하지 아니하므로 목적 외 처리가 허용되지 아니한다. 그 밖의 고유식별정보와 "건강"에 관한 정보, 즉 민감정보의 목적 외 이용 및 제3자 제공이 가능한지 여부는 개인정보 보호법 제18조 제2항 각 호와 제23조, 제24조 중 어느 것이 적용되는가에 따라 결론이 달라진다.

정보주체로부터 동의를 받지 아니하였다면 – 별도의 예외규정에 해당되는 경우 등을 제외하고는 – 보건의료 관련 컨설팅 회사나 보험사 등 제3자에게 수집한 개인정보를 제공하는 것은 허용되지 아니한다.

국민건강보험공단이나 건강보험심사평가원과 같이 환자로부터 직접 개인정보를 수집하지 아니하고 다른 기관에서 넘겨받는 곳의 경우에 이러한 방식으로 목적 외 이용이나 목적 외 제3자 제공을 하기도 매우 어렵다. 국민건강보험공단은 가입자와 피부양자의 인적 사항과 재산 및 소득, 요양급여의 내용 및 건강검진결과를 보유하고 있고, 건강보험심사평가원은 요양급여내용을 보유하고 있다. 어느 것이든 개인정보이고, 주민등록번호 기타 고유식별정보이거나 "건강"에 관한 민감정보에 해당한다. 이들 역시 의학 및 보건정책 관련 연구나 의료기관의 처방 등 경향의 분석, 지역별 건강수준 연구, 건강검진이나 요양급여를 통하여 발견된 건강문제에 대한 맞춤형 서비스의 제공 또는 그 마케팅 등 여러 쓰임이 있다. 그러나 국민건강보험공단과 건강보험심사평가원은 모두 개인정보를 "제공받은 제3자"에 해당한다. 따라서 이들은 정보주체로부터 직접 목적 외 이용이나 제3자 제공에 대한 동의를 받을 방법이 없다. 그러한 동의를 받으려면 정보주체로부터 직접 정보를 수집하는 요양기관 등이 목적 외 이용, 목적 외 제3자 제공에 대한 동의를 대신 받아

주어야 하는데, 이는 현실성이 없다. 그러므로 현실적으로 이들의 목적 외 이용 및 제3자 제공은 전적으로 법령 및 그 해석에 기초하여 이루어지는 수밖에 없다.

이와 관련하여서는 적어도 세 그룹의 규정을 살펴보아야 한다. 첫째, 일반적으로 목적 외 이용 내지 제3자 제공은 개인정보 보호법 제18조 제2항 각 호의 사유 중 하나가 있어야 가능하다. 가령 "다른 법률에 특별한 규정이 있"거나(제2호) "통계작성 및 학술연구 등의 목적을 위하여 필요한 경우로서 특정 개인을 알아볼 수 없는 형태로 개인정보를 제공하는 경우"(제4호)여야 한다. 둘째, 특히 제3자로부터 개인정보를 제공받은 자의 경우 이러한 예외사유는 더욱 제한된다. "다른 법률에 특별한 규정이 있는 경우"가 아닌 한 언제나 정보주체의 동의가 필요한 것이다(개인정보 보호법 제19조 제2호). 셋째, 민감정보, 고유식별정보의 경우 – 별도의 동의를 받은 경우가 아니라면 – 법령에서 그러한 정보의 처리를 요구하거나 허용하여야 처리가 가능하다(개인정보 보호법 제23조 제1항 제2호, 제24조 제1항 제2호).

이들 중 민감정보, 고유식별정보에 관한 개인정보 보호법 제23조 제1항, 제24조 제1항과 개인정보 보호법 제18조 제1항이 어떤 관계에 있는가 하는 점에 대하여 논란의 소지가 있음은 앞서 본 바와 같다. 그러나 제3자로부터 정보를 제공받아 보유하는 국민건강보험공단과 건강보험심사평가원의 경우 더 문제가 되는 것은 오히려 개인정보 보호법 제19조이다. 개인정보를 제공받은 자는 다른 법률에 특별한 규정이 있는 경우가 아닌 한 목적 외 이용 및 제3자 제공을 할 수 없는데, 다른 법률상 특별한 규정을 찾아보기 어렵기 때문이다. 그러므로 국민건강보험공단이나 건강보험심사평가원이 보유하는 보건의료정보는 그것이 개인정보인 한 목적 외 이용이나 제3자 제공이 허용되지 아니할 가능성이 높다.

제3자로부터 제공받은 개인정보에 대하여도 개인정보 보호법 제 18조 제2항 제4호의 사유가 있는 경우 또 다른 제3자에게 제공할 수 있다는 해석이 가능하다고 전제하더라도 문제는 남는다. 이 규 정에서 목적 외 이용 및 제3자 제공의 사유로 인정하는 범위가 비 교적 좁다는 점 때문이다.

(2) 보건의료정보의 비식별화

보건의료정보, 특히 국민건강보험공단이나 건강보험심사평가원 이 보유하는 방대한 보건의료정보를 단순히 요양급여의 목적으로 만 활용하지 아니하고, 다른 가치 있는 목적에 이용하는 것이 가능 해 지기 위해서는 전혀 다른 접근을 모색할 필요가 있다. 개인정보 보호법의 적용을 아예 피하는 것이다. 이와 관련하여 개인정보 보 호법이 적용되기 위해서는 개인정보에 해당하여야 하고, 개인정보 가 되기 위해서는 식별성 내지 식별가능성(identifiability)이 있어야 한다는 점이 주목된다. 보건의료정보에 관한 빅데이터를 활용할 여 러 가능성 중 법질서에서 용인할 수 있는 대부분의 목적은 그 정보 가 구체적으로 누구에게 귀속되는지 특정되지 아니하더라도 그 활 용에 별 문제가 없다. 요컨대 의학연구나 보건정책수립을 위하여 환자의 이름과 주소를 알 필요는 없는 것이다. 그러므로 이들 정보 의 식별가능성을 제거하면 개인정보 보호법을 피하여 정보를 활용할 수 있다는 생각이 가능하다.

　이러한 가능성은 이미 다른 나라에서 먼저 탐색되었다. 나라마
다 용어례가 다소 다르고 완전히 통일되어 있지는 아니하나, 이를
일응 비식별화(de-identification)라고 할 수 있다. 비식별화는 개인정
보 일반, 특히 보건의료정보의 활용을 위한 하나의 가능성으로 주
목받고 있을 뿐 아니라 실제 적용되고 있기도 하다. 각국의 개인정
보 보호 법제를 보면 이러한 가능성을 처음부터 염두에 두고 입법
을 한 예는 찾아보기 어렵고, 오히려 개인정보 보호법제가 도입된
뒤 개인정보 보호법을 준수하면서 동시에 정보의 활용 가능성을 높
일 방법이 무엇인지 고민하는 과정에서 발전된 측면이 있다고 여겨
진다. 우리 법도 비식별화를 배려하여 입법된 것은 아니나, 근래 비
식별화를 통한 개인정보의 활용 가능성이 정부와 학계 모두에서 활
발하게 논의되기 시작하였다. 매우 방대하고 활용 가능성이 높은
빅데이터를 보유하고 있는 국민건강보험공단이나 건강보험심사평
가원 등의 빅데이터 활용방안으로 비식별화를 검토할 필요가 있는
까닭이 여기에 있다.

개인정보 비식별화 방법론

03

개인정보의 공유 및
비식별화에 관한
국내외 논의의 현황

개인정보의 공유 및
비식별화에 관한
국내외 논의의 현황

 현행 법제에 따르면 보건의료정보를 목적 외로 이용하거나 제3
자에게 제공하기 위해서는 정보주체의 사전 동의를 얻어야 하는 등
법적 제약을 받는다. 그러나 보건의료정보를 비식별화하는 경우 개
인정보 보호법의 적용 범위에서 제외되어 이러한 법적 제약 없이
정보를 활용할 수 있는 가능성이 생긴다. 비식별화는 정보의 안전
한 보관과 관리에도 도움이 될 수 있다. 이처럼 빅데이터의 활용을
수월하게 하면서도 사생활 침해의 위험은 낮춘다는 점에서 비식별
화는 빅데이터의 공유에 관한 논의의 핵심을 이루어왔다. 특히 미
국, 유럽연합(EU), 영국, 일본, 그리고 우리나라와 유사한 국민건강
보험제도를 갖추고 있는 대만에서는 논의가 상당히 활발하게 이루
어져왔다. 이 장에서는 이 나라들의 개인정보 보호에 관한 법제와
비식별화에 관한 규정의 내용을 살펴보되 특히 보건의료정보의 비

식별화에 관한 비중을 두어 검토한다. 이어서 우리나라에서 이루어진 비식별화에 관한 논의를 정리하며 외국의 논의에서 얻을 수 있는 함의를 함께 살펴보도록 한다.

1절 해외에서의 논의

1. 미 국

(1) 개인정보 보호에 관한 비식별화 법제 및 논의 동향

가. 법제 개관

미국은 연방과 주(state)의 이중적 법체계를 가지고 있어, 프라이버시(privacy) 또는 개인정보 보호에 관하여도 연방법과 개별 주법들이 산재해 있다. 하지만 연방법 차원에서 모든 분야의 개인정보를 포괄적으로 규율하는 일반법은 없고, 분야별 개별 입법으로 규제하고 있어, 영역별 접근법(sectoral approach)을 취하는 대표적인 예라고 할 수 있다.[1] 예컨대 교육에 관련된 정보에는 "비식별화된 학생기록(de-identified student records)"을 규율하는 법률(Family Educational Rights and Privacy Act: FERPA)이 적용되고, 의료정보 분야에서는 "건강보험 이전과 책임에 관한 법(Health Insurance Portability and Accountability Act, 이하, "HIPAA")"의 프라이버시 규칙(Privacy Rule)이 비식별화의 기준을

---

1 1974년에 연방프라이버시법(Federal Privacy Act of 1974)이 제정되었지만, 이 법률은 공공기관이 보유하는 개인정보에 대해서만 적용이 된다.

설정한다.

이처럼 미국의 법제는 영역별 접근방식을 취하고 있지만, 일반적인 논의를 위하여 개인정보는 "개인적으로 식별 가능한 정보"(personally identifiable information, 이하 "PII")라고 흔히 전제한다. 이것은 국립표준기술연구소(National Institute of Standards and Technology, 이하 "NIST") 보고서에 제시된 정의를 따른 것인데, 이에 따르면 개인정보란 "기관이 보유하고 있는 개인에 대한 정보"로서, 대표적으로 다음과 같은 정보를 포함한다. (1) 개인의 신분(이름, 사회보장번호, 생년월일, 출생지, 혼인 전의 성(maiden name), 또는 생체적(biometric) 정보들을 포함한다)을 구별하거나 추적할 수 있는 용도로 이용될 수 있는 정보, 그리고 (2) 개인과 연결되거나 연결될 수 있는 기타 정보(의료, 교육, 그리고 고용에 대한 정보를 포함한다).[2]

이러한 정의에 따르면, 규제 대상은 식별가능성이 있는 정보로 제한되므로 식별가능성이 없는 정보, 즉 비식별화된 정보는 개인정보의 보호에 대한 법의 제한을 받지 않는다. 이러한 맥락에서 비식별화에 관심이 집중되어 후술하는 가이드라인과 보고서들이 발표되었다.

나. 논의 동향

NIST는 2015년 4월 비식별화 일반에 관하여 지난 20년간 이루

---

2 National Institute of Standards and Technology (NIST), 「Guide to Protecting the Confidentiality of Personally Identifiable Information (Special Publication 800-122)」, 2010.

어진 논의를 정리하는 보고서의 초안을 발표하였다. 그 후 각계의 의견을 수렴하여, 2015년 10월 이 보고서의 최종본이 발표되었는데 이 보고서는 최근의 연구 및 실무 동향을 반영하고 있다.[3]

이 보고서는 모든 비식별화된 데이터에는 언제나 재식별의 위험이 도사리고 있다는 점을 기본적인 전제로 삼는다. 통계적인 비식별화 기법을 선택하는 데 지나치게 큰 비중을 두면 환경에 따라 달라지는 재식별의 위험성을 반영하기 어렵다고 지적한다. 즉, 개별 사안별로 데이터가 수집, 처리되는 맥락(context)에 따라 재식별이 될 위험성의 정도가 달라질 것이므로 이러한 차이를 적절히 고려할 필요가 있다고 하여 맥락에 따른(context-dependent) 접근방법을 강조한다.

이 보고서에서 강조하는 맥락에 따른 접근방법은 데이터의 환경적 요소에 따라서 위험성의 측정 기준이 달라질 수 있다는 것이다.[4] 예를 들어, 정보주체의 특성과 관련하여 잠재적 재식별의 대상이 공인(公人; public figure)인 경우, 공인을 대상으로 재식별의 위험성을 측정한 결과를 가지고 일반인에게 그대로 적용하는 것은 바람직하지 않다. 공인에 관한 정보는 일반인에 관한 정보에 비해 여러 상대적으로 낮은 비용으로 손쉽게 수집할 수 있기 때문이다.

이 보고서는 식별자(identifier) 또는 준식별자(quasi-identifier)의 범

---

3 Simon L. Garfinkel, 「De-Identification of Personally Identifiable Information」, NISTR 8053, 2015, 3면.
4 전게서, 29면.

위가 상황에 따라 지속적으로 변화하기 때문에 식별자 또는 준식별자를 일괄적으로 사전에 특정하여 이를 제거하는 기술적 방식에 의존할 경우 재식별의 위험성이 남아있을 수 있다고 지적한다. 따라서 사후적으로 재식별의 위험을 통제하는 방법들을 함께 적용할 필요가 있다고 한다.

사후적 관리적 방식의 중요한 예로 데이터 이용계약서(data use agreement)의 적절한 활용을 들 수 있다. 계약의 내용으로 계약 당사자의 재식별 시도 금지 의무를 넣는 것도 고려할 수 있다. 비식별화를 위한 기술적 처리 자체는 개인 식별의 위험성을 감소시키는 다양한 개인정보 보호 장치 중의 하나일 뿐이므로, 재식별의 위험을 최소화하기 위해서는 이처럼 사후적 관리가 보완적인 역할을 할 수 있도록 관리체계를 설계하는 것이 중요하다.

이 보고서에서는 비식별화와 관련된 이론들에 대한 연구가 20년 이상 이루어졌음에도 불구하고, 보편적으로 수용될 만큼 과학적 이론들이 정교하게 구축되지는 못한 상황이라는 점을 인정한다. 따라서 이론적 발달에 기초하여 비식별화의 위험성을 측정하는 구체적인 기준을 찾는 것이 이 분야를 연구하는 전문가들의 중요한 과제라고 지적한다.[5]

---

5 전게서, 39면.

(2) 보건의료정보 비식별화 규제의 형태 및 논의

NIST 보고서에서 제안한 비식별화 방법은 개인정보에 대한 일반적인 제안이므로, 보건의료정보의 특수성을 감안하여 보건의료정보의 비식별화에 대한 논의를 검토할 필요가 있다. 미국에서는 HIPAA 프라이버시 규칙이 연방차원의 법령으로 보건의료정보의 비식별화에 대한 규칙을 정하고 있으므로 그 내용을 살펴보도록 한다.

가. HIPAA 및 HIPAA 프라이버시 규칙

미국에서 보건의료정보의 프라이버시를 규율하는 연방 법률은 HIPAA이다. 이 법을 모법(母法)으로 하는 다수의 시행령 또는 행정규칙이 데이터 프라이버시와 보안(security)의 문제를 다루고 있다.[6]

연방과 주(state)의 이원적 법체계상 보건의료정보의 규제에 대해 연방법인 HIPAA와 다른 주법이 중복 적용될 수도 있다. 따라서 이론적으로 만약 주법이 더 강력한 개인정보 보호에 대한 법규를 제공한다면 주법이 우선적으로 적용된다. 하지만 실제로 주 입법부들이 개인정보 또는 보건의료정보에 관하여 HIPAA의 내용과 크게 다르거나 상충되는 내용의 법을 마련한 경우는 별로 없다. 따라서 실무적으로는 HIPAA가 보건의료정보의 프라이버시에 관한 규칙을 제공한다.

---

6 OECD, 「Health Data Governance」, 2015, 72면.

한편, HIPAA의 적용을 받는 수범자의 범위는 한정적으로 열거되어 있으므로, 모든 보건의료정보의 처리가 HIPAA의 적용을 받는 것은 아니다. 예컨대 의료기관에서 치료의 제공과 비용의 지급과 관련하여 활용되는 개인보건의료정보는 거의 모두 HIPAA의 적용을 받지만, 그 외의 목적에서 수집된 보건의료정보는 HIPAA의 적용이 대상이 되지 않을 가능성이 높다.[7] 이처럼 HIPAA 기준의 적용 범위가 충분히 넓게 설정되어 있지 않아서[8] HIPAA의 보호를 받지 못하는 보건의료정보가 있다는 비판이 있다. 특히 연구목적으로 설립된 국책연구기관 및 대학 등 교육기관은 HIPAA의 적용 대상이 아니므로 데이터의 보호에 관한 다른 법률이나 자체적 규칙 또는 가이드라인이 없다면 보건의료정보가 충분히 보호받지 못하는 문제가 생긴다.[9]

그럼에도 불구하고 HIPAA의 시행령 성격을 가지는 HIPAA 프라이버시 규칙은 비식별화에 대해 구체적인 규범적 기준을 제시했다는 점에서 실무상 매우 중요한 규범으로 받아들여진다. 보건의료정보의 비식별화를 규제하는 HIPAA 프라이버시 규칙의 구체적인 내

---

7 상동.

8 HIPAA의 주된 적용 대상이며 데이터 관리자의 지위에 있는 자로는 의료서비스 공급자, 건강보험회사, 그리고 정보처리기관(clearing house)으로 한정된다.

9 이처럼 연방 차원에서의 마련된 법이 일반적 규제가 아닌 분야별 규제 방식을 취함으로써 법 적용의 공백 상황을 가져올 가능성이 높다는 비판이 제기되기도 하고, 다른 한편, 규제공백이 생기는 것을 방지하기 위한 법령개정 논의가 주기적으로 나타나기도 한다. HIPAA 적용을 받지 않는 경우에는 Common Rule이라 불리는 "연구대상자 보호를 위한 보건복지부의 기본정책"의 적용을 통해 부분적으로는 해결할 수도 있다. OECD (주 6), 73면.

용은 아래에서 살펴보기로 한다.

나. 보건의료정보의 비식별화

1) 개관

HIPAA 프라이버시 규칙은 비식별화의 구체적인 방법을 규정한다. 따라서 HIPAA 규칙은 미국에서 비식별화에 관한 중요한 규범임은 물론이고 다른 나라에서도 비식별화 정책 수립에 있어서 중요한 참고자료가 되고 있다. 미국 보건부(Department of Health and Human Services)의 인권국(Office of Civil Rights, 이하 "OCR")은 이 규칙의 내용을 설명하는 구체적인 가이드라인을 발표한 바 있다.[10]

HIPAA 프라이버시 규칙 제164.514항은 "개인을 식별하거나 개인을 식별할 수 있도록 한다는 합리적(reasonable) 근거가 없는 보건의료정보는 개인적으로 식별 가능한 보건의료정보가 아니"라고 규정하고 있다. 보건의료정보에 대한 개념 정의는 NIST 보고서에서 제시한 PII의 정의에서 출발하고 있는 것으로 보인다. HIPAA 프라이버시 규칙 제164.514(b)항은 두 가지 방식에 의하여 보건의료정보가 비식별화된 것으로 인정된 것으로 판단할 수 있다고 정하고 있다(〈그림 3-1〉 참조).

① 전문가 판단 방식 (Expert determination method): 개별 사안별로 전문가가 판단하도록 하는 방식

---

10 OCR, 「Guidance Regarding Methods for De-identification of Protected Health Information in Accordance with the Health Insurance Portability and Accountability Act (HIPAA) Privacy Rule」, 2012.

② 세이프하버 방식 (Safe harbor method): HIPAA 프라이버시 규칙에서 나열한 18가지 식별자(identifiers) 또는 준식별자(quasi -identifiers)가 데이터에서 제거되면 비식별화된 것으로 간주하는 방식

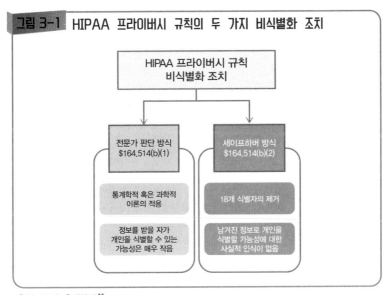

그림 3-1 HIPAA 프라이버시 규칙의 두 가지 비식별화 조치

HIPAA 프라이버시 규칙
비식별화 조치

전문가 판단 방식
§164.514(b)(1)

세이프하버 방식
§164.514(b)(2)

통계학적 혹은 과학적
이론의 적용

18개 식별자의 제거

정보를 받을 자가
개인을 식별할 수 있는
가능성은 매우 작음

남겨진 정보로 개인을
식별할 가능성에 대한
사실적 인식이 없음

출처: HHS 홈페이지 [11]

첫 번째, 전문가 판단 방식에 따르면, 수범자는 해당 데이터가 HIPAA 프라이버시 규칙의 기준에 따라 식별될 수 없는 정보인지를 판단할 '전문가'를 선임한다. 이러한 전문가가 되기 위하여 특정한 자격 조건이 있는 것은 아니며, 비식별화에 적용되는 통계학

---

11 http://www.hhs.gov/ocr/privacy/hipaa/understanding/coveredentities/De -identification/guidance.html.

적, 과학적 이론에 대한 지식과 경험을 갖추고 있다는 일반적인
요건을 충족하면 된다. 이렇게 선임된 전문가가 해당 데이터를 통
하여 개인정보의 재식별 위험이 매우 작다('very small')[12]고 판단하
면 이 데이터는 식별성이 없는 데이터로 간주되어 HIPAA의 규제
대상이 되지 않는다. 전문가는 판단 과정에서 적용한 기준이나 방
법과 판단 결과를 서면으로 작성하여 기록해 두어야 한다. 그리고

---

[12] HIPAA 프라이버시 규칙 § 164.514(a).

> (b) 실행을 위한 구체적 지침: 보호의 대상이 되는 건강정보의 비식별화를 위한
>   요건: 이 규칙의 적용을 받는 주체들은 다음에 해당되는 경우에 한하여 건
>   강정보가 개인적으로 식별 가능하지 않다고 판단할 수 있다.
>   (1) 정보의 비식별화에 대하여 일반적으로 수용되는 통계학적, 과학적 이론
>   및 방법론에 대한 적절한 지식과 경험을 가진 자가:
>   (i) 정보를 수신하기로 예정된 자가 이러한 이론과 방법론을 적용하여,
>   주어진 정보만으로 혹은 다른 합리적으로 활용한 정보와 함께 사
>   용하여, 정보의 주체인 개인이 누구인지를 식별하기 위하여 정보를
>   사용할 가능성이 매우 작다(very small)고 판단되고, 또한
>   (ii) 이러한 판단을 정당화하는 분석 방법과 결과들을 문서화
> (b) Implementation specifications: requirements for de-identification of
>   protected health information. A covered entity may determine that
>   health information is not individually identifiable health information
>   only if:
>   (1) A person with appropriate knowledge of and experience with
>   generally accepted statistical and scientific principles and methods
>   for rendering information not individually identifiable:
>   (i) Applying such principles and methods, determines that the
>   risk is very small that the information could be used, alone or
>   in combination with other reasonably available information,
>   by an anticipated recipient to identify an individual who is a
>   subject of the information; and
>   (ii) Documents the methods and results of the analysis that
>   justify such determination

사후에 인권국에서 요청할 경우 언제든지 해당 문서를 제출하여야
한다.

전문가 방식의 일반적인 장·단점은 다음과 같다. 가장 큰 단점
으로는, 각 사건마다 전문가를 선임하여 판단해야 하므로 상당한
시간과 비용이 소요된다는 점이다. 또한 수범자와 전문가 사이의
사적인 계약을 통하여 절차가 진행되므로 수범자가 전문가의 판단
결과에 수긍하지 않을 경우 이에 불복하여 계속적으로 다른 전문가
들을 선임할 수도 있고, 그만큼 사회적 비용이 높아지거나 판단이
왜곡될 가능성이 있다. 반면에, 중요한 장점으로 전문가가 기술의
변화 및 데이터를 둘러싼 상황이나 환경의 변화를 반영하여 식별가
능성을 판단할 수 있는 유연성을 가진다는 점을 들 수 있다. 비식
별화, 그리고 재식별의 위험성 판단 기준과 범위가 지속적으로 변
화할 수밖에 없다는 점을 고려하여, 전문가 판단 방식은 개별적인
사안마다 그 사안에 적합한 해결책을 모색하도록 한다. 또한, 세이
프하버 방식에 따라 18가지 식별자를 일괄적으로 모두 제거할 경우
원래의 연구목적을 달성할 수 없는 무의미한 데이터가 생성될 가능
성이 있는데, 전문가 판단 방식을 적용할 경우에는 이러한 가능성
을 예방할 수 있다. 즉, 프라이버시를 보호한다는 목적을 달성하는
동시에, 비식별화된 데이터를 이용하여 연구목적을 달성하는 것도
가능하도록 하는 방법이다.

두 번째 방법인 세이프하버 방식에 따르면, (1) HIPAA 프라이버
시 규칙에 열거된 18가지 유형의 식별자 또는 준식별자들을 모두
제거하고, (2) 비식별화된 나머지 데이터를 다른 정보와 결합하여

개인이 식별될 가능성에 대해 수범자가 인식하지 못하는(no actual knowledge) 경우, 해당 데이터는 HIPAA의 제한을 받지 않는다. 이때 제거되어야 하는 18가지 유형의 데이터는 〈박스 3-1〉에 정리되어 있다.

박스 3-1 세이퍼 하버 방식에서 정하는 식별자 및 준식별자

(A) 이름

(B) 주(state)보다 작은 지리적 단위(도로명 주소, 시, 군(county), 구역(precinct)), 우편번호 및 이와 상응하는 지역코드 (다만, (1) 우편번호 앞 세자리가 동일한 지역에 거주하는 사람이 20,000명을 초과할 경우 우편번호 앞 세 자리를, (2) 20,000명 이하인 경우 우편번호 앞 세 자리를 000으로 대체하여 공개할 수 있다)

(C) 개인과 직접적으로 연관되는 모든 날짜들(연도는 제외함)로 생일, 입원일, 퇴원일, 사망일, 89세 이상의 모든 연령과 그 연령을 나타내는 모든 일자들 (다만, 90세에 이상을 하나의 그룹으로 통합시킨 경우 그렇지 아니하다)

(D) 전화번호

(E) 팩스번호

(F) 이메일 주소

(G) 사회보장번호

(H) 의무기록번호/환자번호

(I) 건강보험 등록번호

(J) 계좌번호

(K) 수료증(certificate) 혹은 자격증(license) 번호

(L) 자동차 번호판을 포함한 차량번호, 시리얼 넘버

(M) 기기 아이디 및 시리얼 넘버

(N) 웹페이지 주소(URLs)

(O) 인터넷 IP 주소

(P) 신체특성 지표자(biometric identifier), 지문 및 음성 포함

(Q) 얼굴 정면 사진 및 이에 상응하는 사진

(R) 기타 모든 고유한 숫자, 문자(characteristic), 코드

세이프하버 방식을 취할 경우, 수범자의 입장에서는 자신이 활용할 수 있는 데이터의 범위와 제거되는 데이터의 범위를 명확하게 파악할 수 있다는 장점이 있다. 하지만 데이터의 효용성이 상당히 - 경우에 따라서는 그 대부분이 - 손상된다는 점이 단점이 있다. 또한, 기계적이고 일률적인 방식으로 비식별화를 진행하므로, 상황에 따라서는 비식별화 이후에도 재식별의 가능성이 남아있을 수 있다. 전문가 판단 방식과 세이프하버 방식의 좀 더 구체적인 내용을 살펴보면 아래와 같다.

2) 전문가 판단 방식

전문가 판단 방식은 외부 전문가로 하여금 재식별의 위험성을 판단하게 하는 것이다. 전문가의 선정에는 정부가 직접적으로 관여하지 않고 수범자와 전문가 사이의 사적으로 계약을 통하여 진행된다.

HIPAA 프라이버시 규칙은 전문가가 되기 위한 특정한 조건이나

규정을 두고 있지 않다. 단지 "비식별화에 대해서 폭넓게 받아들여지고 있는 통계적 그리고 과학적인 이론과 방식에 대해 적절한 수준의 지식과 경험이 있는 자"가 전문가로서 판단할 수 있다고 정하고 있을 뿐이다.[13]

HIPAA 프라이버시 규칙의 가이드라인은 전문가의 자격에 대하여 좀 더 구체적인 기준을 제시한다. 이에 따르면, 전문가가 되기 위해 학위나 자격증이 필요한 것은 아니고,[14] HIPAA 프라이버시 규칙에서 요구하는 일정 수준의 지식과 관련 경험은 다양한 방식의 교육이나 경험들을 통해 획득할 수 있다. 또한 경험의 분야는 통계, 수학, 또는 다른 과학의 영역이어도 상관없다. 이처럼 전문가 선임에 있어서 구체적인 기준이나 자격요건을 획일적으로 정하지 않고 유연하게 적용될 수 있도록 하고 있다.

전문가로 선정되면 해당 전문가는 상당한 재량을 가지고 재식별 가능성에 대해 판단할 수 있다. 다만, 외부로부터의 감시가 없다면 재식별의 위험성을 왜곡하여 평가할 유인이 생길 수 있다는 점을 감안하여, 정부가 사후에 통제할 수 있는 최소한의 장치는 마련해 두고 있다. 즉, 가이드라인은 규제당국인 보건부 OCR이 사후에 비식별화 방식을 적용한 전문가의 실제 경험, 관련된 전문적 또는 학문적 경험에 대하여 검토(review)할 수 있다고 설명한다.[15]

---

13 HIPAA 프라이버시 규칙 § 164.514(b). 각주 12번의 내용 참조.
14 OCR (주 10), 10면.
15 상동.

가이드라인은 전문가가 식별의 위험성이 '매우 작다'고 판단한 경우 위험성이 없는 상황으로 간주할 수 있다고 서술한다. 특정 수치로 계량화를 하여 재식별의 위험성에 대해 단정적인 결론을 내릴 수는 없으므로,[16] 구체적인 상황에 따라 적합한 방식을 적용했음에도 불구하고 재식별 위험이 남아있는지 여부를 판단하여야 한다. 이런 위험성의 정도는 재식별을 시도할 수 있는 잠재적 주체가 누구인지, 그 과정에서 어떤 상황이 발생할 수 있을 것인지 등 맥락을 고려해야 한다.[17]

재식별을 시도할 것으로 예상되는 당사자의 능력은 매우 다양한 요소에 따라 달라질 수 있다. 전문가는 이러한 요소들을 전반적으로 고려해서 위험성을 판단해야 한다. 특정 데이터 환경의 맥락에서 판단한 식별의 위험성을 다른 데이터에 그대로 적용해서도 곤란하고, 같은 데이터 환경을 전제로 하더라도 하나의 데이터세트에 대하여 판단한 식별의 위험성을 상이한 데이터세트에 그대로 적용해서도 곤란하다. 결국 전문가 판단의 핵심적 기준은 재식별을 시도할 것으로 예상되는 당사자의 능력이기 때문이다. 이처럼 개인을 식별하려는 잠재적 주체를 기준으로 위험성을 판단하는 것은 뒤에서 살펴볼 영국의 의도된 공격자(motivated intruder) 기준과 유사한 측면이 있다.[18]

HIPAA 프라이버시 규칙 자체는 전문가 판단 방식의 절차에 대

---

16 상동.
17 HIPAA 프라이버시 규칙 § 164.514(b).
18 제3장 제1절 2.(2)나 항의 내용 참조.

해서 상세한 설명을 하지 않고 있다. 그러나 HIPAA 프라이버시 규칙의 가이드라인은 전문가 판단 절차와 이때 적용되는 기본원칙에 대해서 구체적으로 설명하고 있다(〈그림 3-2〉 참조).

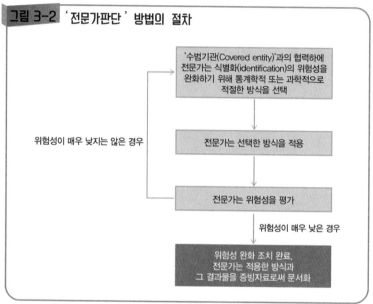

그림 3-2 '전문가판단' 방법의 절차

출처: OCR, 「Guidance Regarding Methods for De-identification of Protected Health information in Accordance with the Health Insurance Portability and Accountability Act(HIPAA) Privacy Rule」, 2012, 그림 2

가이드라인에 따르면 우선 전문가는 해당 정보가 데이터를 사용하게 될 주체에 의해 식별될 수 있는 가능성을 평가한다. 그 후, 전문가는 개인정보의 관리주체에게 식별의 위험성을 낮추기 위해 적용될 수 있는 통계적 그리고 과학적 기법들을 설명할 수 있다. 그리고 관리주체 기관이나 기업에 소속된 데이터 관리자가 수용할 만하다고(deemed acceptable) 인정하는 방식을 적용하여 비식별화 처리

를 한다.[19]

전문가가 위험성 평가를 함에 있어서는 기본적으로 준수하여야 할 여러 가지 원칙들이 있는데, 가이드라인은 그 예를 제시한다(〈표 3-1〉 참조). 하지만 나열된 원칙들은 어디까지나 예시이고, 이 외의 원칙들이 설정될 수도 있다.

이에 따르면, 반복가능성(replicability), 데이터 소스의 이용가능성 (data source availability), 그리고 구별성(distinguishability)이 위험성 판단에 있어 주요 원칙이 된다. 이 중 반복가능성이란 시간이 지나도 특정 정보의 동일성이 계속 유지될 수 있는지에 관한 것이다. 데이터 소스의 이용가능성이란 조직 외부에서 이용 가능한 정보 중 해당 정보의 식별을 가능하게 하는 것이 포함되어 있을지 여부에 대한 것이다. 그리고 구별성이란 특정인의 데이터가 다른 사람의 데이터와 구별이 되는 정도를 의미한다. 위 판단 기준들의 특징이 강하게 나타날수록 데이터의 식별성을 확인할 수 있는 가능성이 높아진다. 이 이외에도 전문가가 위험성을 판단할 때 개인의 신분을 드러내는 데이터 소스와 해당 데이터가 연결될(linked) 수 있는 정도 또한 고려될 수 있다.

---

19 OCR (주 10), 12면.

표 3-1	**재식별 위험성 평가를 위한 원칙**	
반복 가능성	특정 데이터 수치가 개인에게 일관적, 지속적으로 발생할 수 있는 가능성이 있는지에 따라 건강정보의 재식별 위험성 평가	낮음: 환자의 혈당 검사 결과
		높음: 환자의 인구통계(가령 출생일) 특성
데이터 소스의 이용 가능성	외부 데이터 중에서 환자에 관 한 식별자나 반복 가능한 건강 정보가 어떤 것이 있는지, 그리 고 누가 그러한 정보에 대한 접 근권을 가지고 있는지	낮음: 식별자가 포함된 실험보고서 의 결과는 보건의료환경 이외의 상 황에는 일반적으로 공개되지 않음
		높음: 출생, 사망, 그리고 결혼에 관 한 기록 등 빈번하게 공개될 가능성 이 있는 환자 이름과 인구통계학적 데이터
구별 가능성	건강정보 중에서 특정 정보주 체에 관한 데이터가 구분될 수 있는 정도	낮음: 출생연도, 성별, 그리고 3자리 우편번호의 결합은 미국 거주자들의 경우 대략 0.04%가 특이성을 지닌 것으로 평가. 이 정보만으로는 식별 될 수 있는 주민이 거의 없을 것이라 는 점을 의미.
		높음: 환자의 생년월일, 성별, 그리고 5자리 우편번호를 결합하여 분석하 면 미국에 거주하는 50% 이상의 주 민들을 구별 가능할 것으로 예상.
위험성 평가	건강정보의 반복가능성, 이용 가능성, 구별가능성에 대한 평 가	낮음: 실험과정을 통해 발생한 데이터 는 구별가능성이 매우 높을 수 있으 나, 반복가능성이 매우 낮고, 데이터 소스의 이용가능성 또한 매우 낮음.

출처: OCR, 「Guidance Regarding Methods for De-identification of Protected Health
Information in Accordance with the Health Insurance Portability and Accountability
Act(HIPAA) Privacy Rule」, 2012, 표 1

3) 세이프하버 방식

(a) 식별자와 준식별자에 관한 일반론

세이프하버 방식은 HIPAA 프라이버시 규칙에서 정한 18가지의 식별자 또는 준식별자를 제거하는 것이다. 그렇다면 식별자, 준식별자란 무엇인가? NIST 보고서는 일반적으로 식별자는 직접적(directly)으로 개인을 식별 가능하게 하는 데이터를 말한다고 한다. 예를 들어, 이름, 사회보장번호, 이메일 주소가 이에 해당한다. HIPAA 프라이버시 규칙은 이런 NIST 보고서의 (준)식별자의 개념을 더욱 확장해서 18가지의 정보가 이에 해당한다고 한다.

식별자는 추가적인 정보 없이도 그 자체로 개인을 식별할 수 있는 정보이므로, 식별자에 대하여는 비식별화 기법을 적용하여 다른 형태로 전환하는 방식뿐만 아니라 데이터를 제거(removal)하는 방식을 적용할 수도 있다. 식별자를 처리하는 방식에는 다섯 가지가 있다.[20]

1. 식별자의 제거
2. 명백하게(obviously) 일반적(generic)인 데이터나 범주(category) 명칭으로 대체
3. 임의적 표시(symbol)들로 대체
4. 무작위(random) 수치로 대체
5. 일정한 체계하에서 가명(pseudonym)으로 대체

준식별자는 간접적(indirect) 식별자를 의미한다. 즉, 그 데이터 자

---

20 Garfinkel (주 3), 15면.

개인정보의 공유 및 비식별화에 관한 국내외 논의의 현황

체로는 특정인을 식별할 수 없지만 추가적인 정보와 결합할 경우 특정인을 식별하는 것이 가능한 경우이다.[21]

데이터의 비식별화와 관련하여 실질적으로 중요한 것은 준식별 자이다. 식별자는 그 자체로 특정인을 식별하는 기능을 가지는 정보이므로, 개인정보 보호를 위해서는 식별자를 삭제하는 것이 타당한 경우가 많다. 그러나 준식별자는 직접적으로 식별을 가능하게 하는 정보는 아닐 뿐더러 향후의 연구에서 중요한 가치를 지닐 수 있는 다른 속성정보가 포함되어 있을 수도 있다.[22] 이러한 이유에서 준식별자는 일률적으로 삭제하기 어렵고 재식별의 위험성과 데이터의 효용성이라는 상반된 가치 사이에서 균형을 찾을 수 있는 방법을 모색할 필요가 있다. 일반적으로 범주화, 일반화, 교환, k-익명성, l-다양성, t-근접성 등 비식별화 방식들이 적용된다.[23]

(b) HIPAA 프라이버시 규칙의 식별자 및 준식별자

아래에서는 HIPAA 프라이버시 규칙이 정하고 있는 식별자 및 준식별자 중에서 추가적인 설명이 필요한 우편번호, 날짜, 기타 '숫

---

21 전게서, 19면.
22 전게서, 20면.
23 범주화(Suppression): 데이터의 효용성이 많이 손상되는 것을 막기 위하여 삭제 대신 범주화를 일반적으로 선호한다. 일반화(Generalization): 예를 들어, 우편번호의 5자리 전부를 공개하지 않고 특정한 범위에 있다는 정도의 숫자만 공개한다. 교환(Swapping): 준식별자들은 지정된 수준의 일반화 내에서 기록들 사이에 교환이 가능하다. k-익명성, l-다양성, t-근접성: 바람직한 수준의 프라이버시를 달성하기 위해 비식별화 처리가 필요한 식별자, 준식별자의 범위 등을 산정하는 방식으로 쓰일 수 있다. 이러한 개념에 관해서는 아래에서 좀 더 상세하게 논의한다.

자, 문자, 코드'에 대해 알아본다.

① **우편번호**: HIPAA 프라이버시 규칙에서는 총 다섯 자리의 우편번호 중 앞의 세 자리는 일정한 조건을 충족한다면 공개 가능하다고 정하고, 그 조건으로 우편번호에서 앞 세 자리가 동일한 지역의 인구가 2만 명보다 많을 때를 들고 있다. 인구조사국(Bureau of the Census)에서 공개한 데이터를 고려할 때, 만일 같은 조건에 해당하는 지역의 인구가 2만 명 이하일 때에는 앞 세 자리의 숫자를 000으로 바꾸어야 한다.[24]

② **날짜(dates)**: 출생일, 입원일, 퇴원일, 사망일을 포함하여 개인에게 직접적으로 관련이 있는 모든 날짜는 삭제되어야 한다.[25] 다만, 연도를 남기는 것은 허용된다. 예를 들어, "2012년 12월 1일"과 같은 수준으로 특정된 일자는 데이터에 남길 수 없다. 하지만 이를 "2012"로 처리할 경우에는 정보를 포함시킬 수 있다. 또한 89세를 넘는 모든 연령과 그러한 나이를 암시하는 (연도를 포함한) 모든 날짜도 삭제되어야 한다. 다만, 그러한 연령대나 요소가 90세 이상이라는 하나의 범주로 총합된 경우에는 이용이 가능하다.[26] 이것은 데이터 값의 빈도가 낮아 특정인을 구별할 수 있는 확률이 높은 경우 이를 낮추기 위해 범주화나 일반화가 적용된 경우이다.

③ **기타 식별을 가능하게 하는 숫자, 문자, 코드**[27]: 이 속성은 식별

---

24 HIPAA 프라이버시 규칙 § 164.514(b)(2)(i)(B).
25 HIPAA 프라이버시 규칙 § 164.514(b)(2)(i)(C).
26 HIPAA 프라이버시 규칙 § 164.514(b)(2)(i)(C).
27 HIPAA 프라이버시 규칙 § 164.514(b)(2)(i)(R) "이 항(section)의 (c)에서 허용

을 가능하게 할 수 있는 요소들이다. 프라이버시 규칙의 수범자는 명시적으로 나열된 식별자뿐 아니라 (이 범주에 해당하는) 기타 식별을 가능하게 하는 요소들도 제거해야 한다. HIPAA 프라이버시 규칙 가이드라인에서는 이 범주에 해당하는 예로 숫자, 문자(characteristic), 코드를 제시한다.[28] 결국 특정 개인에게 아이디를 대신하여 부여될 수 있는 모든 유형의 숫자, 문자, 코드 등은 삭제되어야 한다.

(c) 세이프하버 방식에서의 "사실적 인식"[29]

세이프하버 방식을 적용하기 위한 두 번째 요건은 사실적 인식(actual knowledge)이다. 이때의 인식은 식별자들이 제거되고 남은 정보가 그 자체만으로 또는 다른 정보와 결합하여 정보의 주체를 식별하기 위해 이용될 수 있는 가능성에 대한 인식을 뜻한다. 즉, 이 요건은 비식별화한 정보가 개인의 식별에 이용될 수 있다는 지식이나 인식이 수범자에게 없을 것을 요구한다.[30]

가이드라인은 사실적 인식 요건에 위배되는 가상의 사례를 들어

하는 것 이외의 모든 고유한 식별 가능한 번호, 성격, 혹은 코드"

28 OCR (주 10), 26면.

29 HIPAA 프라이버시 규칙 § 164.514(b)(2)(ii) "이 규칙의 적용을 받는 자는 정보 주체인 개인을 식별하기 위하여 이 정보가 그 자체로 (alone) 혹은 외부 정보와 결합되어 사용되는 것에 대하여 사실적 인식이 없다." (The covered entity does not have actual knowledge that the information could be used alone or in combination with other information to identify an individual who is a subject of the information.)

30 OCR (주 10), 27면.

설명한다. 프라이버시 규칙의 수범자가 환자의 직업이 "A대학의 전총장"으로 기록되어 있음을 알고 있다고 가정하자.[31] 나이 또는 거주하는 주(state)와 같은 추가 정보와 결합한 상태에서 이 정보를 이용하면 그 환자를 거의 확실하게 식별할 수 있다. 이때 수범자는 단지 프라이버시 규칙에 나열된 식별자들을 제거하는 것만으로는 세이프하버의 기준을 충족시키지 못한다. 이 수범자는 남은 정보로 그 환자를 식별할 수 있다고 판단하였을 가능성이 매우 높다. 따라서 수범자가 환자의 기록에서 직업을 제거하기 위한 충분한 선의(good faith)의 노력을 기울이지 않는다면 이 정보는 세이프하버 방식의 비식별화 기준을 만족하지 못한다.

다. 임상시험 데이터의 비식별화

1) 의의

앞서 설명한 가이드라인과 함께 실무가들이 실제로 활용하는 지침으로는 미국 국립의학연구소(National Academy of Medicine, 이전에는 Institute of Medicine)가 2015년에 펴낸 임상시험자료 비식별화의 개념 및 방법에 관한 지침("Concepts and Methods for De-identifying Clinical Trial Data", 이하 "NAM 지침")이 있다. 특히 NAM 지침은 보건의료정보 중 임상시험데이터(clinical trial data)의 방법 전반과 유의사항을 논의하는 것인데, NAM 지침에 첨부된 부록은 비식별화의 방법과 개념을 자세히 다루고 있다.[32] 이 부록의 실무적 영향력은 상당히 큰

---

31 상동.
32 K. El Emam and B. Malin, 'Appendix B: Concepts and Methods for De-identifying Clinical Trial Data', Institute of Medicine, 「Sharing Clinical Trial Data: Maximizing Benefits, Minimizing Risk, Institute of Medicine

편으로, 해당 데이터의 재식별성을 판별하기 위한 지침으로 실제로 활용되고 있고, EU의 유럽의학기구(European Medicines Agency)에서 발표한 비식별화 자료도 이 부록을 참조하였음을 명시하고 있다.

2) 맥락적 요소: 데이터의 공유 방식 및 메커니즘, 재식별 공격 형태

데이터의 공유 방식, 메커니즘, 그리고 재식별 공격 형태에 따라 재식별의 위험성은 달라진다. 우선, 데이터는 공유 방식에 따라 재식별의 위험성이 다르게 나타난다. 따라서 NAM 지침은 크게 두 가지 공유 방식을 구분하여 설명하는데, 첫 번째는 전통적인 일반공개(public release)이다.[33] 정보가 일반에게 공개된 경우 누구든 특별한 등록이 없이 데이터에 접근할 수 있다. 두 번째는 공식적 요청과 승인 절차를 거쳐서 데이터에 대한 제한적 접근권한을 부여하는 방식이다. 이 두 가지 방식을 혼합한 형태로 준일반공개(quasi-public release) 방식도 있다. 혼합형 방식에 따르면, 데이터 이용자는 약관 또는 사용자 클릭(click-through)의 방식으로 계약을 체결하고, 누구든 그 계약에 따른다는 조건하에 데이터를 다운로드 받는 방식으로 데이터에 접근할 수 있다. 가령, 데이터 분석 경연 대회에서는 대체로 계약에 따라 대회 참가자들에게 데이터를 제공한다.

다음으로 데이터 공유 메커니즘(mechanisms)에 따른 분류도 가능한데, 이에 따라 마이크로 데이터(micro data)와 온라인 포털을 통한 공유 데이터로 구분할 수 있다.[34] 마이크로 데이터는 가공하지 않

---

of the National Academies」, 2015.
33 전게서, 205면.
34 전게서, 206면.

은 데이터(raw data)를 의미한다. 재식별 논의의 맥락에서, NAM 지침상 마이크로 데이터는 웹사이트를 통하여 다운로드받을 수도 없고 전자적 형태로 이전될 수도 없다. 반면 온라인 포털을 통한 공유 데이터의 경우 원격 컴퓨터의 인터페이스(interface)를 통한 데이터에 대한 접근이 허용되는 상황을 전제로 한다. 마이크로 데이터는 데이터를 제공하는 주체의 컴퓨터에 데이터가 저장되어 있어 데이터 제공자의 컴퓨터에서 데이터 분석 작업을 할 수밖에 없다. 이처럼 한정된 공간에서만 데이터 작업을 할 수 있기 때문에 데이터 제공주체는 손쉽게 데이터 이용자의 접속 또는 분석 과정을 모니터링할 수 있다.

마지막으로 재식별의 공격 형태에 따른 차이이다. 이는 공개 데이터와 비공개 데이터에서 서로 다르다. 공개 데이터의 경우 데이터 보유의 주체는 언제나 최악의 상황을 가정해서 가장 높은 수준의 재식별 위험성을 전제로 판단한다. 비공개 데이터의 경우에는 세 가지 공격 유형으로 분류하여 판단한다. 첫째는 의도적(deliberate) 재식별, 둘째는 비의도적 재식별, 그리고 셋째는 데이터 유출 상황이다.

이 세 가지 요소들 – 데이터 공유 방식, 공유 체계, 그리고 재식별 공격의 유형 – 의 조합에 따라 재식별의 전반적인 위험도가 달라지고 그 위험을 관리하는 방식도 달라진다. 결국 데이터 환경이라는 맥락에 따라서 재식별의 위험도 다양해지며 그런 위험을 관리해야 할 필요성 및 방법도 달라지는 것이다. 이상의 내용을 〈표 3–2〉으로 간략하게 도식화하여 파악할 수 있다.

표 3-2	임상시험 데이터 공유와 관련된 다양한 접근법	
	마이크로 데이터	온라인 포털
일반 공개	• 데이터에 대한 최소한의 통제 • 연구방법론적 제약 적음	
신청 후 사안별 제공		• 데이터에 대한 최대한의 통제 • 연구방법론적 제약 많을 수 있음
리스크	• 의도된 재식별 • 의도하지 않은 또는 우연적 재식별 • 정보의 우발적 일반공개 및 재식별	• 의도하지 않은 또는 우연적 재식별

출처: K. El Emam and B. Malin, 'Appendix B: Concepts and Methods for De-identifying Clinical Trial Data,'Institute of Medicine, 「Sharing Clinical Trial Data: Maximizing Benefits, Minimizing Risk」, 2015, 207면, 표 B-1

3) 내부적 요소: 재식별 위험성의 측정 방법

NAM 지침은 비식별화의 과정에서 맥락에 따른 접근을 중시한다. 따라서 어떤 요소들이 영향을 주고 어떻게 결합되는지에 따라 위험성의 정도와 그에 따른 사후적 관리방안이 달라진다고 본다. 위에서는 외부적 상황과 맥락에 더 초점을 두었다면 여기서는 데이터 유형이라는 내적 요소에 따라 재식별의 위험성이 어떻게 달리 측정되는지를 본다.

데이터에 포함된 변수는 크게 세 가지로 분류하여 생각할 수 있다. 직접 식별이 가능하게 하는 변수(식별자), 간접적으로 식별이 가능하게 하는 변수(준식별자), 그리고 개인의 정체성 판별이나 식별과는 무관한 변수(대체로 속성 정보)이다.[35] 먼저 어떤 변수가 개인을 식

---

35 전게서, 217면.

94

별하는지 여부, 즉 그것이 식별자 또는 최소한 준식별자에 해당하는지 여부부터 판단하여야 한다. 만일 이 두 범주에 포함되지 않는다면 처음부터 개인의 식별성과는 관련성이 없어 재식별의 위험성 자체를 고려할 필요가 없어지기 때문이다.

식별성이 있는지 여부를 판단하는 데에는 반복가능성(replicability), 인식가능성(knowability), 구별가능성(distinguishability) 등의 기준을 활용한다. 이를 통해 식별성 있는 변수라고 판단되면 직접 개인을 식별하는 식별자인지, 간접적으로 개인을 식별하는 준식별자인지를 판단하는 단계로 넘어간다.[36] 이 과정을 간단히 도해하면 〈그림 3-3〉과 같다.

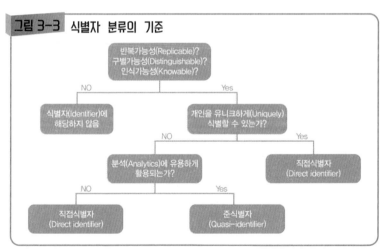

그림 3-3 식별자 분류의 기준

출처: K. El Emam and B. Malin, 'Appendix B: Concepts and Methods for De-identifying Clinical Trial Data,' Institute of Medicine, 「Sharing Clinical Trial Data: Maximizing Benefits, Minimizing Risk」, 2015, 221면, 그림 B-3

---

36 전게서, 220면.

식별자와 준식별자의 구별이 필요한 이유는 각각에 대하여 데이터를 보호하기 위하여 적용하는 기술적 조치들이 달라질 수 있기 때문이다. 식별자에 적용될 기술들을 준식별자에 적용하거나 그 반대의 상황이 발생하면 데이터 자체가 왜곡되어 데이터의 진실성과 효용성이 크게 훼손될 수도 있다. 다만, 식별자 및 준식별자의 구분이 명확하지 않은 경우도 적지 않다.

우선 식별자의 재식별 위험성부터 살펴보자. 이는 예를 들어 특정 임상시험 참가자가 재식별될 수 있는 위험성을 뜻하는데,[37] 식별자가 주어진 경우 식별자를 이용하여 재식별이 될 위험성은 100%에 가까운 것으로 판단한다. 이런 상황에서 식별자를 보호하는 방법으로는 두 가지가 있다. 하나는 식별자 자체를 삭제하거나 범주화(suppression)하는 등의 방법으로 식별자를 제거하는 것이고, 다른 하나는 가명(pseudonym) 처리의 방법을 이용하는 것이다.

하지만 준식별자의 경우, 식별자에 적용한 것과 같이 일률적으로 데이터를 제거하거나 가명처리를 하는 방식을 적용하는 것은 어려울 수 있다. 처리 후 남은 데이터의 효용성이 대부분 상실될 수 있기 때문이다. 따라서 식별자와 준식별자를 구분하고 양자의 비식별화 방법을 달리 생각해 볼 필요가 있다. 준식별자의 재식별 위험성을 측정하는 일반적인 통계적 방식은 동등 집단(equivalence class)의 크기를 파악한 뒤 그로부터 그 역수를 구하는 것이다.[38]

---

37 전게서, 222면.
38 준식별자들 중에서 동일한 값을 공유하는 모든 레코드(record)들을 동질집단이라고 한다. 예를 들면, 특정 데이터세트에 포함된 2015년 5월 20일에 입원한 63

재식별의 위험성을 측정하는 방식 중 하나는 다양한 재식별 확률 수치 중에서 최고치를 재식별의 위험성으로 보는 것이다. 이 기준에 따르면, 예를 들어 다음 표(〈표 3-3〉)에서 재식별의 위험성은 1의 확률이 된다. 최고의 재식별 확률 수치가 2, 5, 6, 8, 20, 22~27번 아이디에서 1이기 때문이다.

표 3-3　재식별 확률 예시

ID	준식별자		재식별 확률
	성별(Sex)	출생연도	
1	남성	1959	0.33
2	남성	1969	1
3	여성	1955	0.33
4	남성	1959	0.33
5	여성	1942	1
6	여성	1975	1
7	여성	1966	0.33
8	여성	1987	1
9	남성	1959	0.33
10	남성	1967	0.2
11	남성	1968	1
12	여성	1955	0.33
13	남성	1967	0.2

세 남성 전체에 관한 레코드를 들 수 있다. 만일 이 조건을 충족하는 사람이 5명이라면, 동질 집단의 크기는 5가 된다. 물론 그 역수는 1/5이고, 재식별의 가능성은 1/5인 것으로 파악할 수 있다.

14	남성	1967	0.2
15	여성	1966	0.33
16	여성	1955	0.33
17	남성	1967	0.2
18	여성	1956	0.5
19	여성	1956	0.5
20	남성	1978	1
21	여성	1966	0.33
22	남성	1967	0.2
23	남성	1971	1
24	여성	1954	1
25	여성	1977	1
26	남성	1944	1
27	남성	1965	1

출처: K. El Emam and B. Malin, 'Appendix B: Concepts and Methods for De-identifying Clinical Trial Data,'Institute of Medicine, Institute of Medicine,「Sharing Clinical Trial Data: Maximizing Benefits, Minimizing Risk」, 2015, 224면, 표 B-3

최고확률을 대신하여 데이터세트의 모든 기록들의 평균에 대응하는 평균 위험성을 측정하는 접근법도 있다. 〈표 3-3〉에서 보면 모든 재식별 확률의 평균값은 0.59가 된다. 개념의 정의상 평균 위험성 확률 수치가 최고 위험성 확률 수치보다 더 높은 값이 나올 수는 없다.

데이터를 일반에 공개하는 경우에는 평균보다는 최고 위험성 확률 수치를 활용하여 판단하는 것이 보통이다. 공개된 데이터에 대해서 공격을 가하는 공격자는 최고의 재식별 확률을 가지고 있는 기록을 공략할 가능성이 있기 때문이다. 따라서 공개 데이터의 경우에는 최고 위험성 확률을 측정하고 관리하는 것이 효과적인 보호 방식이다. 한편 평균 위험성 확률 수치는 일반 공개용이 아닌 제한된 공개용 데이터에 더 적합하다. 이 경우에는 재식별을 금지하는 데이터 공유 계약이 체결되어 관리적 조치가 적용될 것이기 때문이다.

　적합한 위험성 기준을 설정함에 있어서도 공격자의 유형에 따라 기준이 달라진다.[39] 공격자의 유형이 의도적 공격(attempt)인지, 비의도적 공격 또는 우연한 정보 취득(acquaintance)인지, 아니면 데이터 유출상황(breach)인지에 따라 위험성 산정 기준이 달라질 수 있다. 이것은 아래의 표를 통해 정리할 수 있다(〈표 3-4〉).

표 3-4　데이터 리스크 매트릭스

데이터 리스크	매트릭
Pr(re-id | attempt)	평균 리스크
Pr(re-id | acquaintance)	평균 리스크
Pr(re-id | breach)	가정에 따라, 평균 리스크 또는 최대 리스크

출처: K. El Emam and B. Malin, "Appendix B: Concepts and Methods for De-identifying Clinical Trial Data," Institute of Medicine, 「Sharing Clinical Trial Data: Maximizing Benefits, Minimizing Risk」, 231면, 표 B-6

4) 재식별 위험성의 관리 방법과 절차
　적합한 위험성 수준을 결정하려면 데이터 자체의 맥락 또는 관

---

39 El Emam (주 32), 230면.

련 요소들에 대한 조사가 선행되어야 한다.[40] 이런 요소들은 크게 (1) 재식별 위험성을 완화시키는 관리조치들(mitigating controls), (2) 프라이버시 침해(invasion of privacy), (3) 동기와 능력(motives and capacity) 등으로 구분하여 생각할 수 있다. 특히 의료정보를 통한 프라이버시 침해와 관련해서는 데이터의 민감성, 환자에 대한 잠재적 피해, 데이터 공개를 위한 동의의 적절성 등이 포함된다. 〈그림 3-4〉는 이를 도식화하여 표현한 것이다.

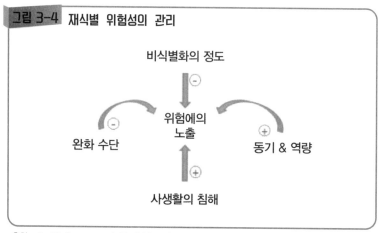

그림 3-4 **재식별 위험성의 관리**

출처: K. El Emam and B. Malin, 'Appendix B: Concepts and Methods for De-identifying Clinical Trial Data,' Institute of Medicine, 「Sharing Clinical Trial Data: Maximizing Benefits, Minimizing Risk」, 231면, 그림 B-5

현재까지의 단계별 설명에 기초해서 전체적인 절차의 흐름을 정리하면 다음의 〈표 3-5〉와 같다.[41]

---

40 전게서, 233면.
41 전게서, 240-244면.

표 3-5	재식별 위험성 관리를 위한 절차
제1단계	전체 데이터 집합에서 식별자를 결정
제2단계	식별자의 변형(Mask or transform)
제3단계	위협모형(threat modeling)의 적용
제4단계	수용 가능한 최소한의 데이터 효용성 수준 결정
제5단계	재식별의 위험성 기준 결정
제6단계	원래의 데이터베이스로부터 도출된 샘플 데이터의 도입
제7단계	실질적인 재식별의 위험성 평가
제8단계	실질적 위험성과 설정된 위험성 기준의 비교
제9단계	새로운 패러미터의 설정과 변형기법의 적용
제10단계	도출된 비식별화 기법 방식에 대한 진단
제11단계	변형된 데이터를 외부로 전송

라. CMS의 '제한된 데이터세트'[42]

세이프하버 방식에 대하여는 지나치게 많은 데이터를 일률적으로 제거하여 데이터의 효용성을 떨어뜨린다는 비판이 있다. 이에 노인 의료보험과 저소득층 의료보호를 위한 센터(Centers for Medicare and Medicaid Services, 이하 "CMS")는 의료정보를 연구목적으로 활용하는 것을 지원하기 위하여 이른바 '제한된 데이터세트' 정책을 마련하여 운영하였다. CMS는 일정한 연구목적으로 데이터를 사용하는 경우에 한하여 일정 수준의 재식별 가능성이 있는 데이터를 공개하는데, 이때 공개되는 데이터를 제한된 데이터세트(limited data set, 이하, "LDSs")라 한다.

---

42 https://www.cms.gov/Research-Statistics-Data-and-Systems/Computer
Data-and-Systems /Privacy/DUA_-_LDS.html.

LDSs는 CMS가 공개하는 다른 데이터와 구분된다. 특히 (1) 공개적인 이용을 위한 정보(public use files, 이하 "PUFs")나 (2) 연구를 위한 식별 가능한 정보(research identifiable file, 이하 "RIFs")와의 구분이 중요하다. 식별가능성, 공개 절차 등 다양한 요소에 따른 구분은 〈표 3-6〉에 정리되어 있다.[43]

표 3-6 CMS 데이터

	공개적 이용을 위한 정보 (PUFs)	제한된 데이터세트 (LDSs)	연구를 위한 식별 가능한 정보(RIFs)
개인정보위원회(Privacy Board)의 심사가 필요한가?	×	×	○
정보이용계약서(Data Use Agreement)가 필요한가?	×	○	○
정보에 개인 수준의 정보가 담겨있는가?	×	○	○
연구자가 맞춤형 코호트를 요구할 수 있는가?	×	×	○
식별자를 사용하여 CMS가 아닌 다른 정보에 연결될 수 있는가?	×	×	○
데이터 유효기간 (run off period)	해당 사항 없음	연도별 정보: 6개월 분기별 정보: 3개월	연도별 정보: 6개월 분기별 정보: 3개월

PUFs는 '식별 불가능한 데이터'라고도 한다. 이는 일반 공개를 염두에 두고 개인을 식별할 수 있는 모든 정보를 삭제한 데이터이

---

43 https://www.resdac.org/resconnect/articles/148.

기 때문이다. 일반적으로 집합적 수준의 정보만을 담고 있다. 다른 한편, RIFs는 수혜자 개인의 정보를 담고 있다. RIFs를 요청할 때는 정보이용계약서를 이용해야 한다. RIFs 제공요청이 있으면, CMS의 개인정보위원회 심사를 거쳐 개인의 사생활에 관한 정보는 최소한으로 제한하여 제공된다.

LDSs의 경우에는, 개인 수준의 정보가 담겨있고 재식별이 가능하다는 점에서 RIFs와 유사하지만, HIPAA의 규제에 따라 직접적으로 개인을 식별하는 변수는 삭제되거나 범주로 표시된다는 점에서 차이가 있다. LDSs를 사용하고자 하는 자는 정보이용계약에 의하여야 하나, 정보제공 요청은 개인정보위원회의 심사를 거치지 않는다. LDSs는 샘플 데이터의 5~100%의 범위에서 허용된다. LDS는 HIPAA의 적용을 받을 뿐만 아니라, 식별이 가능하다는 점에서 연방개인정보 보호법(Privacy Act of 1974)의 적용도 받으므로 LDSs는 HIPAA와 연방개인정보 보호법이 정하는 연구목적 범위 내에서만 사용할 수 있다. 또한 연구목적에는 종국적으로 노인건강보험제도의 발전에 관련된 것이어야 한다는 제한이 따른다.

2. 유럽연합(EU)

(1) 유럽연합의 비식별화 규제체계

가. 개관

유럽연합(EU)에서는 2018년 5월부터 개인정보 보호지침(Data Protection Directive, 이하 "DPD")을 대체하여 제정된 개인정보 보호 일반

규칙(General Data Protection Regulation, 이하 "GDPR")이 법적인 효력을 가지게 된다. 하지만 GDPR의 효력 발생일 전까지는 DPD가 여전히 적용되므로 여기서는 DPD의 내용과 GDPR의 내용을 모두 고려하여 비식별화 또는 익명화에 대하여 알아보기로 한다.

　　DPD 서문 제26조는 식별 가능한 데이터에 관해 규정하는데, 여기에 익명화(anonymous)에 대한 내용이 포함되어 있다. "식별이 되는 혹은 식별 가능한 사람과 관련된 모든 정보는 보호되는 것을 원칙으로 한다. 사람이 식별 가능한지 여부를 결정함에 있어서 정보 컨트롤러(controller)나 사람을 식별하고자 하는 사람들이 합리적으로 사용 가능한 모든 방법들을 고려하여야 한다. 보호의 원칙은 더 이상 정보가 식별되지 않아 익명성을 가진다면 적용되지 않는다. 제27조가 정하는 실행규칙(Codes of Conduct)은 정보가 익명화되거나 더 이상 정보가 식별될 수 없는 형태로 정보를 보유하는 방법에 대한 지침을 제공하는 데에 유용한 도구가 될 수 있다."[44]

---

[44] 원문은 다음과 같다: "Whereas the principles of protection must apply to any information concerning an identified or identifiable person; whereas, to determine whether a person is identifiable, account should be taken of all the means likely reasonably to be used either by the controller or by any other person to identify the said person; whereas the principles of protection shall not apply to data rendered anonymous in such a way that the data subject is no longer identifiable; whereas codes of conduct within the meaning of Article 27 may be a useful instrument for providing guidance as to the ways in which data may be rendered anonymous and retained in a form in which identification of the data subject is no longer possible".

이와 같이 DPD는 익명화된 데이터는 규제 대상이 되는 개인정보가 아니라고 명시하고 있다. 하지만 익명화는 DPD의 서문(preface)에만 명시되어 있을 뿐, DPD의 본문에는 이에 관한 별도의 규정이 없다. 또한 DPD는 익명화에 대해 구체적인 기준을 규정하지 않고, 자세한 내용은 EU 개별 회원국이 실행규칙 등을 통하여 정하도록 위임하고 있다. 또한 개별 회원국들은 대부분 별도의 실행규칙을 마련하지 않고 있다.

다만, 영국에서는 2012년에 익명화에 관한 실행규칙을 포함하는 가이드라인이 발표가 되었고,[45] EU 차원에서는 2014년에 제29조 작업반(Article 29 Working Party)에서 의견서(Opinion)를[46] 발표하여, 관련분야에 대한 논의가 좀 더 구체화되는 계기가 되었다. 특히 제29조 작업반이 발표한 의견서는 법적 구속력을 가지는 것은 아니지만, EU 각국의 개인정보 보호 규제기관들의 수장이 참여하여 논의한 결과를 정리한 것이므로 공신력이 높다.

나. 비식별화 맥락에서의 DPD와 GDPR의 비교

GDPR은 DPD와 마찬가지로 개인정보가 포함된 데이터를 이용하는 경우에 한하여 적용된다. 따라서 만일 정보주체가 더 이상 식별될 수 없을 정도로 익명화된 데이터라면 GDPR의 적용을 받지 않는다. 그러므로 익명화는 빅데이터의 맥락에서 대단히 중요하다.

---

45 ICO, 「Anonymisation: managing data protection risk code of practice」, 2012.
46 Article 29 Data Protection Working Party, 「Opinion 05/2014 on Anonymisation Techniques」, 2014. 제29조 작업반은 EU 각국의 개인정보보호 규제기관(Data Protection Authority)의 총책임자들로 구성된 작업반이다.

이는 특히 목적 외 이용(re-purpose) 내지 데이터 공개에서 중요한 의미를 가진다. 정책을 수립하거나 비즈니스를 수행하는 등의 상황에서 특정 개인을 식별할 필요는 없을 수도 있다. 따라서 데이터를 익명화하여 사용하는 것은 정부 또는 기업이 개인정보 보호 의무를 준수하면서 규제 없이 데이터를 활용할 수 있는 방법이다.

GDPR에 기초하여 데이터를 활용할 수 있는 방법은 크게 두 가지로 익명화와 가명처리가 있다. 첫째, 익명정보(anonymous data)는 특정 개인에 연결될 수 없는 데이터 내지 정보주체가 식별될 수 없는 데이터를 말한다.47 익명정보는 개념상 개인정보가 아니므로 GDPR의 별도 규율을 받지 아니한다. 둘째, 가명정보(pseudonymous data)는 코드 처리되어(coded) 식별이 어렵게 된 데이터를 말한다. 가령 정보주체의 이름과 같은 정보에 새로이 일련번호를 부여하는 방식이다. 가명처리의 구체적인 방식 및 사후관리체계에 따라 가명처리된 데이터로부터 개인을 식별하는 것이 거의 불가능한 경우도 있을 수 있고 식별이 좀 더 번거로워질 뿐 거의 불가능한 것은 아닌 경우도 있을 수 있다.

GDPR은 가명정보를 개인정보로 취급한다. 데이터가 가명처리된 경우, 데이터로부터 정보주체를 재식별 하려면 코드처리 방식에 관한 키(key)가 있어야 한다. GDPR은 정보주체들을 코드처리된 데이터(coded data)를 재식별하기 위하여 사용될 수 있는 키(key)를 분

---

47 GDPR 전문 제26조("information which does not relate to an identified or identifiable natural person or to personal data rendered anonymous in such a manner that the data subject is not or no longer identifiable").

리하여 보관할 것을 요구한다. 그리고 코드처리된 데이터가 재식별될 우려를 방지하기 위하여 이러한 키(key)에 대해 기술적 및 관리적 보호조치(Technical and Organizational Security measure: TOM)를 운용하도록 한다. 가명정보를 활용하면 개인정보 처리에서 발생할 수 있는 위험이 줄어들 뿐 아니라, 데이터 콘트롤러(controller)와 프로세서(processor)가 GDPR에서 부과하는 개인정보 보호 의무를 충분히 이행할 수 있다.

가명처리는 개인정보를 공익적 목적, 즉 과학적·역사적 연구 또는 통계 목적으로 사용하는 경우 개인정보의 최소처리원칙(data minimization principal)을 준수하는 데에도 기여할 수 있다. 가명화된 데이터는 익명화된 데이터에 비해서 법적으로 활용이 허용된 범위가 그리 넓지 않다. 가명처리된 데이터는 계속해서 개인정보로 파악되기 때문에 발생하는 제약이다.

〈표 3-7〉은 비식별화 또는 익명화, 그리고 가명처리 등에 관한 DPD와 GDPR의 관련 조항을 비교하는 것이다.

표 3-7 비식별화와 관련된 DPD와 GDPR 조항 비교[48]

DPD	GDPR
(Recital 26) Whereas the principles of	(26) The principles of data protection should apply to any information concerning an identified

---

[48] 공식 번역은 아니지만 GDPR의 한글 번역본은 개인정보보호위원회 홈페이지에 제시되어 있다(http://www.pipc.go.kr/cmt/not/ntc/selectBoardList.do?bbsId=BBSMSTR_000000000112).

protection must apply to any information concerning an identified or identifiable person; whereas, to determine whether a person is identifiable, account should be taken of all the means likely reasonably to be used either by the controller or by any other person to identify the said person; whereas the principles of protection shall not apply to data rendered anonymous in such a way that the data subject is no longer identifiable; whereas codes of conduct within the meaning of Article 27 may be a useful instrument for providing guidance as to the ways in which data may be rendered anonymous and retained in a form in which identification of the data subject is no longer possible;

or identifiable natural person. Personal data which have undergone pseudonymisation, which could be attributed to a natural person by the use of additional information should be considered to be information on an identifiable natural person. To determine whether a natural person is identifiable, account should be taken of all the means reasonably likely to be used, such as singling out, either by the controller or by another person to identify the natural person directly or indirectly. To ascertain whether means are reasonably likely to be used to identify the natural person, account should be taken of all objective factors, such as the costs of and the amount of time required for identification, taking into consideration the available technology at the time of the processing and technological developments. The principles of data protection should therefore not apply to anonymous information, namely information which does not relate to an identified or identifiable natural person or to personal data rendered anonymous in such a manner that the data subject is not or no longer identifiable. This Regulation does not therefore concern the processing of such anonymous information, including for statistical or research purposes.

(28) The application of pseudonymisation to personal data can reduce the risks to the data subjects concerned and help controllers and

processors to meet their data-protection obligations. The explicit introduction of 'pseudonymisation' in this Regulation is not intended to preclude any other measures of data protection.

(29) In order to create incentives to apply pseudonymisation when processing personal data, measures of pseudonymisation should, whilst allowing general analysis, be possible within the same controller when that controller has taken technical and organizational measures necessary to ensure, for the processing concerned, that this Regulation is implemented, and that additional information for attributing the personal data to a specific data subject is kept separately. The controller processing the personal data should indicate the authorized persons within the same controller.

(78) The protection of the rights and freedoms of natural persons with regard to the processing of personal data require that appropriate technical and organizational measures be taken to ensure that the requirements of this Regulation are met. In order to be able to demonstrate compliance with this Regulation, the controller should adopt internal policies and implement measures which meet in particular the principles of data protection by design and data protection by default. Such measures could consist, inter alia, of minimizing the processing of personal data, **pseudonymising** personal data as soon as possible, transparency with regard to the functions and processing of personal data, enabling the data subject to monitor the data processing, enabling the controller to create and improve security features. When developing, designing, selecting and using

applications, services and products that are based on the processing of personal data or process personal data to fulfil their task, producers of the products, services and applications should be encouraged to take into account the right to data protection when developing and designing such products, services and applications and, with due regard to the state of the art, to make sure that controllers and processors are able to fulfil their data protection obligations. The principles of data protection by design and by default should also be taken into consideration in the context of public tenders.

(85) A personal data breach may, if not addressed in an appropriate and timely manner, result in physical, material or non-material damage to natural persons such as loss of control over their personal data or limitation of their rights, discrimination, identity theft or fraud, financial loss, unauthorised reversal of **pseudonymisation**, damage to reputation, loss of confidentiality of personal data protected by professional secrecy or any other significant economic or social disadvantage to the natural person concerned.

(156) The processing of personal data for archiving purposes in the public interest, scientific or historical research purposes or statistical purposes should be subject to appropriate safeguards for the rights and freedoms of the data subject pursuant to this Regulation. Those safeguards should ensure that technical and organizational measures are in place in order to ensure, in particular, the principle of data minimization. The further processing of personal data for archiving purposes in the public interest, scientific

or historical research purposes or statistical purposes is to be carried out when the controller has assessed the feasibility to fulfil those purposes by processing data which do not permit or no longer permit the identification of data subjects, provided that appropriate safeguards exist (such as, for instance, **pseudonymisation of the** data).

(**Article 4**) Definitions: 'Pseudonymisation' is processing data in such a way that the data can no longer be attributed to a specific data subject without the use of additional information, which is kept separately and is subject to technical and organizational measures to ensure non-attribution to an identified or identifiable person. ('Anonymisation' is not defined.)

(**Article 6**) **Lawfulness of processing**
4. Where the processing for a purpose other than that for which the personal data have been collected is not based on the data subject's consent or on a Union or Member State law which constitutes a necessary and proportionate measure in a democratic society to safeguard the objectives referred to in Article 23(1), the controller shall, in order to ascertain whether processing for another purpose is compatible with the purpose for which the personal data are initially collected, take into account, inter alia: (a) any link between the purposes for which the personal data have been collected and the purposes of the intended further processing; (b) the context in which the personal data have been collected, in particular regarding the relationship between data subjects and the controller; (c) the nature of the personal data, in particular whether special categories of personal

data are processed, pursuant to Article 9, or whether personal data related to criminal convictions and offences are processed, pursuant to Article 10; (d) the possible consequences of the intended further processing for data subjects; (e) the existence of appropriate safeguards, which may include encryption or **pseudonymisation**.

(**Article 11**) Re-identification of anonymous and pseudonymous data: Businesses are not obliged to collect further information in order to identify data subjects who are otherwise not identifiable.

(**Article 25**) **Data protection by design and by default**
1. Taking into account the state of the art, the cost of implementation and the nature, scope, context and purposes of processing as well as the risks of varying likelihood and severity for rights and freedoms of natural persons posed by the processing, the controller shall, both at the time of the determination of the means for processing and at the time of the processing itself, implement appropriate technical and organizational measures, such as **pseudonymisation**, which are designed to implement data-protection principles, such as data minimization, in an effective manner and to integrate the necessary safeguards into the processing in order to meet the requirements of this Regulation and protect the rights of data subjects.

(**Article 32**) **Security of processing**
1. Taking into account the state of the art, the costs of implementation and the nature, scope, context and purposes of processing as well as

the risk of varying likelihood and severity for the rights and freedoms of natural persons, the controller and the processor shall implement appropriate technical and organizational measures to ensure a level of security appropriate to the risk, including inter alia as appropriate: (a) the **pseudonymisation** and encryption of personal data;

(Article 40) Codes of conduct
2. Associations and other bodies representing categories of controllers or processors may prepare codes of conduct, or amend or extend such codes, for the purpose of specifying the application of this Regulation, such as with regard to:
(d) the pseudonymisation of personal data;

(Article 89) Safeguards and derogations relating to processing for archiving purposes in the public interest, scientific or historical research purposes or statistical purposes
1. Processing for archiving purposes in the public interest, scientific or historical research purposes or statistical purposes, shall be subject to appropriate safeguards, in accordance with this Regulation, for the rights and freedoms of the data subject. Those safeguards shall ensure that technical and organizational measures are in place in particular in order to ensure respect for the principle of data minimization. Those measures may include **pseudonymisation** provided that those purposes can be fulfilled in that manner. Where those purposes can be fulfilled by further processing which does not permit or no longer permits the identification of data subjects, those purposes shall be fulfilled in that manner.

다. 개인정보 비식별화의 논의 동향

1) 주요 내용

빅데이터에 대한 사회적 관심이 늘어나면서 비식별화에 대한 관심 또한 크게 늘어났다. 이러한 맥락에서 영국에서는 정보보호위원회(Information Commissioner's Office, 이하 "ICO")가 2012년에 익명화에 관한 가이드라인("Anonymisation: managing data protection risk code of practice")을 발표하였다. 하지만 이것은 EU 전체의 차원이 아닌 개별국가 차원에서 발표된 익명화에 관한 공식 가이드라인이고, EU 차원에서는 2014년에 제29조 작업반(Article 29 Working Party)이 익명화에 대한 공식적인 의견서(Opinion)를 발표하였다.[49]

제29조 작업반의 의견서는 익명화가 개인정보 유출의 위험성을 낮추는 한편 빅데이터의 효용성을 극대화하기 위한 전략으로서 잠재적 가치를 가진다고 지적하면서도 데이터로서의 효용성을 유지하면서 철저하게 익명화된 데이터베이스를 생성하기는 매우 어렵다고 인정한다. 그리고 익명화를 위한 기술적 방식을 구체적으로 나열한다. 기술적인 방식을 크게 무작위화(randomization)와 범주화(generalization)로 나눈 뒤 차분 프라이버시(differential privacy), 노이즈 추가(noise addition), k−익명성(k-anonymity), l−다양성(l-diversity), t−근접성(t-closeness) 등 다양한 기술적, 통계적 기법을 소개한다. 개별적 기술의 내용과 함께 그 기술의 장점과 단점, 그리고 흔히

Article 29 Data Protection Working Party, 「Opinion 05/2014 on Anonymisation Techniques」, 2014.

나타날 수 있는 실수나 오류도 함께 설명하고 있다.

의견서는 특히 개별적으로 나열된 기술적 방식들의 적용 여부는 구체적인 맥락에 따라서 달라져야 한다는 점을 강조한다. 각각의 기법이 지닌 장점과 단점이 개별 사안에 따라 달리 나타날 것이기 때문이다. 그 결과 어떤 하나의 기술적 방식이 언제나 우월한 것이 아니라, 맥락에 따라 최적의 기법이 정해질 것이라고 한다. 즉, 재식별의 위험성과 관련된, 나아가 비식별화의 규제 체제와 관련된 최적의 해결책은 사안별로 결정되어야 하고, 사안에 따라 위에서 설명한 복수의 기법들을 선별적으로 혼합 사용하는 것이 최적의 해결책이 될 수 있다는 것이다.

2) 의견서에 대한 평가

위 의견서에 대해서는 긍정적인 시각과 비판적인 시각이 공존한다. 영향력 있는 기관에서 익명화에 관한 논의를 공론화를 했다는 점이 긍정적인 시각을 대표한다면, 비판적인 시각에서는 이 의견서가 익명화 기법들을 단순히 나열하고 있을 뿐 실제 상황에서 적용될 수 있는 구체적이고 실질적인 가이드라인을 제시하는 기능을 못한다고 지적한다.[50] 특히 이 의견서는 다양한 익명화 기법의 효과와 한계를 문서화하는 것이 주된 목적이어서, 수범자들에게 데이터의 익명화를 위하여 따라야 할 구체적인 기준이나 방법을 제시하지는 못한다는 것이다.

---

50 K. El Emam and Cecilia Alvarez, 'A critical appraisal of the Article 29 Working Party Opinion 05/2014 on data anonymization techniques', International Data Privacy Law, 2014, 2면.

또한 이 의견서가 재식별의 위험성에 대한 판단에 관하여 구체적인 기준을 제시하지 못한다는 점도 지적된다. 특히 이 의견서는 '수용 가능한 수준'의 재식별 위험성이 무엇인지에 대한 기준을 제시하고 있지 않다. 해석에 따라서는 수용 가능한 재식별 위험성이 시간과 기술적인 방법론을 초월하여 어느 상황에서도 영(0)이어야 함을 암시하는 것으로 볼 수도 있는데, 그러한 해석이 합리성(reasonableness)을 명시하고 있는 DPD의 규정에 부합하는지 여부도 불분명할 뿐 아니라, 재식별 위험성이 완벽하게 차단되는 상황은 현실적으로 불가능하다는 비판도 존재한다.

라. 보건의료정보 비식별화에 관한 논의

유럽의학기구(European Medicines Agency)는 2016년에 임상데이터의 공개에 대한 정책 보고서를 발표했다.[51] 이 보고서의 제3장에는 임상데이터의 비식별화에 대한 가이드라인이 포함되어 있다. 제3장의 목적은 의료산업계가 참고할 수 있는 임상데이터 익명화의 가이드라인을 제시하는 것으로, 다양한 익명화 기법이 소개되어 있다.

이 가이드라인은 EU의 제29조 작업반의 익명화에 대한 의견서(2014)와 영국 ICO가 발표한 익명화에 대한 실행규칙(2012)에 기반을 두었음을 명시적으로 밝히고 있다. 이 가이드라인은 재식별의 위험성은 데이터가 공개되는 환경이나 맥락에 따라 달라진다고 강조한다. 가이드라인은 제29조 작업반의 익명화 의견서에 제시된 여

---

51 European Medicines Agency, 「External guidance on the implementation of th European Medicines Agency policy on the publication of clinical data for medicinal products for human use」, 2016, 32면.

러 기법이나 기준을 참고하면서도 임상데이터의 특성을 고려할 때 이 기법들이나 기준들이 그대로 적용되지는 않는다는 점도 강조한 다.[52]

이 가이드라인은 익명화 작업을 위한 실무적 절차에 대하여 미국 NAM 지침의 익명화 절차를 참조하였음을 밝히고, 다음과 같은 익명화 단계를 거칠 것을 제시하고 있다.[53]

1. 식별자와 준식별자의 구별
2. 변수들의 개인정보 범주에 따른 구분
3. 데이터 효용성 고려
4. 재식별 위험성 기준을 설정하고 실제 재식별 위험성을 평가
5. 익명화 방법론 적용
6. 적용된 익명화 방법론과 절차의 기록

(2) 영국

가. 개관

영국은 EU 회원국으로 개인정보 보호 분야에서도 EU의 규제 체제를 기반으로 해왔다. 2016년 6월 국민투표를 통해 EU에서 탈퇴한다는 이른바 브렉시트(Brexit) 결정이 있었지만, 아직 공식적인 탈퇴는 이루어지지 않은 상태이다. 또한 EU에서 탈퇴하더라도 EU 회

---

52 전게서, 37면.
53 전게서, 41f면.

원국 지위에서 마련한 기존의 개인정보 보호에 대한 규제 체제와 내용이 급변하지는 않을 것으로 예상된다.

영국에는 미국과 달리 개인정보의 보호에 포괄적으로 적용되는 일반법인 1998 정보보호법(Data Protection Act of 1998)이 있는데, 이 법률은 EU DPD에 바탕을 둔 것이다. 나아가 이 법률의 내용을 보완하는 다양한 가이드라인이 존재한다. 특히 익명화와 관련해서는 ICO가 2012년에 가이드라인의 성격을 가진 실행규칙을 발표했다.

영국은 이와 같은 일반적인 비식별화에 대한 규제 체제를 바탕으로 건강데이터의 비식별화 및 활용에 비교적 적극적인 편이다. 특히 EU 회원국임에도 비식별화에 관한 한 유럽대륙과는 두드러지게 다른 경험을 보유하고 있어서 우리나라에 주는 시사점이 많다.

영국은 미국이나 EU 내 다수의 국가들과 달리 국민전체를 대상으로 하는 보편적 의료 서비스 제공 체계를 구축하고 있어 국민 건강데이터가 특정 국가기관(National Health Service, 이하 "NHS")에 집적되고 있고, 건강데이터의 적극적 활용가능성이 높은 편이라는 특징이 있다. 따라서 영국의 경우에는 EU 차원의 규율과 별도로 비식별화와 개인정보 규제체계가 어떠한지 살펴볼 필요가 있다.

건강데이터의 맥락에서 살펴보면, 우선 영국은 건강데이터의 정보 공유에 관하여 많은 관심을 기울이고 적극적으로 정보를 제공하는 국가 중 하나이다. 이 점은 통계를 통해서도 확인할 수 있는데, 예를 들어, 건강정보의 공유와 접근성 정도를 비교할 때 영국은 세계적으로도 매우 높은 수준에 있다(〈그림 3-5〉 참조).

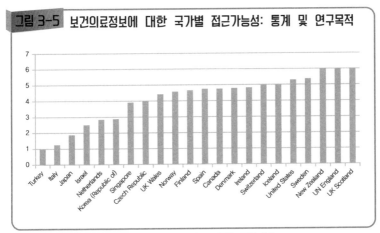

그림 3-5 보건의료정보에 대한 국가별 접근가능성: 통계 및 연구목적

출처: OECD, 「Health Data Governance」, 2015, 67면, 그림 3.1

영국에서는 NHS 또는 그 관련 기관이 민간의 기업과 정보공유 계약을 체결하고 건강데이터를 제공하는 경우가 종종 있다. 예를 들어, NHS 시스템의 일부인 NHS Digital[54]은 NHS가 일정 기간 동안 수집한 정보를 민간기업인 IMS Health Limited에게 제공하는 내용의 계약을 체결하고 또한 이를 몇 차례 갱신한 바 있다. 해당 계약서는 그 내용의 일부가 공개되기도 했는데, 공개된 한 계약서에 따르면 데이터는 2010년 11월 1일부터 2011년 10월 31일까지 재사용(re-use)하게 되며 IMS Health Limited는 정보 사용료(charges and

---

[54] 좀 더 정확하게는 그 전신인 보건복지서비스정보센터(Health and Social Care Information Centre, 이하 "HSCIC")이다. HSCIC는 2016년에 그 명칭을 NHS 디지털(NHS Digital)로 변경하고 건강정보의 공유 및 보호를 활성화하고 있다. Caldicott 보고서 III의 제안 12 참조.

fee)를 지불한다. 또 다른 예로, 2016년 NHS 로열 프리 런던 재단 신탁(Royal Free London Foundation Trust)이 자신이 보유하고 있는 환자에 대한 정보 일부를 구글 딥마인드(Google DeepMind)와 공유하기로 한 사례를 들 수 있다.[55] NHS는 1천 6백만 명에 이르는 환자의 정보를 환자가 별도로 거부하지 않는 한(opt-out) 자동적으로 제공한다고 하였다.

이처럼 개인정보가 활발하게 제공되는 과정에서 개인정보의 이용에 대한 사회적 논의도 계속되었다. 즉, 개인정보가 공유됨으로써 그 가치가 충분히 활용되어야 한다는 지적과 함께 개인정보의 오·남용으로 사생활이 침해되지 않도록 여러 제도적 장치가 고안되어야 한다는 인식이 있었고, 그 사이에서 적절한 해결책과 균형을 찾고자 하는 논의가 지속되었다. 이러한 논의는 (1) ICO가 2012년에 발표한 실행규칙, (2) 영국익명화네트워크(The UK Anonymisation Network, 이하 "UKAN")가 2016년에 발표한 보고서, (3) '국가 정보 가디언'('National Data Guardian')의 직책을 맡고 있는 Caldicott이 주도하는 위원회에서 세 차례에 걸쳐 발표한 이른바 Caldicott 보고서 등에 반영되어 정리되어 있다. 아래에서는 각각의 내용에 대해 살펴본다.

나. ICO 실행규칙(2012)

ICO는 2012년에 익명화 전반을 다룬 안내서를 실행규칙의 형태로 출간했다(ICO, Anonymisation: managing data protection risk code of

---

55 https://www.royalfree.nhs.uk/news-media/news/google-deepmind-qa/

practice, 이하 "실행규칙"). 익명화에 대한 구체적인 사항은 실행규칙의
형태로 개별 국가가 마련할 수 있다고 규정한 EU DPD의 서문 제
26조에 터 잡은 것이다.[56]

　　ICO 실행규칙은 법적 구속력이 없는 일종의 안내서에 해당한다.
하지만 이 실행규칙에서 규정한 사항들을 준수했다는 사실이 추후
ICO에서 개인정보 보호 관련 법위반 사실 여부를 조사하거나 법집
행을 함에 있어 적극적으로 고려될 수 있다. 그러므로 이 실행규칙
은 간접적으로 상당한 영향력을 지니는 가이드라인이다. 수범자는
동 실행규칙에 따라 익명화와 관련된 규정 사항을 준수한 경우 추
후 결과적으로 데이터가 재식별되는 상황이 발생하더라도 ICO가
그에 따른 행정 제재를 가하지 않으리라고 기대할 수 있기 때문이
다.[57]

　　이 실행규칙에서 허용되는 익명화의 정도는 (재)식별 위험성이
전혀 없는(zero) 수준이 아니다. 단지 개인정보를 처리하려는 행위
주체는 식별 위험성이 매우 낮은(remote) 수준까지 식별 위험성을
완화하여야 한다고 할 뿐이다. 식별의 위험성을 판단하는 기준으로

---

56 ICO (주 45), 10면.
57 ICO가 위반 행위에 대한 제재를 할 경우의 기준이 되는 법은 정보보호법(Data
　　Protection Act)이다. 실행규칙 자체를 위반했다는 사실 자체로 행정 제재를
　　가하지는 않는다. 마찬가지로 이 실행규칙 자체를 준수했다고 정보보호법의
　　위반 행위가 면책되는 것은 아니다. 단지 이 실행규칙은 ICO가 법 위반 사실
　　을 판단할 때 실제로 참고하는 주요 기준이라는 관점에서 이 실행규칙을 준
　　수하면 정보보호법을 위반하지 않는다는 결정을 내릴 확률이 높아진다는 의
　　미이다.

는 합리적 가능성(reasonably likely test) 기준을 채택하고 있다.[58] 즉, 익명화 작업이 이루어진 데이터에 대해 합리적인 기준에 따라 판단할 때 식별 가능성이 낮으면 적절한 수준의 익명화가 이루어진 것으로 판단한다는 것이다.

실행규칙은 총 9개의 장으로 구성되어 있다. 각 장의 주요 내용은 다음과 같다.

> ▶ 제1장: 실행규칙이 어떤 것이며, 왜 등장했고, 어떠한 법적 지위를 가지는지에 관한 사항
> ▶ 제2장: 익명화라는 것은 개인정보의 정의와 분리하기 어려운 관계라는 점
> ▶ 제3장: 개인정보의 익명화가 개인정보 보호에 효과적이라는 점
> ▶ 제4장: 익명화된 정보를 생성하거나 공개할 때에 항상 정보주체의 동의가 필요한 것은 아니라는 점
> ▶ 제5장: 공간정보를 개인정보처럼 취급해야 할지 여부
> ▶ 제6장: 개인정보 보호법제상 공개가 허용되는 정보도 인권법이나 기타 법령에 의해 공개가 허용되지 않는 경우도 있

---

[58] "The DPA does not require anonymisation to be completely risk free – you must be able to mitigate the risk of identification until it is remote. If the risk of identification is reasonably likely the information should be regarded as personal data – these tests have been confirmed in binding case law from the High Court. Clearly, 100% anonymisation is the most desirable position, and in some cases this is possible, but it is not the test the DPA requires." (ICO (주 45), 6면)

을 수 있다는 점

▶ 제7장: 개인정보 보호를 위해서는 정보의 유형별 고려 및 취급이 필요할 수 있다는 점

▶ 제8장: 정보보호를 위한 데이터 거버넌스의 중요성

▶ 제9장: 개인정보의 보호와 이용의 균형을 위한 연구목적상 개인정보 보호법제의 적용 예외

재식별 위험성과 관련하여 이 실행규칙에서 중요하게 다루어지는 부분은 익명화된 정보의 재식별 위험성을 평가하는 기준이다. 실행규칙에서는 위험성 평가를 크게 세 가지 측면에서 살펴보고 있다.

첫째는 데이터 공개의 목적이다. 실행규칙은 데이터를 공개하는 목적이 재식별의 위험성 평가에서 가장 중요한 요소라고 강조한다. 데이터 공개의 목적에 따라 (재)식별 가능성이 크게 달라질 수 있기 때문이다. 가령 연구목적으로 정보를 제한적으로 공개하는 경우 그 정보를 통해 정보주체가 식별될 위험은 상대적으로 낮다. 정보에 접근하여 혜택을 얻을 수 있는 사람들이 제한되므로 정보에 대한 접근이나 유통에 대하여 공개 주체가 비교적 강력한 통제력을 유지할 수 있기 때문이다.

둘째는 정보유형의 측면이다. 규제대상이 되는 개인정보는 살아있는 개인에 대한 정보이다. 그러므로 익명화 맥락에서 ICO가 규제를 할지 여부는 익명화된 정보가 재식별될 가능성과 관련된 것이다. 익명화된 정보의 공개로 인해 공개된 정보주체에게 해악을 미

칠 위험성이 있다는 점 자체는 해당 정보가 개인정보에 해당하는지 또는 해당할 수 있는지를 판단할 때 당연히 고려되어야 하는 요소는 아니다. 하지만 어떤 종류의 정보가 익명화되는지에 관한 사항은 재식별 위험성 및 재식별시 나타날 수 있는 문제를 파악하는 데에는 매우 중요할 수 있다. 어떤 종류의 정보는 다른 종류의 정보보다 잠재적인 공격자로부터 더 큰 관심을 받아 집중적인 공격의 대상이 될 수 있고 더 큰 해악을 가져올 수 있기 때문이다. 따라서 정보유형의 측면도 위험성 판단 및 ICO 개입 등을 고려함에 있어 판단의 주요 기준에 포함된다.

셋째는 잠재적인 공격자의 측면이다. ICO 실행규칙은 재식별을 의도하는 잠재적인 공격자(intruder)가 누구일지, 어떤 의도를 가지고 있을 것인지 등을 재식별의 위험성을 판단함에 있어 중요하게 고려한다. 같은 수준으로 익명화된 데이터라고 하더라도 공격자의 능력이나 목적 등에 따라 재식별의 위험성이 달라질 수 있음을 고려하는 것이다. 공격자가 기술적으로 뛰어난 전문적인 능력을 가지고 있는지 또는 해당 데이터와 관련된 배경지식이 있는지 여부가 중요할 수 있다. 이에 따라, 예를 들어, 이미 다른 경로를 통해 제3의 개인정보 데이터베이스를 가지고 있어서 이 데이터베이스와 익명화된 데이터베이스를 연결하여 재식별을 시도하는 경우와, 반대로 공격자가 익명화된 데이터베이스 이외에는 - 일반 대중에 공개된 것 이외에는 - 별도의 데이터베이스를 보유하고 있지 않은 경우를 나누어 볼 수 있다. 이 두 경우 재식별의 위험성은 다르게 파악해야 한다. 이와 유사하게, 잠재적인 공격자가 해당 데이터세트의 구조나 내용에 대한 배경지식을 가지고 있다면 그렇지 않은 경우에 비해 재식별에 성공할 수 있는 가능성이 더 높을 것이다.

이러한 이유에서 재식별 위험의 현실적인 메커니즘을 고려하여 "정보유형에 따른 정보공개의 결과"와 "잠재적 공격자의 의도"를 고려한 "관리적인 측면"의 재식별 위험성 판단기준을 설정할 필요가 있다. 그리하여 ICO 실행규칙은 특정한 익명화 기법의 적용을 통한 획일적인 방식의 문제해결이 아니라 재식별의 위험성을 사후적으로 통제하는 접근법을 사용하여 비식별화의 규제체계를 제시한다. 즉, 실행규칙은 기술적 접근과 관리적 접근이 보완적으로 역할을 수행해야 함을 강조하고 있다. 실행규칙에 제시된 잠재적인 공격자의 측면을 고려한 판단기준은 "의도된 공격자(motivated intruder)" 기준으로 불리는데, 이 기준은 ICO 실행규칙이 새롭게 구체화하여 제시한 것이다.

이 "의도된 공격자(motivated intruder)" 개념의 도입은 ICO 실행규칙이 현실적 가이드라인 제시의 측면에서 수행한 중요한 역할 중 하나이다.[59] 이는 재식별의 가능성이 무한대로 확장되는 것을 방지해주는 역할을 한다. 즉, 재식별의 위험성을 판단함에 있어서 재식별이 시도될 수 있는 모든 가능성을 고려할 필요는 없다. 기본적으로 재식별 위험성에 대한 판단은 재식별을 시도할 의도가 있는 잠재적인 공격자가 재식별에 성공할 수 있을지에 대한 판단을 하는 것이다. 여기서 의도된 공격자는 사전적인 정보나 배경지식이 없는 상태에서 특정 개인을 식별하기를 원하는 행위자를 의미한다. 이

---

59 ICO (주 45), 24면.

공격자는 합리적인(reasonable) 수준의 능력을 갖추고 인터넷, 도서관 기타 모든 공공문서들에 접근할 수 있으며, 특정 개인에 대한 추가적인 지식을 가진 사람들에게 질의를 할 수 있는 탐색이나 검색기술을 가진 사람으로 상정된다. 특히 이러한 공격자는 전문적인 지식이나 해킹 기술을 가질 것을 요건으로 하지 않는다. 요컨대, 재식별 가능성을 평가함에 있어 해커나 소프트웨어 기술자 등 기술전문가는 제외된다는 것이고, 또한 해당 영역에 대해 전문지식을 이미 보유하고 있는 자도 제외하고, 일반인을 상정하여 평가한다는 것이다.

다. UKAN(영국익명화네트워크) 보고서

UKAN은 ICO의 익명화 실행규칙에 기초하여 익명화에 대한 최선의 관행(best practice)을 구축하는 것을 주요 목표의 일부로 하여 2012년에 설립되었다. UKAN이 설립이후 여러 차례의 논의를 거쳐 보고서를 작성하였고, 이를 2016년에 공식발표하였다(이하, "UKAN 보고서"). 보고서는 개인정보 보호 규제기관인 ICO, 보건의료 데이터를 관리하는 NHS Digital, 데이터 분석 기업인 IMS Health Limited 등 여러 관련 기관의 대표들이 참여하여 작성한 것으로, 익명화에 대한 다양한 이해당사자들의 시각이 반영된 자료이다.

UKAN은 광범위한 분야에서 경험이 축적된 전문가들의 논의를 통해 익명화 데이터의 활용 과정에서 프라이버시 위험을 최소화하는 동시에 데이터의 가치를 극대화하는 것을 추구한다. 그리고 이를 통하여 대중의 신뢰를 얻는 것을 목표로 한다.

UKAN 보고서의 구체적인 작성 목적은 유용한 익명화 기법들을 제시하고 개별 사안의 맥락을 고려하여 재식별의 위험성을 평가하는 모델을 구축하는 것이다. 이 보고서는 맥락에 따른 위험성 평가란 다양한 맥락에서 다양한 형태의 식별자들이 다양한 프라이버시 위험성을 만들어내는 현상을 반영하여 프라이버시 위험성을 평가하는 것이라고 밝히고 있다.[60] 특히 UKAN 보고서에서 채택한 익명화에 대한 접근법은 "데이터 환경(data situation)"에 포함될 수 있는 여러 가지 외부적 요인들, 즉 맥락에 고도로 의존적임을 전제로 한다. UKAN 보고서는 이처럼 데이터의 내용은 물론 데이터 환경을 고려하여 재식별 위험성을 평가하는 방식을 "데이터 환경적 접근법(data situation approach)"이라고 부른다.

이 보고서는 데이터 환경적 접근법이 ICO의 실행규칙에서 채택한 접근방식과 유사한 방식이라고 설명한다. 하지만 실행규칙보다 더 구체적이고 실용적인 가이드라인을 제시하는 것을 목표로 삼는다. 특히 이 보고서가 GDPR의 내용이 확정된 후 발표되었다는 점에서 이 보고서에 설명된 익명화 절차나 방식이 향후 집행될 GDPR의 내용과 일관성을 유지할 수 있을 것이라는 점도 강조한다.

이 보고서는 데이터 환경적 접근법이라는 큰 틀에서 익명화에 대한 다양한 논의를 담고 있는데, 크게 익명화의 기술적 요소와 맥락적 요소로 구성되어 있다. 기술적 요소는 재식별 위험성을 계

---

60 Mark Elliot, Elaine Mackey, Kieron O'Hara & Caroline Tudot, 「The Anonymisation Decision-Making Framework」, 2016, xiii면.

량화함으로써 수치화된 결과를 통해 위험성을 관리하는 것이다. 맥락적 요소는 데이터의 흐름, 법적·윤리적 책임, 데이터 거버넌스(governance practice), 데이터가 공개 또는 공유된 이후의 책임 문제 등을 포함한다. 이런 기술적 요소와 맥락적 요소를 모두 고려하는 접근법이 데이터 환경적 접근법이 된다.

이 보고서는 서문부터 일관되게 익명화 규제체계에 있어서 기존의 통계학적 접근 방식이 가지는 한계를 지적하면서 통계학적 모형의 변수들에 영향을 주는 다양한 주변 요소들을 고려한 맥락적인 접근이 필요하다고 강조하며 '기능적(functional) 익명화'라는 개념을 제시한다.[61] 기능적 익명화는 통계적 익명화에 데이터 환경(data environment) 요소들에 대한 고려를 포함시켜 판단하는 개념이다. 이는 통계적 익명화를 통하여 재식별의 확률을 영(0)으로 줄이는 것은 불가능하다는 전제에서 출발한다. 따라서 다음과 같은 데이터 환경적인 요소들을 고려하는 기능적 익명화의 중요성을 강조하고 있다.[62]

1. 익명화된 데이터를 공격하려는 공격자의 동기
2. 공개나 제공의 결과
3. 악의가 없는 공개나 제공의 형태
4. 정책의 구조화 과정, 데이터 보안, 그리고 데이터에 대한 접근을 관리하는 인프라가 위험성에 영향을 주는 방식

---

61 전게서, 21면.
62 전게서, 21면.

5. 데이터와 연결될 수 있는 다른 데이터 또는 지식의 존부

UKAN 보고서는 맥락적 요소를 반영한 익명화 개념에 터 잡아 두 가지 유형의 평가 방식을 제시한다. 첫 번째, 침투 테스팅(penetration testing)이다. 침투 테스팅의 기본적인 논리는 의도된 공격자가 데이터에 대한 공개 공격 또는 재식별 행위를 하는 가정적 상황을 모방하는 것이다. 이 접근법은 의도된 공격자(motivated intruder) 개념을 도입하여 설명한 ICO와 유사한 것이다. 침투 테스팅은 다음의 네 단계로 이루어진다. (i) 데이터 수집, (ii) 데이터 준비 및 데이터 조화(harmonization), (iii) 공격, 그리고 (iv) 확인. 첫 번째 단계가 가장 많은 자원의 투입을 요하고, 두 번째와 세 번째 단계는 전문성을 필요로 하는 단계이다.

데이터 분석 위험성 평가에 비해서 침투 테스팅이 가지는 대표적인 장점에는 다음 세 가지가 꼽힌다.[63]

1. 의도된 공격자의 행위를 더 정확하게 모방할 수 있다.
2. 데이터 차이(divergence)를 더 분명하게 설명할 수 있다.
3. 실제 수집된 데이터와 실제 외부 데이터에 근거하여 평가할 수 있다.

침투 테스팅은 일반적으로 현실을 더 정확히 반영하는 평가시스템이 될 수 있다. 대신 특정 상황만을 집중적으로 분석하는 것이어

---

63 전게서, 37면.

서 모든 상황을 포괄할 수는 없다는 한계도 있다.

두 번째, 데이터 분석 위험성 평가(data analytical risk assessment)이다. 이 방식은 매우 단순한 것으로부터 통계적 모형들이 포함된 더 복잡한 기술까지 포괄한다. 데이터 분석 위험성 평가에 있어서는 재식별 위험성을 산정할 때 위험성 변수들 중 어떤 변수에 가중치를 부여하는지에 따라 달라진다. 이 보고서에서 제시한 재식별의 전체적인 위험성은 아래와 같이 세 가지 관점에서의 위험성 요소로 구성된다.[64]

위험성 = [데이터 환경의 위험성] + [데이터의 속성의 공개
정도(disclosiveness)] + [데이터의 민감성 정도]

이 세 가지 변수를 종합적으로 고려하여 전체적인 위험성을 통제하는 것이 재식별 위험 관리의 궁극적 목표가 된다. 가령 대중에게 일반 공개가 이루어지는 환경에서는 데이터 환경의 위험이 높아지므로 전체적인 위험성 수치의 관리를 위해서 식별자를 대부분 제거함으로써 공개되는 데이터의 속성 자체가 내포하는 위험성을 낮추도록 하고, 그와 함께 민감한 데이터는 대중에 공개되는 데이터 자체에서 삭제되도록 한다. 보고서는 이러한 관계를 고려하여, 우선 데이터의 공개 속성 자체의 위험성을 줄이는 통계학적 비식별화에 대해서 설명을 하고, 데이터 환경에 따른 맥락적 비식별화에 대

---

64 각각의 위험성 요소를 산정하는 별도의 수식이 아니고, 세 가지의 위험성이 전체 위험성을 구성한다는 의미를 간결하게 전달하려는 목적으로 표시한 것이다. 전게서, 42면 참조.

해서도 구체화하여 설명하고 있다. 주의할 점은 통계학적 비식별화
와 맥락적 비식별화는 선택적이거나 서로의 역할을 대체하는 관계
에 있는 것이 아니고, 서로 보완적인 역할을 하는 것으로 이해되어
야 한다는 것이다.

1) 기술적 접근

UKAN 보고서는 통계학적 방식의 익명화를 크게 두 가지로 분
류하는데, 하나는 메타 데이터(meta data) 수준의 통제이고, 다른 하
나는 데이터 변형(distortion)의 통제 방식이다.[65] 메타 데이터(meta
data)는 어떤 목적을 가지고 만들어진(structured) 정보로서 특정 정보
의 원천(resource)을 찾거나 설명하는 기능을 한다. 그래서 메타 데
이터는 '데이터를 위한 데이터'로 명명되기도 한다.[66] 메타 데이터
수준에서의 통제 방식은 데이터의 전체적인 구조에 변화가 없는 상
태에서 익명화를 추구하는 방식인 반면, 데이터 변형의 방식은 데
이터의 전반적인 구조의 변화를 수반하는 익명화 방식이라는 차이
가 있다.

메타 데이터 방식은 주어진 원 데이터의 전체적인 구조를 바꾸
지 않은 채 개인정보가 포함된 데이터의 재식별성을 낮춘다. 메타
데이터에 의한 통제 방식은 세 요소로 구성되어 있다. 첫째, 표본추

---

65 전게서, 43면.
66 통계적 관점에서는 메타 데이터는 데이터의 속성 자체를 드러내는 기능을 하
   기 때문에, 본문에서 언급한 메타 데이터 수준의 통제 방식은 데이터의 속성
   그대로를 보존하는 특징을 가지게 된다. National Informations Standards
   Organization (NISO), 「Understanding Metadata」, 2001, 1면 참조.

출(sampling)이다. 모집단(population)에서 분석의 대상이 되는 표본을 추출해 내는 것 자체가 전체 데이터의 개별적 속성에 대한 정확한 추정을 어렵게 한다. 95% 또는 99%의 신뢰수준을 기준으로 한 무작위 표본추출 방식이 통계학에서 널리 이용되고 있지만, 외부 지식이나 정보를 가지고 있는 잠재적 공격자가 표본추출된 데이터를 통해 모집단의 특정 개인을 식별할 수 있을 가능성은 낮아진다. 그러므로 표본추출은 재식별의 위험성을 낮추는 도구로 기능하게 된다. 두 번째, 변수의 선별적 선택이다. 특정 변수를 공개되는 데이터세트에서 제외하는 방식이다. 데이터 관리자는 잠재적인 공격자가 접근할 가능성이 높은 주요 변수들이나 공격 대상이 되는 변수들을 제외시킬 수 있다. 선별적 선택이 재식별의 위험성을 낮추는 실질적인 효과는 어떤 변수를 선택하는지에 따라 달라질 수 있다. 다만, 제거되는 변수가 데이터 분석을 위해 중요한 것일 경우 데이터의 활용도를 심하게 훼손할 수 있다는 단점이 있다. 세 번째, 공개되는 데이터의 구체성 수준을 조절하는 것이다. 주소나 생년월일과 같은 사항들이 전부 공개될 경우 개인을 식별할 위험성이 높아지므로 이런 사항이 공개되는 정도를 조절하는 것이다. 가령, 주소 정보가 얼마나 상세하게 공개될 것인지에 따라 재식별 위험성이 달라질 수 있다. 이를 통하여 위에서 설명한 특정 변수를 제외하는 방식과 유사한 효과, 즉 재식별의 위험성을 조절하는 효과를 가져올 수 있다.

메타 데이터와 다르게, 데이터 자체의 변형을 통해 식별 위험성을 낮추는 데이터 변형 통제 방법이 있다. 이 방식은 데이터를 변형해서 잠재적 공격자의 재식별 결과에 대한 불확실성을 높이는 방법이다. 여기에는 데이터를 변형하는 다양한 통계학적 기법들이 적용된다. 가령 데이터세트 사이에 데이터를 이동시키는 데이터 교환(swapping), 데이터의 실제 값을 모형을 통해 생성된 다수의 가상 값으로 대체하는 초과대체(over-imputation), 특정 수치들을 가장 근사한 기준 값으로 대체하는 라운딩(rounding) 등 다양한 기법이 활용될 수 있다. UKAN 보고서는 다양한 기법들을 제시하는데, 그중에서 k-익명성(k-anonymity)에 상대적으로 큰 비중을 두어 설명한다.

k-익명성은 1998년에 P. Samarati와 L. Sweeney가 공저한 논문에서 처음 등장한 개념이다.[67] 이는 데이터 공개의 위험성에 대한 평가적 요소와 데이터 공개를 통제하는 기술적 요소가 동시에 적용된 개념으로, 주어진 데이터세트에 동일한 속성 값을 가진 레코드(record)가 최소한 k개가 되게 함으로써 재식별 위험성을 낮추는 것이다.[68] 공개되는 특정 개인의 정보가 최소한 k-1명의 다른 개인들의 정보와 구별될 수 없을 경우 대상 데이터세트가 k-익명성 처리가 되었다는 것이다. 따라서 k값이 클수록 재식별의 위험성은 낮아진다.

k-익명성의 장점은 직관적으로도 이해하기 쉽고 간편하면서도 명료한 논리를 기반으로 하여 활용성이 높다는 사실에 있다. 이 기

---

67 P. Samarati and L. Sweeney, 「Protecting Privacy when Disclosing Information: k-Anonymity and its Enforcement through Generalization and Suppression」, 1998.
68 Elliot 외 (주 60), 50면.

법을 자동적으로 처리하는 소프트웨어도 있다.[69] 하지만 이런 특성
은 동시에 k−익명성 기법의 단점이자 한계이기도 하다. 데이터 관
리자의 판단에 따라 특정 k값을 설정해서 그에 따라 익명화 처리를
하는 것은 어렵지 않지만, 과연 주어진 데이터세트에서 어떤 수준
의 k값을 설정해야 개인 데이터를 보호하면서 동시에 데이터의 효
용성도 확보할 수 있는지에 대한 구체적인 판단 기준을 제시하지는
못하는 것이다. k−익명성 개념 자체가 모형의 단순화를 위해 가설
적 상황을 전제로 만들어졌기 때문에, 구체적인 데이터 환경에 적
합한 k값이 무엇인지는 설명하지 못한다.

이와 함께, UKAN 보고서는 정보 유형이나 데이터세트의 구조에
따라서는 k−익명성 개념이 그대로 적용되기 어려운 한계가 있다
는 점도 지적한다. 위 보고서는 이를 구체적인 예를 통하여 보여주
고 있다. ⟨표 3−8⟩은 연령과 성별에 관하여 k=3으로 정하여 익명
화처리를 한 데이터세트이다.

표 3-8 익명화된 데이터세트의 예(k=3)

개인번호	연령집단	성별	암 발병 여부
1	0-16	남성	긍정
2	0-16	여성	부정
3	0-16	여성	긍정
4	0-16	남성	부정
5	0-16	여성	부정

---

69 상동.

6	0-16	남성	긍정
7	17-35	남성	부정
8	17-35	여성	긍정
9	17-35	남성	부정
10	17-35	남성	긍정
11	17-35	여성	부정
12	17-35	여성	부정
13	36+	남성	긍정
14	36+	여성	부정
15	36+	여성	부정
16	36+	남성	긍정
17	36+	여성	부정
18	36+	여성	긍정
19	36+	여성	부정
20	36+	남성	긍정

출처: Mark Elliot, Elaine Mackey, Kieron O'Hara & Caroline Tudot, 「The Anonymisation Decision-Making Framework」, 2016, 표 2.13

이 데이터세트는 총 20개의 레코드로 이루어져 있다. 그중 연령과 성별을 k=3으로 하여 k-익명성 처리를 한 것이다. 'k=3'의 의미는 연령과 성별의 조합이 동일한 레코드들이 최소한 3개가 되도록 익명화처리를 하였음을 뜻한다. 위 표를 보면 각각 (1) 레코드 숫자 1, 4, 6의 3개 레코드가 연령구간 0-16이고 성별은 남성, (2) 레코드 숫자 2, 3, 5의 3개 레코드가 연령구간 0-16이고 성별은 여성, (3) 레코드 숫자 7, 9, 10이 연령구간 17-35이고 성별은 남성, (4) 레코드 숫자 8, 11, 12가 연령구간 17-35이고 성별은 여성, (5) 레코드 숫자 13, 16, 20이 연령구간 36 이상에, 성별 남성,

(6) 레코드 숫자 14, 15, 17, 18, 19가 연령구간 36 이상에 있어 성별 여성으로 범주화되면서 연령과 성별의 조합이 동일한 최소한의 레코드들의 수는 3이 된다는 점을 확인할 수 있다.[70]

그런데 이 표에서 암(cancer)이 있는지 여부와 같은 민감정보와 연결된 전체 데이터를 보면 데이터세트에 있는 36세 이상의 남성 모두가 암을 가지고 있음이 드러난다. 일정수준의 k-익명성이 확보된 때에도 특정 질병에 관한 의료정보처럼 민감한 속성이 드러날 수도 있는 것이다. 이처럼 경우에 따라 데이터의 일부 속성이 드러날 수도 있다는 것이 k-익명성 개념의 가장 큰 한계이다.

이와 같은 k-익명성의 한계를 극복하기 위하여 도입된 개념이 l-다양성(l-diversity) 개념이다. l-다양성은 동일한 속성을 가진 개별 데이터 범주들이 민감하다고 정의된 변수에 대하여 다수의 값들을 가지도록 추가 조치를 한다. l-다양성은 다양한 방식으로 정의되지만, 가장 단순하게 설명하자면 동일한 속성을 가진 데이터 범주 안에 있는 민감한 데이터에 대해서는 최소한 1개의 다른 값이 있도록 처리하는 방식이다.[71] 〈표 3-9〉는 k-익명성 처리를 한 〈표 3-8〉 데이터세트에, 동일한 레코드마다 2 이상의 상이한 값으로 l-다양성 처리를 한 데이터세트의 예시이다.[72]

---

70 이 나열에서 보는 것과 같이 연령과 성별이 동일한 레코드들의 수는 3개 또는 5개이므로 그 중 최소한의 수인 3을 기준으로 k=3의 익명화처리를 한 것이다.
71 Elliot 외 (주 60), 51면.
72 l=2인 l-다양성 처리를 적용한 것이다.

표 3-9 I-다양성이 고려된 데이터세트 예시

개인번호	연령집단	성별(Sex)	암 유형
1	0-16	남성	해당 사항 없음
2	0-16	여성	해당 사항 없음
3	0-16	여성	백혈병
4	0-16	남성	해당 사항 없음
5	0-16	여성	해당 사항 없음
6	0-16	남성	골수암
7	17-35	남성	해당 사항 없음
8	17-35	여성	유방암
9	17-35	남성	해당 사항 없음
10	17-35	남성	백혈병
11	17-35	여성	해당 사항 없음
12	17-35	여성	해당 사항 없음
13	36+	남성	간암
14	36+	여성	해당 사항 없음
15	36+	여성	해당 사항 없음
16	36+	남성	전립선암
17	36+	여성	해당 사항 없음
18	36+	여성	유방암
19	36+	여성	해당 사항 없음
20	36+	남성	전립선암

출처: Mark Elliot, Elaine Mackey, Kieron O'Hara & Caroline Tudot, 「The Anonymisation Decision-Making Framework」, 2016, 표 2.14

이 표를 보면, k-익명성 처리만을 한 이전의 표와 비교할 때 암의 발병 여부에 대한 변수가 암의 종류 변수로 바뀌면서 개념적으로는 암에 대한 민감정보의 값이 더 다양해졌음을 알 수 있다. 예를 들어, k-익명성 처리만을 한 데이터세트에서는 36세 이상의 모든 남자가 동일한 민감 속성을 가지는 것이 드러난다. 그러나 l-다양성 처리를 함으로써 단일한 속성이 아니라 다수의 다른 속성들만이 확인되는 형태 - 간암과 전립선암이란 두 개의 속성 - 로 데이터세트가 변형되었다.[73] 이 예를 통해서 볼 수 있는 것과 같이, 단일한 민감 속성이 드러날 수 있는 k-익명성의 한계점을 해결하기 위해 드러나는 민감 속성이 1개 - 이 예에서는 2개 - 이상의 다른 값으로 대체되게 한 것이 바로 l-다양성이다. 하지만 l-다양성이 적용된 위의 실제 데이터세트를 보면 도리어 개인의 더 민감한 의료정보가 드러나는, 직관에 반하는 결과가 생긴다. 암의 유형이란 변수 자체가 암을 가지고 있다는 전제하에 더 세밀한 정보를 보여주는 것이기 때문이다. 이런 현상은 데이터세트의 종류와 잠재적 공격자 입장에서의 타겟데이터에 따라 l-다양성의 처리 방식도 한계가 있을 수 있음을 보여주는 것이다.[74]

통계적 기법들에 대한 설명을 요약하는 마지막 단락에서 UKAN 보고서는 k-익명성, l-다양성과 같은 도구들은 익명화 체계의 확립을 위한 충분조건이 되지 못한다는 점을 거듭 강조한다. 통계적 소프트웨어에 전적으로 의존해서 개인정보의 식별성을 해결하는

---

[73] 연령과 성별이 동일한 집단마다 이에 연결되는 민감정보인 암의 유형을 최소한 2개 이상으로 설정하는 l=2인 l-다양성 처리를 적용한 예이다.

[74] UKAN 보고서는 l-다양성의 한계점을 극복하기 위해 t-근접성(t-closeness) 접근법이 개발되었다고 언급하는 한편, 그에 관해 상세한 설명을 하지는 않고 있다. Elliot 외 (주 60), 52면 참조.

것은 위험한 태도라는 것이다. 데이터의 의미, 즉 데이터 환경이나 맥락에 대한 전반적인 이해가 필수적이기 때문에 다음에서 설명하는 맥락적 접근법에 대한 이해가 필요하다는 것이다.

2) 맥락적 접근: 데이터 환경에 초점을 둔 방식

맥락적 접근법은 데이터 환경에 기반을 둔 해결책으로서 데이터 사용자와 데이터의 상호 작용을 관리하는 절차적인 방식을 강조하는 것이다. 데이터 사용자와 데이터의 상호 작용의 관리는 데이터에 대한 환경적 통제를 통하여 익명성을 보장하는 것을 목적으로 한다. UKAN 보고서는 환경적 통제 방식의 특징적 요소로 크게 세 가지를 제시한다.[75]

첫째, 데이터 접근권을 가지고 있는 '주체(who)'에 대한 고려이다. 데이터 관리자는 데이터에 대한 접근 권한을 누구에게 부여할지에 대하여 판단하여야 한다. 그리고 재식별의 위험성이 높을 것으로 예상되는 집단과 위험성이 높지 않을 것으로 여겨지는 집단에게 데이터에 대한 접근 권한을 차등적으로 부여할 필요가 있다. 따라서 데이터 관리자는 데이터에 대한 접근을 원하는 주체별로 이들과 관련된 재식별의 위험성이 어떠한지에 대한 평가기준을 마련할 필요가 있다. UKAN 보고서가 제시하는 주요 평가기준은 다음과 같다.[76]

---

[75] 상동.
[76] 전게서, 53면.

1. 데이터에 대한 접근을 원하는 자가 속하거나 관련되어 있는 조직을 통해, 데이터 접근을 위해 요구되는 사항들이 준수되고 있는지에 대한 확인이 가능한지 여부
2. 연구목적의 사용인 경우, 연구자가 실제로 과학적 연구 수행에 필요한 능력을 가지고 있음을 보여줄 수 있는지 여부
3. 해당 주체가 일종의 "안전 사용자(safe user)" 교육을 받았는지 여부[77]

이러한 기준들의 구체적인 적용은 데이터의 민감성과 공개성(disclosiveness), 그리고 다른 환경적 통제 수단들에 따라 달라진다. 이 기준들은 데이터 환경을 고려하여 비례적(proportional)으로 적용할 필요가 있다고 한다.

두 번째, 허용되는 데이터 분석이 '무엇인지(what)'에 대한 사항이 고려되어야 한다. 허용되는 데이터 분석과 허용될 수 없는 데이터 분석을 구분하는 시스템을 미리 설정해 둘 필요가 있다. 특정 유형의 분석에 대해서는 분석 자체를 아예 금지할 수도 있고 일정 유형의 분석에 대해서는 별도의 사전 승인 절차를 요구할 수도 있다. 예를 들어 영국의 "행정 데이터 연구 네트워크(Administrative Data Research Network)"는 프로젝트 승인 기구를 별도로 마련하여 운영하고 있다.[78] 서비스의 잠재적 사용자는 프로젝트가 과학적 가치가

---

[77] 영국에서는 데이터 센터들이 최근에 연구자의 인증을 위한 교육 체계를 개발했다. 연구자들은 교육에 참여해서 시험을 치르게 되는데, 일정 수준 이상의 점수를 획득하는 것이 데이터 접근을 위한 사전 요건이다.
[78] Elliot 외 (주 60), 54면.

있고, 활용 가능한 것이며, 공익적인 요소를 가지고 있다는 점, 그리고 프라이버시에 미치는 영향은 무시할만한(negligible) 수준이라는 점을 해당 승인 기구에게 소명해야 한다.

더욱 강력한 통제 방식으로는 분석의 결과물을 관리하는 방법이 있다. 이는 데이터를 분석한 결과물이 개인의 식별 정보를 공개하는 결과를 포함할 수도 있다는 논리에 근거하고 있다. 따라서 확인되어야 할 핵심적인 사항은 데이터 분석의 결과물로부터 역으로 데이터 자체가 드러날 가능성이 있는지 여부이다.[79] 이 방식의 문제점은 어느 정도의 가능성을 기준으로 재식별 위험성을 판단할지에 관한 기준설정과 관련되어 있다. 이론적으로는 회귀분석 모형을 사용해서 해당 모형의 정립을 위해 사용된 원래의 데이터 값 일부를 확인하는 것이 가능할 수도 있다. 데이터 분석의 결과물을 통제하는 방식이 자동화될 수 있는지에 대해서도 논란이 있다.

마지막으로, 데이터에 대한 접근을 할 수 있는 '장소와 방식(where)'에 대한 사항을 통제하는 방법이다. UKAN 보고서는 기관 외부에서의 데이터 사용을 위한 데이터 공개를 위해 일반적으로 다음과 같은 4가지 형태의 접근 방식이 고려될 수 있다고 한다.[80]

---

[79] 이는 역설계(reverse engineering)와 유사한 관점에서 데이터의 재식별 가능성을 확인하는 방식이 된다. 연구의 결과물에서 원래 데이터를 추적하는 것이 용이한 경우 연구 결과물에 대한 좀 더 엄격한 관리가 요구된다. 추적의 위험성이 매우 높은 것으로 판단되는 경우에는 결과물의 공개 자체가 허용되지 않을 수도 있다.

[80] Elliot 외 (주 60), 55면.

1. 일반공개(open access)
2. 전송에 의한 접근(delivered access)
3. 보안이 이루어지는 지정된 장소에서의 접근(on-site safe settings)
4. 가상적 접근(virtual access)

이 중에서 어떤 방식으로 데이터에 대한 접근이 허용되는지에 따라 재식별의 위험성은 크게 달라질 것이어서, 이에 관한 의사결정은 매우 신중하게 이루어져야 한다.

라. Caldicott 보고서: 보건의료정보의 사용과 보호

영국에서는 Dame Fiona Caldicott의 주도로 별도의 위원회를 구성하여, 세 번에 걸쳐 보건의료 영역에서의 개인정보 보호법제의 현황을 검토하고 정책적 지향점을 모색하는 작업을 수행하였다. 그 결과로 1997년, 2013년, 그리고 2016년에 각각 보고서가 발표되었다. 1997년에 첫 보고서가 발간된 이후에 발간된 두 보고서는 첫 보고서에서 제안한 정책 권고사항들이 실제로 이행이 잘 되었는지를 검토하고 이를 반영하여 보완하는 후속 보고서의 성격을 가지고 있다. 각각의 보고서를 Caldicott 보고서 Ⅰ, Ⅱ, Ⅲ으로 약칭하여 그 내용을 살펴본다.

1) Caldicott 보고서 Ⅰ (1997)
(a) 'Caldicott 원칙': 환자의 정보 보호

1997년에 Caldicott을 위원장으로 한 위원회가 구성되었는데, 이 위원회는 환자정보의 기밀성(confidentiality)이 침해될 가능성이 높아지는 상황에 어떻게 대처할지를 논의하는 것을 주목적으로 하였다.

의료서비스 분야에서 정보기술이 발전함에 따라 환자에 대한 정보의 전파 속도가 급격하게 빨라지고 그 전파의 규모 또한 급증하였다. 특히 환자에 대한 정보가 수집되고 저장되는 형태가 종이 문서에서 파일의 형태로 전환됨에 따라서 데이터 형태로 된 환자정보에 대한 프라이버시 침해의 문제에 대처할 필요가 있다는 사회적 인식이 형성되었다. 이 무렵 EU 차원에서 DPD가 제정되었고, 영국에서도 정보보호법(Data Protection Act)이 제정되었다. 이처럼 위원회는 보건의료정보의 보호와 비밀유지에 주목적을 두어 논의를 진행하였고 그 결과물로 Caldicott 보고서 I 이 발간되었다.

이 보고서는 NHS 기관과 관련 조직을 대상으로 작성된 보고서이므로, 환자의 보건의료정보 보호에 대한 6가지의 대원칙과 이 대원칙들에 근거한 16가지의 권고사항들을 담고 있다. 6가지의 대원칙의 핵심적인 내용을 정리하면 아래의 〈표 3-10〉과 같다.[81]

표 3-10 Caldicott 6대 원칙

[원칙 1] 목적의 정당성
[원칙 2] 활용의 절대적 필요성
[원칙 3] 필요최소한도의 활용
[원칙 4] 엄격한 '알 필요(need-to-know)'에 근거한 정보접근권
[원칙 5] 보건의료정보에 접근한 주체의 책임의식
[원칙 6] 법규의 이해 및 준수

---

[81] UK Department of Health, 「Report on the Review of Patient-Identifiable Information」, 1997, 17면.

제1원칙인 목적의 정당성은 식별 가능한 환자 정보를 조직내부에서 사용하거나 외부로 이전하는 행위는 명확하게 정의되고 감시를 받아야 한다는 원칙이다. 이 경우 감시의 주체인 관리자(guardian)는 정기적으로 확인과 검토 작업을 하여야 한다. 제2원칙인 활용의 절대적 필요성 원칙은 환자의 식별 가능한 정보가 특정 목적의 달성에 꼭 필요한 경우에만 그 정보가 이용되어야 한다는 것이다. 활용 조건으로 단순한 필요성이 아니라 "절대적(absolute)" 필요성을 원칙으로 명시한 점에 비추어 볼 때, 데이터 활용의 유용성이 소명될 수 있는 모든 경우가 아니라 해당 데이터의 이용이 반드시 필요한지를 확인한 이후에만 활용이 가능하도록 하려는 의도이다.

제3원칙인 필요최소한도 범위 내에서의 활용 원칙은, 환자의 식별 가능한 정보의 활용에 있어 목적달성에 필요최소한의 정보만이 이용되어야 함을 뜻한다. 제4원칙은 환자의 식별 가능한 정보에 대한 접근이 허용되기 위해서는 그에 앞서 해당 정보에 접근할 필요성이 소명되어야 한다는 원칙이다. 제5원칙은 환자의 식별 가능한 정보에 접근하는 주체에게 부여되는 책임과 의무에 대한 것이다. 여기서 주체는 의료 업무에 종사하는 직원인지 여부를 불문하고 환자의 비밀스러운 사항을 존중할 책임과 의무를 가지게 된다. 제6원칙은 환자의 식별 가능한 정보는 합법적으로만 사용될 수 있다는 원칙이다.

이 보고서가 발표된 뒤, 위의 여섯 가지 원칙은 'Caldicott 원칙'으로 명명되어 현재까지 영국에서 환자 개인정보의 보호에 대한 기본원칙으로 받아들여지고 있다. Caldicott 원칙은 환자정보의 보호에 초점을 두고 있는 것이고, 이 보고서에서 제안한 16가지 권고사항들도 대체적으로 NHS 기관들 또는 관련 기관들이 환자 정보를 효과적으로 보호할 수 있도록 마련된 것들이다. 가령 16가지 권고사항 중 제9권고안은 환자의 식별정보에 대한 접근 권한을 가지고 있는 주체들을 명확히 하는 등의 엄격한 기관 내부의 프로토콜(protocol)을 마련할 것을 권고한다.

(b) 비식별화에 대한 내용

이 보고서에는 비식별화 또는 익명화에 대한 구체적인 설명이 포함되어 있지는 않고, 다만 보건의료정보의 일반적인 처리 또는 수집의 원칙을 간략하게 언급하고 있다. 정보에 대한 접근은 다양한 맥락에서 이루어지게 되고, 그에 따라 정보 자체도 다양한 정도로 익명화된다고 한다. 하지만 익명화에 대하여 구체적인 기준을 제시하거나 설명을 하지는 않는다. 또한 식별자의 수를 줄이는 것이 예상하지 못한 공개의 위험성을 줄이는 데에 도움을 줄 수 있지만, 익명성(anonymity) 자체를 보장할 수는 없다고 한다.[82] 이는 보고서가 발간된 시점의 개인정보 보호에 대한 인식과 논의의 수준을 반영하는 것이기도 하고, 위에서 본 비식별화를 위한 통계적 기법이 아직 이론적으로나 실무적으로 충분히 발전되지 못한 그 당시의 현실을 반영하는 것이기도 하다.

한편, 이 보고서의 제안 사항들 중의 하나가 환자 보건의료정보의 공유와 보호를 위해서 기관 내에 관련 프로토콜을 마련하는 것

---

82 전게서, 12면.

이었다. 그 준비에 도움을 주기 위하여 보고서 부록에 절차양식이 첨부되어 있는데, 그 양식의 내용 중 익명화에 대한 사항이 포함되어 있다.[83]

"개인에 대한 정보가 총계처리되거나(aggregated) 익명화된 경우에도 정당한 목적 범위 내에서만 해당 정보가 이용되어야 하지만, 이 경우 이 프로토콜의 적용을 받지는 않는다. 연령과 우편보호 등과 같은 한정된 데이터로부터 개인들을 식별하는 것이 여전히 가능하기 때문에 개인들이 식별되지 않도록 주의를 기울여야 한다."

이 보고서에 제시된 6가지 원칙은 Caldicott 보고서 Ⅱ, Ⅲ에서도 재확인되는 일반적인 원칙이다. 이러한 점에서 이 보고서는 영국에서 보건의료정보의 보호와 공유의 전반적인 체제의 근간을 형성한 보고서라고 볼 수 있다.

2) Caldicott 보고서 Ⅱ (2013)
(a) 제7원칙: 정보의 보호와 활용 사이의 균형점 모색

2012년 1월에 개최된 NHS 미래 포럼(NHS Future Forum)에서 데이터 거버넌스에 대한 전반적인 검토가 필요하다는 주장이 제기되면서 Caldicott의 주도하에 검토위원회가 조직되었고 2013년에 위원회 작업의 결과물인 Caldicott 보고서 Ⅱ가 발간되었다. 이 보고서의 주요 목적은 환자의 정보 보호와 원활한 정보의 이용 사이에

---

83 전게서, 104면.

서 균형점을 찾는 것에 있었다.[84]

Caldicott 보고서 II 발간의 배경은 Caldicott 보고서 I 이 제시한 6가지 원칙들이 여전히 중요한 가치를 지니고 있기는 하나, 상황이 변하면서 일정한 수정과 보완이 필요하다는 의견이 지속적으로 제기되어 왔기 때문이다. 특히 Caldicott 보고서 I 은 보건의료 정보가 활용되고 처리되는 흐름에 대한 환자의 적극적인 인식이 필요하다는 공감대가 형성되지 않은 시기에 작성된 것이다. 오히려 이 보고서의 존재가 정보의 적극적인 이용에 걸림돌이 된다는 지적이 있었다.

이 보고서에서 우선적으로 주목할 부분은 기존의 6대 원칙에 새로운 원칙을 하나 더 추가하여 총 7개의 대원칙이 제시된 것이다. 추가된 원칙은 다음과 같다.

원칙 7: 정보 공유 의무는 환자에 대한 비밀을 유지할 의무와 마찬가지의 중요성을 가질 수 있다.[85]

기존의 여섯 가지 원칙이 정보의 보호에 초점을 둔 것들이라면 제7원칙은 정보의 공유, 즉 활용에 관한 것이다. 제7원칙은 정보 보호의 필요성과 정보 활용의 가치를 대등한 것으로 보고 양자를 균형 있게 추구하고자 한다.

---

84 UK Department of Health, 「Information to Share or Not to Share: The Information Governance Review」, 2013, 2면.
85 전게서, 117면.

이 보고서는 26가지의 정책제안을 한다. 그 중 개인정보 보호의
맥락에서 의미를 가지는 제안들은 크게 세 가지로 분류해서 살펴볼
수 있다.

첫째, 환자를 포함한 개인들이 보건의료정보가 수집되고 처리되
는 전반적인 과정에 대해 접근하거나 인지할 수 있는 권리를 보장
하는 제안들이다. 이 주제에 해당하는 정책적 제안들은 다음의 〈표
3-11〉에 정리되어 있다.[86]

표 3-11	정보주체의 보건의료정보에 대한 접근권 보장
제1제안	개인은 자신에 대한 전자 의료 기록의 전부에 대하여 가장 완전하게 무료로 접근할 수 있어야 한다.
제5제안	개인의 비밀스러운 정보의 유출이 있을 경우 데이터에 대해서 법적인 책임을 지는 주체인 데이터 콘트롤러(data controller)는 유출의 원인과 가능한 구제 수단에 대하여 완전하게 설명하고 사과해야 한다.
제7제안	건강 및 사회 보장 분야의 모든 조직은 환자들과 대중들에게 명확하게 자신이 수집하는 개인정보가 연구, 감사(audit), 공중보건 그리고 다른 목적을 위해 비식별화된 형태로 사용될 수 있음을 설명해야 한다. 또한 모든 조직은 개인이 정보의 사용을 적극적으로 거부할 권리를 포함하여 개인이 행사할 수 있는 권리들을 환자와 대중에게 설명하여야 한다.
제19제안	모든 건강 및 사회 보장 분야의 조직은 명확하고 접근이 용이한 형태로 다음의 사항을 설명하여야 한다. • 공개된 개인의 비밀스러운 정보에 대한 설명 • 한정된 조건에서 공개된 비식별화 정보에 대한 설명 • 공개의 상대방 • 공개의 목적

86 전게서, 120면.

둘째, 환자의 동의에 관한 제안들인데, 이 제안들은 다음의 〈표 3-12〉에 정리되어 있다.

표 3-12 정보주체의 동의

제3제안	건강 및 사회 보장 분야의 전문적인 규제주체들은 규제의 대상인 전문가들이 진료(direct care)를 위해서 암묵적(implied) 동의에 기초하여 개인의 비밀스러운 데이터를 공유할 수 있는 조건을 설정하여 공개해야 한다.
제8제안	동의는 개인의 비밀스러운 정보를 합법적으로 공유할 수 있는 방식이다. 이런 상황에서 개인은 자신들의 동의 결정이 믿을 만한 방식으로 기록되도록 하고 필요한 경우에는 언제든지 이러한 동의 결정을 공유해서 해당 개인의 선호가 존중될 수 있도록 하여야 한다.

동의에 관한 제안 중 주목할 부분은 묵시적 동의에 관한 내용(제3제안)이다. 이 제안은 진료 목적이라는 한정된 범위에서는 명시적 동의 없이 묵시적 동의를 통해 개인정보의 공유가 가능하게 할 것을 권고한다. 명시적인 사전 동의라는 엄격한 요건을 대신하여 일정한 조건을 충족시키는 묵시적 동의를 통하여 보건의료정보의 공유를 허용하고 데이터의 활용성을 높이려는 것이 이 제안의 의도인 것으로 해석될 수 있다.

세 번째, 비식별화에 대한 제안들인데, 이 부분에 해당하는 내용은 〈표 3-13〉과 같다.

표 3-13 데이터 비식별화

제10제안	개인의 비밀스러운 정보 또는 비식별화 되었지만 여전히 합리적인 수준의 노력으로 재식별될 수 있는 가능성이 높은 데이터를 한 개 이상의 기관으로부터 진료가 아닌 다른 목적으로 연결하는 법적 근거가 필요한 행위는 전문성을 가지고, 잘 통제되고 독립적으로 감시를 받는 인증된 환경, 소위 '인증된 안전처(safe heaven)'에서만 수행될 수 있다.

(b) 비식별화에 대한 내용

Caldicott 보고서 Ⅱ에서는 비식별화에 대한 내용을 설명하기에 앞서 비식별화 논의가 보통 환자 주체의 치료가 아닌 연구와 같은 제3의 목적을 위해 활용될 경우 문제가 된다는 점을 고려하여, 연구자들이 보건의료정보에 대해 가지는 선호에 대해서 간단하게 설명을 한다. 보건의료정보는 연구자들에게 특히 귀중한 자원으로, 환자 개개인에게 더 나은 의료서비스가 제공되도록 하는 데에 도움이 되는 것은 물론 공익 차원에서도 큰 잠재력을 가지고 있다.[87] 가령 연구자들은 질병의 원인에 대해서 상세하게 이해하기 위하여 새로운 임상시험을 수행하며 약물이나 의료기기의 안전성과 효과성을 검증하기 위해 데이터를 활용한다. NHS는 거의 모든 국민에 대한 정보를 가지고 있어서 방대한 데이터를 보유하고 있기 때문에 NHS의 존재 자체가 의학 분야의 연구자들에게 막대한 혜택을 제공할 가능성이 있다.

연구자들은 의료행위에 참여하는 개인에게 직접적으로 이익을 줌과 동시에 일반 대중에게도 간접적인 혜택을 제공한다. 의학연구

---

[87] 전게서, 61면.

의 진전이 생명과학산업의 성장으로 이어지기도 한다. 보건의료정보의 활용가능성이 높아지면 서로 다른 데이터들을 연결하여 새로운 문제에 대한 해답을 모색할 수도 있다. 그런데 문제는 데이터 연결이 활발해지면 그와 동시에 개인정보가 예상치 못하게 식별되거나 재식별될 수 있는 가능성이 높아진다는 점이다. 정보의 공유를 용이하게 하려는 Caldicott 보고서 II에서는 공유를 방해하지 않은 상태에서 개인들의 프라이버시를 보호하는 방법을 구체적으로 모색하였고, 그 결과 강조하게 된 방식이 비식별화 또는 익명화이다. 그러나 익명화처리가 적절하게 이루어진 정보라도 추후 다른 정보와 연결될 경우 재식별의 위험성이 생기는 회색지대(grey area)가 있을 가능성에 대해 언제나 염두에 두어야 한다고 보고서는 강조한다.

이 보고서는 세 가지의 다른 유형의 데이터를 상정하여 각 유형별로 데이터가 처리, 공개되는 조건을 제안한다. 이 체계는 기본적으로 ICO가 2012년에 발표한 익명화 실행규칙에 기초하고 있다.[88] 세 가지 데이터 형태란 (1) 일반 공개를 위한 데이터, (2) 비밀유지가 필요한 개인 데이터, 그리고 (3) 제한적 공개가 가능한 데이터를 말한다.

첫째, 일반 공개를 위한 데이터는 ICO의 익명화 실행규칙에 따라 익명화처리가 된 것으로, 데이터로부터 개인을 식별해내는 것이 가능하지 않을 것으로 판단되는 데이터를 의미한다. 이 데이터는

---

88 전게서, 63면.

데이터처리를 위한 별도의 법적 또는 계약적 제약 없이 일반 공개가 가능하다.

둘째, 비밀유지가 필요한 개인 데이터란 비식별화 되지 않았거나 비식별화 되었더라도 재식별이 될 수 있는 데이터를 말한다. 이 데이터는 명확한 법적 근거가 없으면 처리가 허용되어서는 안 된다. 동의나 별도의 법 조항이 있는 경우에만 제한적 제공이 가능하고, 제공이 되는 경우에도 오남용 및 부적절한 공개의 위험성을 최소화 하기 위한 계약적 합의를 동반하여야 한다. 이때 계약적 합의에는 데이터 처리의 법적 근거, 데이터 처리의 목적, 데이터 보호를 위한 안전장치의 설정 등에 관한 내용이 포함되어야 한다. 특히 이 유형에 속하는 데이터를 연결하여 분석하고자 하는 경우에는 '인증된 안전처(safe heaven)'로 불릴 수 있는 안전한 환경을 마련하여 작업을 수행하도록 해야 한다.

셋째, 제한적 공개가 가능한 데이터는 제한적 공개 또는 접근을 위하여 비식별화된 데이터를 의미한다. 식별자들이 제거된 데이터, 가명처리나 데이터의 총계처리(aggregating)와 같은 일정 수준의 익명화 과정을 거친 데이터를 가리키는 것으로, 제3자가 다른 데이터와 결합해서 개인을 재식별하는 것이 가능할 수도 있는 데이터이다. 이러한 데이터의 공개와 처리에는 계약적 합의와 일련의 데이터 관리(stewardship) 절차가 수반되어야 한다. 계약적 합의는 재식별의 위험성을 완화하기 위한 방법, 위반시 책임의 소재 및 처벌 등을 포함하여야 한다. 데이터 관리 절차는 보안을 위한 기술적 그리고 제도적 장치, 인적 자원과 관련된 방침과 훈련 요건, 데이터 보유 방침 등을 포함하여야 한다. 특히 이 보고서는 데이터 관리 조치의 일환으로 제한적 공개를 목적으로 하여 데이터를 비식별화 하는 경우에 다음의 사항들이 포함되어야 한다고 설명하고 있다.[89]

> ▶ 데이터를 받는 조직에 인증된 안전처(accredited safe havens)를 설치하는 것
> ▶ 인증된 안전처의 시설을 이용하는 것
> ▶ ICO로부터의 감사(audit) 또는 감독에 자발적으로 참여할 것

모든 데이터 유출은 ICO의 조사로 이어질 수 있다. 만약 계약에서 정한 기준과 데이터 확인 기준을 충족할 수 없다면, 제한된 공개를 목적으로 하여 비식별화된 데이터일지라도 비밀유지가 필요한 개인 데이터와 마찬가지로 취급하여야 한다. 즉, 동의 또는 법조항이 있을 경우에만 제공이 가능해진다. 지금까지 설명한 비식별화 체계를 요약하면 다음의 〈표 3-14〉로 정리할 수 있다.

표 3-14 ICO 실행규칙에 따른 비식별화 원칙

ICO 실행규칙에 의한 데이터 분류	데이터의 상태	설명	처리를 위해 필요한 법적 요건	대중에 대한 고지의 필요성	재공개 (onward disclosure)를 위한 요건
익명화	비식별화된 데이터	•익명화된 데이터로서 재식별의 위험성이 낮은	해당 없음	바람직하지만 의무는	•공개를 위한 특별한 요건은 없음

				아님	• 데이터의 일반 공개가 가능
	(일반 공개)	경우 • 제3자가 비합리적 (unreasonable)으로 많은 노력을 기울이면 재식별이 가능할 수도 있는 상황			
됨	비식별화된 데이터 (제한적 접근)	• 재식별의 위험성이 높은 경우 • 데이터 그 자체만으로는 개인이 식별되지 않지만, 제3자가 합리적인 수준 정도의 노력을 기울이면 개인을 식별할 수 있을 상당한 가능성이 있는 경우 • NHS 아이디 또는 우편번(post-code)와 같은 식별자를 포함하는 데이터세트는 이런 특징을 보일 수 있음	• 익명성 유지를 위한 보호장치가 필요함 • 예: 재식별을 금지하는 계약, 데이터관리협약 • 진료 이외의 목적으로 다수의 기관들이 보유한 데이터들을 연결하는 행위는 인증 받은 별도의 안전처(safe haven)에서만 가능	권고 사항임	(1) 일반 공개를 위한 비식별화된 데이터, 또는 (2) 처음 공개한 주체가 체결한 것과 동일한 계약 및 데이터관리협약을 전제로 가능
식별가능함	개인의 사적인 (confidential) 데이터	• 익명화 처리가 되지 않은 개인의 사적인 데이터 • 예: 하나 이상의 직접식별자를 포함하는 데이터세트, 가명화된 (psudonymised) 데이터로서 원래 데이터로의 환원을 가능하게	• 비밀유지에 필요한 일반적인 법적 의무, 인권법상의 의무, 개인정보 보호법상의 의무 등을 준수해야 함 • 예: 정보주체의 동의, 법률적 근거 공익적 필요성	필수적임 (면제되는 경우가 예외적임)	(1) 진료 목적으로 환자의 동의가 있는 경우 (2) 법률적 근거 (3) 익명화된 데이터이고 적절한 계약 또는 합의가 있는 경우

하는 키가 있는 경우, 가명화된 데이터 및 식별 가능한 소스 데 이터를 동시에 보유하고 있는 경우	• 직접치료 이외의 목적으로 다수 의 기관들이 보 유한 데이터들 을 연결하는 행 위는 인증받은 별도의 안전장소 (safe haven) 에서만 가능함

출처: UK Department of Health, 「Information to Share or Not to Share: The Information Governance Review」, 2013, 65면, 표 1

Caldicott 보고서 Ⅱ에서는 개인정보가 공개될 수 있는 상황이나 조건을 좀 더 명확히 하는 데에 초점을 두었다. 그리하여 정보가 동의에 의하여 공개가 된다고 하더라도 계약에 기초하여야 하며, 이는 최소한 정보 흐름의 법적 근거, 정보가 사용될 수 있는 목적, 정보를 적절히 보호하기 위한 안전장치를 정하여야 한다고 하였다. 특히 진료를 위한 것이 아닌 한 두 기관 이상에서 취합한 개인정보 를 연결하는 것(linkage)은 전문적이며 잘 통제된, 그리고 독립적으 로 엄격하게 인증된 환경에서만 이루어져야 한다.

(c) Caldicott 보고서 Ⅱ의 이행 사항에 대한 결과보고서

2015년에는 Caldicott 보고서 Ⅱ의 권고사항을 정부가 제대로 이 행하였는지에 대한 검토 결과를 정리한 보고서가 발표되었다. 이 보고서는 상당한 노력에도 불구하고 Caldicott 보고서 Ⅱ의 권고사 항이 충분히 이행되지 못했다고 평가하고,[90] 권고사항들의 이행속

---

90 UK Department of Health, 「The Independent Information Governance Oversight Panel's report to the Secretary of State of Health」, 2015,

도를 더욱 높일 것을 권고하였다.

3) Caldicott 보고서 Ⅲ (2016)

(a) 보고서 작성의 배경: 건강정보 공유의 활성화 필요성

Caldicott Ⅱ 보고서가 만족스럽게 이행되지 못하였다는 결과보
고서가 나온 지 1년 뒤 Caldicott Ⅲ 보고서가 발표되었다. 이 보고
서는 빅데이터 시대에 보건의료정보의 활용성을 높이기 위해서는
데이터의 공유가 활발하게 이루어질 필요가 있다고 하고, 데이터
공유에 방해가 되지 않으면서 프라이버시를 보호할 수 있는 방식으
로 더 활발하게 익명화를 할 것을 권고하고 있다. 또한 데이터의
공유를 원활하게 하는 관점에서 사전 동의를 요구하는 대신 사후적
으로 옵트아웃(opt-out)을 허용하는 제도를 채택하는 것을 권하고
있다.

이 보고서가 작성된 배경을 이해하기 위해서는 NHS의 care.data
사업이 중단되는 과정으로 볼 필요가 있다. 영국에서는 NHS가 전
국민을 대상으로 무상의료를 실시한다. 일반의(general practitioners)
가 의료시스템의 주축이 되어 대다수의 국민들에게 1차 의료를 제
공하고, 일반의의 대부분은 총액예산제(global budget)에 기초하여
NHS로부터 보수를 받는다. 따라서 행위별수가제에 따라 국민건강
보험공단이 의료행위에 관련된 개인정보를 수집하게 되는 우리나
라와는 달리, 영국에서는 일반의가 개별 환자들에 대한 의료정보를
보관한다. 이러한 상황에서 NHS는 일반의들이 보유하는 환자들의

44면.

정보를 환자 본인이 전산으로 열람, 입력할 수 있도록 하는 한편, 제3의 다른 의료인이 진료를 위하여 환자에 관한 기록을 열람할 수 있도록 약식진료기록(Summary Care Records) 체계를 구축하였다.[91] 일부 지역에서는 지역별로 통합건강기록(Integrated Health Record) 체계를 갖추기도 하였다.[92]

일반의들이 보유하고 있는 정보는 일부분에 한하여 NHS에 취합되기도 한다. 좀 더 구체적으로, NHS 조직의 일원인 HSCIC는 법령에 근거하여 일부분의 보건의료정보를 일반의들로부터 취합하고 있으나, 그 밖의 일반적인 진료정보들은 취합하지 못하고 있다. 이에 HSCIC는 'care.data' 사업을 통하여 잉글랜드(England)의 일반의들이 보유하는 환자들의 의료정보를 취합하려는 시도를 하였다. 하지만 옵트아웃에 의하여 보건의료정보가 진료 이외의 목적으로 중앙정부에 의하여 취합되는 것에 대하여 여론이 호의적이지 않아서 결국 사업이 중단되었다(《박스 3-2》의 내용). 그 후 HSCIC는 2016년 6월 그 명칭을 NHS Digital로 변경하고, NHS기관으로서 보건의료정보의 취합 및 활용에 대하여 대국민적 신뢰를 새로이 확보하고자 하는 노력을 기울이게 되었다.[93] Caldicott 보고서 III은 이러한 배경에서 작성된 것이다.

---

91 http://www.nhs.uk/nhsengland/thenhs/records/healthrecords/pages/overview. aspx.
92 상동.
93 주석 54의 내용 참조.

사업의 개관

care.data 사업의 주된 목적은 일반의들이 가지고 있는 환자 기록을 매달 중앙 정부의 데이터베이스에 등록되도록 하는 것이다. 진단, 처방, 예방주사, 전원, 각종 생물학적 지표들(가령, 혈압, BMI, 콜레스테롤) 등이 등록 대상에 포함되고, 시험관아기 시술, HIV양성 상태, 임신중절 등 민감한 정보는 포함되지 않는다. 수기로 작성한 기록은 데이터베이스에 포함되지 않는다.

HSCIC는 ICO 실행규칙에 따라 기록에서 핵심적인 개인적 지표(indicator)를 제거함으로써 정보를 익명화할 계획이었다. 익명화 과정에서 환자 개인의 식별자는 가명으로 대체하여 환자가 다른 NHS 의료 서비스 제공자와 교류하는 것은 추적할 수 있도록 할 계획이었다.

care.data 사업의 핵심: 옵트아웃

care.data는 모든 환자의 기록은 환자가 적극적으로 옵트아웃을 선택하지 않는 한 자동적으로 데이터베이스에 포함되도록 하는 형식을 취하였다. 환자는 (i) 모든 정보 제공에 대하여 옵트아웃하거나 (ii) HSCIC에 정보가 제공되는 것에는 동의하되 HSCIC 이외의 자에게 제공되는 것에 대하여 옵트아웃할 수 있었다. 사업 발표 당시 프라이버시 관련 시민단체들이 우려를 표명하였지만, NHS England는 이 사업에 대하여 대중과 별도로 소통하거나 대중에게 알려야 한다는 인식이 없었고, 대중은 이 사업의 목표나 가치에 대하여 충분히 이해하지 못한 채로 이 사업이 개시되었다.

---

94 Karen Yeung, 「Tensions in law regulation and technological innovation, Recent Cases from the UK experience」, 2016에 제시된 care.data 사업에 관한 내용 요약.

사업의 진행 경과

2013년 8월. NHS England가 일반의들이 8주 이내에 환자들에게 옵트아웃 선택권이 있다는 사실을 설명할 의무가 있다고 발표하자, 일반의들이 반발하였다. 일반의들은 HSC Act 2012에 의하여 환자의 정보를 HSCIC에 제공하여야 할 의무와, Data Protection Act 1998에 의하여 환자의 정보를 보호해야 하는 의무를 동시에 가졌는데, 양자는 상충하는 면이 있었다고 주장하였다. 일반의들은 환자들에게 설명을 하기 위한 충분한 시간이나 재정적 지원 없이 막연히 의무만을 부과하는 정부의 방침에 반발하였다.

2014년 1월. NHS England는 2백만 파운드를 들여 care.data에 관한 홍보 인쇄물을 제작한 후 환자들의 우편함에 넣는 방식으로 인식 제고 캠페인을 진행하였다. 하지만 이 캠페인에서는 인쇄물과 유튜브 이외에는 어떠한 대중매체도 활용되지 않았다. 인쇄물에서는 옵트아웃을 원하거나 더 궁금한 점이 있는 사람은 일반의와 상의할 것을 권하는 한편, 별도의 옵트아웃 양식 등을 제공하지 않았다. 이 인쇄물은 개인을 수신인으로 지정하지 않았기 때문에 단순한 정크메일로 분류되어 폐기되는 경우가 허다했다.

2014년 2월. 정보주체인 환자들이 충분히 이해하고 옵트아웃할 기회가 없이 care.data가 시행된다는 것에 대하여 여론이 비판적 입장을 취하자, NHS England는 향후 6개월간 환자의 정보를 중앙 데이터베이스에 등록하는 것을 연기하겠다고 발표하였다.

2014년 4월. HSCIC가 160개의 기관에 정보를 판매하였다는 점에 중점을 둔 보고서들이 발표되었고, HSCIC의 사업에 대한 대중의 불신은 깊어졌다. 이에 HSCIC는 2005년 이후 HSCIC가 제공한 모든 데이터를 모니터링하는 보고서를 발표하며 철저한 정보 관리로 인하여 개인정보가 부적절하게 사용될 염려는 없다고 발표하면서

2005년과 2013년 사이에 3,000건이 넘는 정보가 제공되었다는 사실은 시인하였다. 이러한 발표로 인해 HSCIC가 환자의 프라이버시를 충분히 보호하지 못했다는 사실에 대중이 분노하였다.

2014년 5월. Care Act가 제정되었다. 이 법에 따르면 의료에 도움이 되는 경우에 한하여 건강과 복지 데이터가 제공되고 분석될 수 있으며, 독립적인 기구가 모든 정보의 이용을 감독(scrutinize)한다.

2016년 4월. 백만 명 이상의 환자들이 care.data에서 옵트아웃 하였다.

2016년 7월. Caldicott 위원회와 의료품질관리위원회(Care Quality Commission)에서 각각 보고서를 작성하여 정보가 처리되는 과정에서 투명성을 확보하고, 자신의 정보가 진료 목적으로만 정보를 열람되기를 원하는 환자들은 옵트아웃할 수 있도록 제도를 마련할 것을 요구하였다.

2016년 7월 6일. 이 두 영향력 있는 보고서의 내용을 감안하여, NHS England는 care.data 사업의 종료를 선언하였다.

care.data 사업의 실패 원인

주된 실패 원인으로는 정부가 환자들이 자신의 민감한 정보들이 공유되는 것에 대하여 별도의 설명이 없이 동의할 것이라고 전제한 것이 지적되었다. 정부가 대중과 소통을 통하여 의료정보가 가지는 가치를 설득하고 정보처리가 투명하게 이루어질 것이라는 확신을 주었어야 함에도 불구하고 단순한 행정적 편의를 위주로 사업을 진행하였다는 것이다. 이 사업은 사업의 중추적 역할을 담당하여야 할 일반의의 신뢰를 얻지 못하였고, 비용 및 시간에 대한 충분한 지원이 없이 일반의에게 일방적인 의무를 부과하는 형식을 취하였다는 점 역시 실패의 원인으로 지적되었다.

(b) Caldicott 보고서 Ⅲ의 8가지 요소 모델

Caldicott 보고서 Ⅲ은 진료 제공을 목적으로 수집된 정보는 진료와 관계가 있는 경우에 한하여 의료인들이 공유할 수 있고, 진료와 무관한 경우에 정보를 공유하기 위해서는 환자 본인의 명시적인 사전 동의가 필요하다고 설명한다. 또한 환자는 의료진에게 자신에 관한 특정 정보의 공유를 배제해달라고 요청할 수도 있다고 한다.

그러나 이 보고서는 진료 제공 목적 이외의 목적으로 정보를 공유(purposes beyond direct care)하는 것에 관하여 국가 전체적으로 포괄적이고 통일된 데이터베이스를 구축하는 것이 필요하다는 입장을 취한다. 보고서에서는 반복적으로 이러한 데이터베이스가 사회적, 국가적으로 가지는 잠재적 가치에 대하여 언급하고 있다. 그리고 이러한 데이터베이스를 구축하는 과정에서 옵트아웃 모델로도 환자의 자기정보에 대한 결정권을 충분히 보장할 수 있다고 한다. 즉, 환자가 자신의 정보가 어떻게 사용되는지를 이해하도록 설명할 필요가 있다고 지적하면서도, 옵트아웃 모델로 이러한 목적을 달성할 수 있다고 한다. 다만, 옵트아웃을 선택한 환자라고 할지라고 향후에 생각이 바뀌면 혹은 일정한 범위 내에서 얼마든지 다시 옵트인(opt-in)할 기회가 주어져야 한다고 하였다.

보고서는 옵트아웃제도를 실현하기 위하여 환자에게 제시할 질문 방식으로 두 가지를 제시한다. 즉, ① 지역 의료서비스와 사회복지시스템의 운영을 위한 목적으로 정보를 취합하는 것과 진료 서비스의 개선을 위한 연구를 지원하기 위한 목적으로 정보를 취합하는 것을 나누어 각각에 대해 동의 여부를 묻는 방식, 그리고 ② 단일

한 설문으로 진료 이외의 목적으로 개인의 비밀정보가 사용되는 것에 대하여 일괄적으로 선택하게끔 하는 방식이 그것이다. 보고서는 이와 같은 두 방식에 대한 대중의 이해도와 선호도를 파악하는 과정(consultation)을 거칠 것을 권고하고 있다. 또한 보고서는 옵트아웃 원칙이 적용되지 않는 경우로 (i) 최우선시 되는 공익이 있는 경우와 (ii) 법령이나 법원의 명령에 의하여 정보가 요구되는 경우를 든다.

아래는 Caldicott 보고서 Ⅲ에 제시된, 환자에 대한 고지 및 동의와 관련된 8가지 요소 모델이다(〈표 3-15〉).

표 3-15 환자에 대한 고지 및 동의 사항

- 당신은 법에 의하여 보호받고 있다.
- 정보는 고품질의 서비스를 제공하기 위하여 필요하다.
- 정보는 다른 중요한 목적으로도 사용된다.
- 당신은 옵트아웃할 권리를 가진다.
- 이러한 옵트아웃할 권리는 (A) 지역 서비스를 제공하고 NHS와 사회복지 시스템을 운영하는 데에 필요한 개인의 비밀정보, 그리고 (B) 연구와 치료 및 서비스의 개선을 위하여 사용되는 개인정보에 대하여 주어진다.
- 이러한 옵트아웃 의사는 건강과 복지 서비스 정보를 사용하는 모든 기관에 의하여 존중될 것이다.
- 명시적인 동의는 (옵트아웃 시스템에서도) 여전히 가능하다.
- 옵트아웃은 익명화된 정보에는 적용되지 않는다.
- 특별한 사정이 있는 경우 예외가 인정될 수 있다.

(c) 정보의 익명화

Caldicott Ⅲ 보고서는 HSCIC가 모든 환자에 관한 정보를 수집하여 단일한 데이터베이스를 마련할 수 있다면 그 사회적 가치는 엄청날 것이라고 평가하고, 이러한 데이터베이스의 마련을 위해서는 충분한 익명화 조치를 토대로 옵트아웃 제도마저도 배제할 것을 권한다. 이 보고서는 개인정보를 익명화하되 연결시킴으로써(linked) 다양한 목적을 달성할 수 있다고 보았다. 이 보고서에서는 정보의 익명화를 위해서는 ICO 실행규칙의 익명화 지침을 준수하는 것을 권고하였다.

그리고 이 보고서는 정보의 원활한 공유를 활성화하되 개인정보의 오남용을 막기 위해 익명화된 데이터 침해에 대하여 강력한 제재를 도입할 것을 제안한다. 보고서가 제안하고 있는 제재에는 고의 또는 과실이 있는 재식별행위에 대한 형사 처분도 포함된다.

3. 동아시아

(1) 일본

아시아 지역에서 개인정보 비식별화와 관련하여 주목할 필요가 있는 나라는 일본과 대만이다. 우선, 일본의 경우는 2015. 9. 3. 중의원 본회의에서 개인정보 보호법 전부개정안이 가결되어[95] 2003년 제정된 개인정보 보호법이 12년 만에 대폭 개정되었다. 일본 개정법상의 익명 데이터에 관한 규정은 아래의 표와 같이 정리할 수 있다(〈표 3-16〉).

---

95 http://www.cas.go.jp/jp/houan/189.html.

표 3-16 일본 개정법상 익명 데이터[96]

사항	내용
정의	(1) 이 법률에서 "개인정보"란 생존하는 개인에 관한 정보이며, 다음 중 하나에 해당하는 것이다. 　1) 해당 정보에 포함된 이름, 생년월일 기타 기술 등으로 특정 개인을 식별할 수 있는 것(다른 정보와 쉽게 조회 비교할 수 있으며 그것으로 특정 개인을 식별할 수 있는 것을 포함한다.) 　2) 개인식별부호가 포함될 것 (2) 이 법률에서 "개인식별부호"는 다음 중 하나에 해당하는 문자 번호 기호 기타 부호 중, 정령으로 정하도록 한다. 　1) 특정 개인의 신체 일부의 특징을 전자계산기용으로 제공하기 위하여 변환한 부호이며, 해당 특정 개인을 식별할 수 있는 것 　2) 개인에게 제공되는 역무의 이용 혹은 개인에게 판매되는 상품의 구입에 대해 할당되거나 개인에 발행되는 카드 기타 서류에 기재되거나 전자적 방식에 의해 기록된 부호로서 그 이용자나 구매자 또는 발행을 받는 사람마다 다르게 배정 받아 또는 기재되거나 기록됨으로써 특정 이용자나 구매자 또는 발행을 받는 사람을 식별할 수 있는 것 　…… (6) 이 법률에서 "익명가공정보"란 특정 개인을 식별할 수 없도록 개인정보를 가공하여 얻는 개인에 관한 정보이며, 해당 개인정보를 복원할 수 없도록 한 것을 말한다. 　……
익명 가공 정보 취급 사업자 등의 의무	(1) 익명가공정보의 작성 등 　개인정보취급사업자는 익명가공정보의 작성 등에 대해서 다음과 같이 한다. 　1) 익명가공정보를 작성할 때는 특정 개인을 식별하는 것 및 그 작성에 이용하는 개인정보를 복원할 수 없도록 하기 위해서 필요한 것으로서 개인정보보호위원회 규칙으로 정하는 기준에 따르고 해당 개인정보를 가공해야 한다.

---

96 번역은 개인정보보호위원회 홈페이지에 게시되어 있는 것을 이용한 것이다(이인호 역, http://www.pipc.go.kr/cmt/not/ntc/selectBoardList.do?bbsId=BBSMSTR _000000000114).

164

......

3) 익명가공정보를 작성하고 스스로 해당 익명가공정보를 취급하는데 있어서는 해당 익명가공정보의 작성에 사용된 개인정보에 관련된 본인을 식별하기 위해서 해당 익명가공정보를 다른 정보와 대조해서는 안 된다.

(2) 익명가공정보의 제공

익명가공정보취급사업자(익명가공정보를 작성한 개인정보취급사업자를 포함한다. (4)에서도 동일)는 익명가공정보를 제3자에게 제공할 때 개인정보보호위원회 규칙에서 정하는 바에 의하여, 미리, 제3자에게 제공되는 익명가공정보에 포함된 개인에 관한 정보항목 및 그 제공방법에 대해 공표하는 동시에, 해당 제3자에 대해서 해당 제공에 관한 정보가 익명가공정보인 사실을 명시해야 하도록 한다.

(3) 식별행위의 금지

익명가공정보취급사업자는 익명가공정보(개인정보를 가공하여 작성한 것을 제외)를 취급하는데 있어서는 해당 익명가공정보의 작성에 사용된 개인정보에 관련된 본인을 식별하기 위해서, 가공 방법에 관한 정보 등을 취득하거나 해당 익명가공정보를 다른 정보와 대조해서는 안 된다.

(4) 안전 관리 조치 등

익명가공정보취급사업자는 익명가공정보의 안전관리 때문에 적절한 조치, 익명가공정보의 취급에 관한 민원처리 기타 익명가공정보를 적정히 취급하는 데 필요한 조치를 스스로 강구하고 해당 조치의 내용을 공개하도록 노력해야 한다.

(좌측 여백: 익명가공정보취급사업자 등의 의무)

(1) 감독의 주체 및 실시

개인정보취급사업자의 감독을 실시하는 주체를 주무대신으로부터 개인정보보호위원회에 고치고, 익명가공정보취급사업자의 감독을 개인정보보호위원회가 실시하도록 한다.

(2) 보고 및 출입 검사

개인정보보호위원회는 일정한 경우에 있어서 개인정보취급사업자 또는 익명가공정보취급사업자(이하 "개인정보취급사업자 등"이라 한다.)에 대한 개인정보 또는 익명가공정보(이하 "개인정보 등"이라 함)의 취급에 관하여 필요한 보고 혹은 자료의 제출을 요구하고 또는 그 직원에 해당 개인정보취급사업자 등의 사무소 기타 필요한 장소에 출입시키고 검사하는 것 등을 할 수 있도록 한다.

......

(좌측 여백: 감독)

개인 정보 보호 위원회	(3) 소관 사무 위원회는 (2)의 임무를 달성하기 위하여 다음과 같은 사무를 관장 한다. 1) 기본 방침의 책정 및 추진 2) 개인정보 및 <u>익명가공정보</u>의 취급에 관한 감독 및 민원 신청에 대한 필요한 알선 및 그 처리를 실시하는 사업자의 협력 ······

개인정보 보호법이 개정된 후 일본의 개인정보보호위원회는 2016
년 11월에 개정 개인정보 보호법에 근거한 가이드라인을 발표했
다. 이 가이드라인에서 특히 주목할 만한 점은 개정법에서 새로
도입한 개념인 익명가공정보에 관하여 별도로 설명하는 "익명가공
정보편(匿名加工情報編)"이 포함되었다는 것이다.[97] 익명가공정보는
익명화 처리를 적용하여 개인정보 빅데이터의 활용을 좀 더 용이
하기 위해 개정 개인정보 보호법에서 새로 도입한 개념이기 때문
에, 익명가공정보에 대한 법률의 규정을 구체적으로 설명한 이 가
이드라인의 내용을 검토할 필요가 있다. 향후에 실무 사례들이 축
적되기 시작하면 그에 관해서도 살펴볼 필요가 있다. 우선 익명가
공정보에 대한 가이드라인의 내용을 아래와 같이 정리해 볼 수 있
다(〈박스 3-3〉).

---

[97] 個人情報保護委員会, 「個人情報の保護に関する法律についてのガイドライン
（匿名加工情報編）」, 平成 28, 2016. 이 문헌에 대한 개인정보보호위원회 번
역문 참조.

가이드라인은 세 부분으로 구성되어 있다. 즉, 1. 가이드라인인의 의미와 적용 대상을 다룬 부분, 2. 정의를 다룬 부분, 3. 익명가공정보취급사업자 등의 의무를 다룬 부분이다.

1. 가이드라인의 의미와 적용 대상

일본 개인정보보호위원회는 2015년 개정 개인정보 보호법에 의해 설립되었으며, 동법 제4조, 제8조 및 제60조에 근거하여 구체적인 지침을 정하게 되었다. 그 중 개인정보취급사업자와 익명가공정보취급사업자가 익명가공정보를 취급할 때 익명가공정보의 적절한 취급을 확보하는 활동을 지원하고, 해당 지원으로 사업자가 행하는 조치가 적절하고 유효하게 시행되게 하고자, 익명가공정보의 취급 부분에 특화된 가이드라인을 제정하게 되었다. 동 가이드라인은 사업자의 업종과 규모에 상관없이 익명가공정보를 취급하는 사업자에 적용된다. 다만, 일본 개인정보 보호법 제76조에 따른 적용제외(언론사의 보도목적 취급, 저술자의 저술목적 취급, 대학 등의 연구목적 취급, 종교단체의 활동목적 취급, 정치단체의 활동목적 취급)의 경우 가이드라인의 적용대상이 아니다.

2. 정의

가이드라인은 익명가공정보의 취급에 대한 사항을 정리한 것이므로, 개인정보 보호법 제2조 정의규정 중 익명가공정보 및 동 취급사업

---

98 일본 個人情報保護委員会,「個人情報の保護に関する法律についてのガイドライン（匿名加工情報編）」(2016) 참조. 번역은 개인정보보호위원회 홈페이지에 게시되어 있는 것을 이용하여 부분적으로 수정한 것이다(http://www.pipc.go.kr/mt/not/ntc/selectBoardList.do?bbsId=BBSMSTR_000000000114).

자에 대한 규정(제2조 제9항과 제10항)이 주로 이용된다. 우선 익명가공정보란, 개인정보에 정해진 조치를 취하여 특정 개인을 식별할 수 없도록 가공하여 얻은 개인에 대한 정보로, 개인정보를 해당 개인정보를 복원하여 특정 개인을 재식별할 수 없도록 한 것이다. 일본 개인정보 보호법은 개인정보를 개인식별부호가 포함된 정보와 성명, 생년월일, 기타 기술 등으로 특정 개인을 식별할 수 있는 정보의 두 가지 유형으로 구분해서 익명가공정보가 되기 위해 필요한 '조치'의 방식들을 다르게 제시하고 있다(일본 개인정보 보호법 제2조 제1항, 제9항). 다음으로 익명가공정보취급사업자란, 익명가공정보 데이터베이스 등을 사업 목적으로 이용하는 자 중 국가기관, 지방공공단체, 독립행정법인이 가지는 개인정보 보호에 관한 법률에서 정하는 독립행정법인 등과 지방독립행정법인법에서 정하는 지방독립행정법인을 제외한 자이다.

3. 익명가공정보 취급사업자 등의 의무

개인정보 보호법 제4장 제2절에는 익명가공정보를 작성하는 개인정보취급사업자 및 익명가공정보 데이터베이스 등을 사업목적으로 하는 익명가공정보취급사업자가 익명가공정보를 취급할 때 준수해야 할 의무를 규정한다. 특히 ① 익명가공정보를 적절하게 가공해야 한다(법 제36조 제1항). 이를 위해 특정 개인을 식별할 수 있는 기술(記述) 등은 삭제해야 하고(규칙 제19조 제1호), 개인식별부호도 삭제해야 한다(규칙 제19조 제2호). 정보를 서로 연결해주는 부호도 삭제해야 하며(규칙 제19조 제3호), 특이한 기술 등도 삭제해야 한다(규칙 제19조 제4호). 또한 개인정보 데이터베이스가 지닌 성질에 근거한 조치를 취해야 한다(규칙 제19조 제5호).

또한 ② 익명가공정보 등을 안전하게 관리할 수 있도록 조치 등을 취해야 한다(법 제36조 제2항, 제39조). 이를 위해 가공방법 등 정보의 안전관리조치를 취해야 하고(법 제36조 제2항, 규칙 제20조), 익명가공정보에 안전관리조치 등을 하여야 한다(법 제3조 제6항 제6호, 제39조). ③ 익명가공정보를 작성할 때 규칙상 요구되는 사항을 공표해야 하고(법 제36조 제3항, 규칙 제21조), ④ 익명가공정보를 제3자 제공할 때(법 제36조 제4항, 제37조) 일정한 방식을 준수해야 하며 ⑤ 식별행위는 금지된다(법 제36조 제5항, 제38조).

(2) 대만

가. 건강정보의 제공 현황

대만의 경우 우리나라와 매우 유사한 의료서비스 법제도를 가지고 있어 우리나라 제도의 개선방향에 제시하는 함의가 크다. 대만은 1995년 3월 1일부터 전 국민을 대상으로 하는 중앙 집중형 전민건강보험 프로그램을 운영하고 있다. 전민건강보험(NHI)은 의사가 제공하는 "모든" 의료서비스를 보장하고, 이를 통해 인구의 96%를 포괄한다. 전민건강보험법 제11조에 따르면, 대만의 모든 국민은 전민건강보험에 가입할 자격이 있고, 또 전민건강보험에 의무적으로 가입하여야 한다. 전민건강보험은 우리나라의 국민건강보험과 가장 유사한 국가 주도의 단일보험자제도(centralized single-payer system)로, 대만 보건복지부 산하 중앙건강보험서에서 중앙집중 방식으로 이를 관리 및 운영하고 있다.

대만은 IC 카드를 도입하고 의료정보를 전자기록으로 입력하게 하여 데이터베이스를 구축하고 있다. 후생성이 법률에 의해 의료정보를 수집하고 집중하여 구축된 데이터베이스를 관리한다. 전자의 료기록 데이터의 형식은 통일되어, 의료기관은 모두 4개의 데이터 형식을 유지한다. 이에 따라, 비용지급과 관련하여 총액예산제를 채택하고 있음에도 전국민의 보건의료정보를 일괄 수집하여 제공하는 것이 가능하다.

대만에서 가장 보편적으로 활용되는 정보는 전민건강보험의 청구에 대한 데이터세트이다. 이는 대만에서 가장 중요한 보건의료 데이터세트라 할 수 있다. 이는 보건의료기관이 환급청구를 하는 과정에서 전민건강보험에 수집되어 집적된다. 개별 지사에서 활동하는 전민건강보험 관리자는 보험에 대한 청구데이터를 모아서, 전산화된 파일을 중앙당국으로 전송한다. 전민건강보험의 중앙당국은 이를 데이터 저장소에 보관한다.

대만은 전민건강보험 청구데이터를 비롯하여 정부에 의해 수집된 모든 보건의료 데이터를 모으고 이러한 데이터와 국가적인 차원의 식별자(ID)를 연결하는 "보건의료정보시스템 프로젝트"를 주도해 왔다. 이 프로젝트를 통하여 데이터의 관리와 관련 서비스 제공을 촉진하기 위한 협력 센터를 설립했으며, 동 서비스는 이미 대중에 공개되었다. 또한 학계의 요청에 부응하여, 전민건강보험은 전민건강연구기구(National Health Research Institute)와 협력하여 일련의 청구데이터세트 샘플을 연구목적으로 제공해오고 있다. 전민건강연구기구는 1990년 이래 이를 준비하고 샘플로 추출된 청구데이터세트를 관리해왔으며, 매년 꾸준히 이를 공개해왔다.

원래 전민건강보험 데이터는 학술목적(연구에 제공)과 비학술목적(산업계에 제공) 모두를 대상으로 제공되도록 고안되었다. 그러나 반대여론에 부딪혀 2014년 11월 19일부터 행정원 복지부의 통지(行政院衛福部102年11月19日通知)에 따라 "전민건강보험 데이터베이스를 산업계에 제공하는 것을 중단"하기로 하였다.[99] 현재는 오직 연구프로젝트들을 수행할 수 있는 요건을 갖춘 대만국민만이 전민건강보험연구데이터베이스(NGIRD) 이용을 위한 신청자격이 있다.[100] 전민건강보험연구 데이터베이스는 오직 연구목적으로만 이용될 수 있다. 신청인은 개인정보 보호법을 준수해야 하고, 또한 전민건강보험관리청(National Health Insurance Administration)과 전민건강연구기구의 관련 규정도 준수해야 한다. 신청인과 그 상급자(supervisor)가 신청서에 서명하여야 하며, 모든 신청인은 데이터 공개(data release) 여부에 대하여 심사를 받는다. 데이터 공개를 결정한 경우 전민건강보험은 전민건강보험 연구데이터베이스(NHIRD) 보유 등록파일(registration files)과 청구데이터(original claim data)에 기초하여, 연구목적을 위해 세부적인 데이터세트(data subsets)를 마련한다. 데이터의 대략적인 구성은 다음과 같다.

① 등록 데이터세트(registration dataset)
② CD/DD의 체계적 샘플링(systematic sampling of CD (ambulatory care expenditures) and DD (inpatient expenditures))

---

99 非學術界研究類行政院衛福部102年11月19日通知「行政院衛生署及所屬機關提供產業界衛生相關資料庫使用作業要點」自即日起停止適用(文號:1020109741號函). http://nhird.nhri.org.tw/UNACD /index1.htm.
100 http://nhird.nhri.org.tw/en/Data_Protection.html.

③ 종적 (연대기적) 건강보험 데이터베이스(longitudinal Health Insurance Database: LHID)

④ 특정주제 데이터세트(specific subject datasets)

⑤ 실습용 데이터세트(Teaching demo dataset).

대만 개인정보 보호법은 비식별화된 정보는 그 자체로 동의가 필요한 개인정보에서 제외되는 것은 아니라고 규정한다.[101] 하지만 대만 개인정보 보호법 제16조, 제20조는 이른바 "동의를 의제하는 모델(non-voluntary model)"을 채택하고 있어 "개인정보가 정보 제공자에 의해 특정한 개인을 식별할 수 없는 방법으로 제공되거나 처리된다면, 공공의 이익을 위해 학술연구기관에 의해 수행되는 통계 또는 학술연구 목적으로 필요한 경우에, 당사자의 서면 동의 없이도 개인정보가 장차 처리될 수 있다"라고 규정하여 연구목적으로 비식별화된 데이터를 이용하기 위해서는 정보주체의 동의를 받을 필요가 없도록 하고 있다.

그런데 이와 같은 법령상의 규정이 개인정보 보호에 충분하지 않다는 문제의식을 반영하여 소송이 제기된 바 있고, 2016년에 최종판결이 내려졌다.[102] 전민건강연구기구가 보건의료정보를 동의를 의제하는 규정에 터 잡아 목적 외로 이용하자 8명의 원고가 그들이 전민건강보험에 강제로 가입되며 제공한 데이터를 데이터 관리자(data controller)인 전민건강보험으로부터 돌려받겠다며 2013년 7월

---

101 Wen-Tsong Chio, 「THE BIG DATA RUSH AND ITS DISCONTENT IN TAIWAN」, 2015.

102 2016.5.19. 선고, 臺北高等行政法院 103年訴更一 字000120號.

16일에 행정소송을 제기한 것이다. 이 소송의 진행경과는 아래에 요약되어 있다(〈박스 3-4〉 참조).

박스 3-4　익명화된 정보에 대한 동의권을 둘러싼 소송[103]

1. 사실관계

전민건강보험은 매년 6월에서 7월 경 지난 1년간의 개인진료자료 내지 건강보험자료 중 연구목적으로 사용할 수 있는 자료들에 관해 인적사항 란을 암호화한 후 국가위생연구원에 제출하였다. 그리고 이는 전민건강보험 연구 데이터베이스에 전달되었다. 이를 기초로 전민건강보험 연구데이터센터는 2009년 3월부터 해당 의료정보나 건강보험정보를 정기적으로 건강자료가공협작센터에 제공하여 왔다. 2011년부터는 사립중국의약학교, 국립대만대학, 타이베이의학대학, 국민성공대학 등으로 그 제공범위를 넓혀 왔다. 이에 대만인권협회(TAHR)는 2012년 경 중앙건강보험국에 서신을 보내 중앙건강보험국이 수집한 건강보험정보를 제3자에게 보험업무 이외의 목적으로 제공하지 않을 것을 요구했다. 이후 대만인권협회 소속 인사를 포함한 8명의 원고가 중앙건강보험국을 상대로 행정소송을 제기했다.

2. 제1심(臺北高等行政法院 102年訴字000036號, 2014년 5월 4일 선고)

(1) 원고는 위생복리부의 데이터 활용이 권한범위 외의 것이라고 주장하였다. 제정법(制定法) 제8조 규정에 따르면 목적 외 이용은 법으로 정한 필요범위 내로 제한되어야 하는데, 위생복리부는 데이터

103　Taiwan Association for Human Rights(TAHR) vs. National Health Insurance Administration(NHIA).

를 국립연구원을 넘어 민간의 경제주체에게 학술 및 상업적 목적으로 재이용할 수 있도록 허용하였다는 것이다. 또한 중앙건강보험국 조직법과 전민건강보험법에 따르면 전민건강보험상 데이터 이용은 건강보험과 관련된 '재무 및 정책의 계획관리 또는 감독', '보험관련 분쟁의 처리 또는 보험업무 처리' 등에 한정된다고 주장하였다. 따라서 해당 사안의 데이터 재이용은 그 권한범위를 넘었다고 주장했다. 이에 대해 **피고**는 통계법 제3조, 위생복리부업무처리규정 제18조에 따라 위생복리부는 사회의 위생복지 향상을 위한 업무를 관장하고 있으며, 사안은 제정법 제7조 제1항, 개정법(改定法) 제15조 제1항에 따라 법으로 정한 필요범위 내라고 주장했다. 이에 **법원**은 위생복리부의 업무범위는 보험관련 분쟁처리 내지 보험업무 처리에 국한되지 않으며, 의료품질 향상을 위한 일련의 행위를 모두 포함한다고 판단했다.

또한 (2) **원고**는 제공된 데이터를 통해 개인의 식별이 가능해질 수 있는 위험이 있다고 주장하였다. 국가위생연구원이 제공하는 개인정보는 비록 암호화되었다 하더라도 개인이 식별될 위험이 있다고 보았기 때문이다. 또한 피고는 사용자에 법적 의무를 부과할 뿐 사용자가 개인을 식별하려는 시도를 하는 것 자체는 금지하고 있지 않다고 주장했다. 나아가 피고가 일련번호를 바꾸는 방식으로 익명처리를 하고 있으나, 그 일련번호를 해독하여 원자료가 드러날 가능성이 있다고 보았다. 이에 대해 **피고**는 국가위생연구원이 외부에 자료를 제공할 때 개정법 제16조 제5항, 제8조 제7항의 요건을 모두 준수하였다고 항변했다. 특히 소송에 보조참가한 국가위생연구원은 암호화 과정을 상세히 설명하면서 정보의 식별가능성을 부정했다. **법원**은 국가위생연구원이 외부에 자료를 제공하는 것은 목적 외 이용에 해당한다고 보았다. 다만, 이는 학술연구 목적이며 의료기술과 위생발전을 위해 불가피하다고 보았다. 무엇보다도 여러 차례 암호화를 거치므로 직간접적인 방식으로 개인이 식별될 수 없다고 판단하였다. 또한 이는 제정법이나 개정법상 요건을 모두 준수하였다고 판시하였다.

마지막으로 (3) **원고**는 당사자의 서면동의 없이 정보를 목적 외 이용을 할 수 있도록 사유를 열거한 제정법 제8조와 개정법 제16조는 당사자의 사전동의권을 규정하고 있을 뿐 사후배제권을 포함하고 있지는 않다고 주장하였다. 이에 대해 **피고**는 사전동의권이 배제된다면 사후동의권 또한 인정되지 않는다고 항변하였다. **법원**은 사전동의권과 사후배제권의 관계가 동전의 양면과 같다고 판시하였다. 따라서 이미 사전동의권에 제한이 가해진 이상 사후배제권도 역시 제한되어야 한다고 보았다. 만일 당사자가 임의로 사후배제권을 행사할 수 있도록 허용한다면 피고는 개인의 동의 없이 의료정보를 전혀 이용할 수 없게 될 것이며, 이는 개인정보 보호법의 제정취지에 어긋날 수 있다고 판단하였다.

3. 제2심(最高行政法院 103年判字000600號10, 2014년 11월 13일 선고)

최고행정법원은 원심의 법적용이 부적절했다고 판단하였다. 대만 개인정보 보호법은 1995년에 제정되어 2010년에 개정되었다. 다만, 행정부(Executive yuan)가 개정법 제6조와 제54조가 비현실적이라고 보아 적용이 중지된 상황이었다. 즉, 문제되는 사안은 주로 2010년 개정법 제6조와 제54조가 적용되는 경우이나 동 조항들이 발효되기 전에 발생한 것이었다. 하지만 이 경우에도 신법우선의 원칙에 따라 판결 선고 당시 발효 중인 개정법이 적용되어야 함이 원칙이다. 그럼에도 원심은 본 사건에 1995년 제정법 제7조와 제8조를 적용하였다. 비록 개정법의 일반규정과 특별규정을 구별한 취지는 타당하나, 본 사안은 전형적으로 공공기관의 개인정보처리 및 이용에 관한 사안이므로 2010년 개정법 제15조와 제16조를 적용했어야 한다고 법원은 보았다. 따라서 대만최고행정법원은 신법이 적용될 사안에 구법을 적용했다고 보아 원심을 파기환송하였다.

4. 파기환송 후 제1심(臺北高等行政法院 103年訴更一字000120號, 2016년 5월 19일 선고)

파기 후 환송심에서 법원은 원고패소를 선언했다. 우선 최고행정법원의 판시환송 원인인 구법적용을 감안하여, 신법적용을 결정하였다. 당시 2016년 개정법이 발효되어, 법률적용의 일반원칙에 따라 2차 개정법이 적용되었다. 고등행정법원은 ① 피고가 참가인 국가위생연구원의 전민건강보험 연구 데이터베이스와 위생복리부의 건강데이터가공협작센터에 개인건강보험자료를 제공한 것은 공공기관의 개인정보 사용에 해당하며, 이는 직무상 필요한 범위 내의 행동이라 보았다. 또한 ② 피고가 국가위생연구원의 전민건강보험 연구 데이터베이스와 위생복리부의 보건의료정보가공협작센터에 개인건강보험데이터를 제공한 것은 개정법 제6조 제4항과 제16조 단서 제5항에 따른 목적 외 이용의 허용범위에 해당한다고 보았다. 입법목적상 개인정보의 보호도 중요하지만 이용도 간과할 수 없으므로 이익형량이 필요하다고 판시하였다. 특히 대만의 전민건강보험 가입률이 99% 이상이어서 피고가 보유한 건강보험정보는 의약위생영역 연구 중 가장 대표성이 있는 실증자료이며, 학술단위와 비학술단위를 구별하고 있을지라도 자료제공목적이 연구를 위한 것으로 한정해 왔다는 것임을 인정하였다. 나아가 ③ 피고가 개인건강보험자료를 국가위생연구원의 전민건강보험 연구 데이터베이스와 위생복리부의 보건의료정보가공협작센터에 제공한 것은 일정한 정보처리방식을 거친 것으로 개정법 시행세칙 제17조 규정에 부합하며, 그에 따라 개정법 제6조 내지 제16조에 명시된 비식별화 요건을 모두 구비하였으므로 특정 당사자가 식별될 가능성이 없다고 판시하였다. 마지막으로 ④ 법원은 피고의 개인정보이용이 설령 합법적일지라도 개인정보자기결정권에 기초하여 사후에 목적 외 이용을 하는 데에 대한 정지청구를 할 수 있다는 원고의 주장을 배척하였다. 개인정보자기통제권의 영역에 속하는 것은 맞지만, 이는 절대적인 권리가 아니어서 공익목적상 제한될 수 있기 때문이었다. 나아가 사전동의권이 제한되었다면 사후배제권 역시 제한된다고 보는 것이 개인정보 보호법의 제정취지인 개인정보의 보호와 이용간 적절한 균형을 잡는 데에 부합한다고 판시하였다.

나. 익명화와 정보보호[104]

전민건강보험은 청구데이터를 전민건강연구기구에 전송한다. 다만, 그 전에 전송되는 데이터를 보호하기 위해 두 차례 암호화를 한다. 우선 개개의 환자들과 보건의료 제공자들(의료기관과 의료진)에 대한 데이터를 암호화한다. 다음으로 전민건강연구기구는 데이터세트를 신청자에게 보내기 전에 두 번째 암호화를[105] 한다. 이를 구체

---

104 http://nhird.nhri.org.tw/en/Data_Protection.html.
105 대만에서는 자료보안 및 대중의 사생활보호를 강화하기 위해 중앙 건보국이 2007년부터 2세대 암호 설정 작업을 실시함에 따라 부가가치 자료는 2세대 암호 설정자료로 업데이트되었다. 새로운 규정에 따라 NHRID는 부가가치 자료를 제공하기 전에 각 신청 안건별로 또는 각 신청인별로 암호설정을 해야만 신청인이 사용하도록 제공할 수 있다. 따라서 자료 중의 ID 항목이 신청인과 다

적으로 살피면, 행정적인 데이터세트는 각 부문의 연구자들에게 제
공된다. 또한 이와 유사한 데이터세트들도 역시 사적 영역에서 접
근할 수 있다. 식별 영역(identification fields)은 전민건강연구기구가
제거한다.

동 데이터베이스를 이용하는 모든 단계에서 데이터 자체로는 개
인을 식별할 수 없다. 전민건강보험연구 데이터베이스(NHIRD)의 데
이터세트를 이용하고 싶어 하는 연구자들 모두 "환자들이나 보건의
료서비스 제공자들의 프라이버시를 위협할 가능성이 있는 정보를
획득하려는 시도를 할 의도가 없다는 점을 선언"하는 서면약정을
체결해야 한다.

대만 후생성은 전민건강보험연구 데이터베이스를 통하여 다양한
데이터를 연구자에게 공개한다. 다양한 데이터 파일 중 가명처리된
데이터(承保資料檔[ID], Coded ID, pseudonymization)가 있는데, 이 과정
의 역할은 데이터 활용에 있어 매우 중요하다. 가명처리된 데이터
를 통해 비식별화된 개별 데이터들이 내적으로 연결되는 것이 가능
하기 때문이다. 가명처리된 데이터는 원외처방 치료명세파일CD와
결합하여 가상의 식별자로 작용하게 된다(〈그림 3-6〉 참조).

르거나 신청 안건과 다르면 다른 암호 값이 설정된다. 즉, 각각의 신청인 또는
신청 안건 사이에 2세대 암호를 설정한 부가가치 자료의 암호 설정 항목 값이
다르게 된다. 각각의 신청인 사이에 암호 설정 항목 값이 다르면 자료의 외부
유출 시 자료 출처를 감별하는데 도움이 된다. 각각의 신청 안건 사이에 암호
설정 값이 다르면 자료의 유포를 한층 더 제한하는 효과를 가져올 수 있다.

그림 3-6 대만의 비식별화

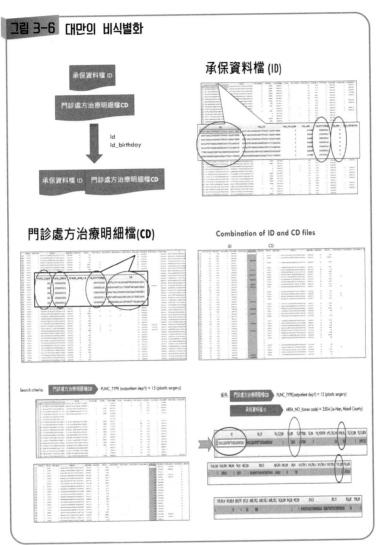

출처: Wen-Tsong Chiou, "The Big Data Rush and its Discontent in Taiwan", 2015.

국내의 보건의료정보 공유 현황 및 비식별화 논의

1. 보건의료정보 공유 정책 및 현황

(1) 논의의 배경

근래 들어 데이터 자체가 상당한 유용성을 가질 수 있다는 인식이 확산되면서 보건의료정보의 활용을 기대하는 시각이 늘어나고 있다. 많은 나라에서 보건의료정보 빅데이터 분석을 통하여 건강서비스 제공을 효율화하려는 노력이 이루어지고 있기도 하다. 하지만 국내의 경우 아직 빅데이터 산업의 활성화를 위한 정책의 추진 속도는 더딘 편이다. 상황은 의료정보 분야에서도 크게 다르지 아니하다. 그 이유 중 하나로 빅데이터 분석에 수반되는 데이터의 수집과 활용 과정에서 개인정보 침해위험의 해결에 대한 사회적 합의에 이르지 못한 점, 그리고 그로 인해 빅데이터 활용에 관하여 법제도를 통한 제한이 많이 남아있다는 점을 들 수 있다. 특히 우리나라는 사실상 국가가 국민의 건강보험을 관장하고 있어, 보건의료정보가 국민건강보험공단에 집적되고 있는데, 이렇게 집적된 데이터를 통하여 유용한 분석이 가능할 수도 있지만 다른 한편으로는 프라이버시 침해의 위험 또한 증가될 수 있다는 우려도 있다.

(2) 보건의료정보 공유에 대한 정부 정책

우리나라 정부의 보건의료정보 활용에 관한 빅데이터 정책은 대개

보건의료 산업의 활성화 전략 또는 공공데이터 개방의 맥락과 연결되어 있다. 보건의료의 관점에서 보건의료정보의 빅데이터 활용만을 고려한 독자적이면서 개별적인 정책이 추진된 것은 아닌 것으로 보인다.

먼저, 산업 활성화 전략의 맥락에서는 신산업 동력 중 하나인 빅데이터 활용의 일환으로 보건의료정보의 활용이 제시되었다. 빅데이터에 대한 국가적인 관심은 2011년 11월 대통령 소속 국가정보화전략위원회에서 '빅데이터를 활용한 스마트 정부 구현' 정책을 발표하면서 구체화되었는데,[106] 이 발표에 보건의료정보의 활용이 맞춤의료 실현을 위한 전략으로 포함되었다. 그 후 2012년 11월 방송통신위원회를 포함한 다수의 기관이 합동으로 '스마트 국가 구현을 위한 빅데이터 마스터 플랜'을 발표하면서 빅데이터에 초점을 둔 국가전략이 공개되었는데, 여기에도 보건의료정보가 포함되었다.[107] 이어서 2015년 1월 보건복지부가 연구개발계획 발표를 통하여 보건의료정보의 자산화를 언급하기도 했다.[108]

한편, 국민건강보험공단의 보건의료정보도 국가가 관리하는 공공데이터에 속한다. 이 점에서 보건의료정보 정책은 공공데이터 개방의 맥락에도 이어져 있었다. 공공데이터 공개 정책은 2001년 '정부 1.0'을 시작으로 2009년 '정부 2.0'을 거쳐 현재 '정부 3.0'으로 변화하였다. 정부 3.0의 구현을 위하여 비공개 정보를 최소화하고 모든 정보는 공개함을 원칙으로 하며, 공개 문서는 생산 즉시 정보공개시스템에

---

106 강희정, '보건의료 빅데이터의 정책 현황과 과제', 보건복지포럼, 2016. 8., 63면.
107 전계논문, 65면.
108 전계논문, 65면.

이관, 원문까지 공개하는 원문정보공개시스템을 추구하고 있다.[109]

(3) 공유 현황

국민건강보험공단 및 건강보험심사평가원의 데이터는 공공데이터의 공개 및 공유 관점에서 보건복지분야에서 가장 대표적인 공공 빅데이터에 속한다. 이들 데이터는 전 국민의 진료내역을 담고 있어, 매우 활용도가 높은 분석결과를 창출할 잠재력을 가지고 있다. 그러나 개인의 진료정보라는 민감정보를 보호해야 한다는 관점에서 두 기관 모두 정보를 완전하게 개방하지 않고 있고, 이를 이용하려면 보유기관의 심사절차를 거쳐야 하는 등 제한적 공개방식을 취하고 있다.[110] 이 이외에도 보건의료부문의 또 다른 데이터로 질병관리본부가 구축한 '한국인체자원' 정보가 있다. 여기에는 한국인의 유전체 정보가 포함되어 있고 제한적인 공개방식으로 공개되고 있다. 또한 데이터의 양에 있어서는 상대적으로 작은 부분을 차지하지만 여러 기관이 다양한 형태의 의료데이터를 보유하고 있다.

한편, 공공데이터 포털은 이러한 보건의료데이터를 활용하여 빅데이터 분석을 한 실제 사례들을 공개하고 있다. 사례 중 하나로, 미국 국립 암 센터가 주도하고, 한국 보건복지부가 주관기관으로 진행 중인 한국인체자원은행사업을 들 수 있다.[111] 인체자원이란 공

---

109 오미애, '보건복지분야 데이터 연계 필요성 및 활용방안', 보건복지포럼, 2015. 9., 22면.
110 이연희, '보건복지분야 공공 빅데이터의 활용과 과제', 보건복지포럼 2015. 9., 5면.
111 이지혜, 제미경, 조명지, 손현석, '보건의료 분야의 빅데이터 활용 동향', 정보와

여자로부터 기증받은 DNA, 조직, 혈액, 소변 등의 인체유래물과 임상정보, 그리고 성별, 생년월일과 같은 역학정보를 보건의료연구에 활용할 수 있도록 자원화한 것을 의미한다.[112] 한국인유전체역학조사사업 및 국민건강영양조사사업을 통하여 전국 16개 병원에서 36만 명의 인체자원 정보가 확보되었으며, 이를 연구자들에게 심의를 거쳐 무상으로 분양해서 병원별로 특성화된 질환군에 대한 질병연구 등을 수행할 수 있게 하고 있다.

그러나 이 사례를 포함하여 공공데이터 포털에 공개된 사례들을 보면 공공 빅데이터의 활용은 그 데이터를 보유한 기관을 중심으로 어느 정도는 이루어지고 있지만, 다양한 기관 사이의 협업이나 공유가 활발하게 이루어지지는 않고 있음을 알 수 있다. 데이터 공개를 위한 정책적 방향에도 불구하고 산업계나 연구기관 또는 학계 등 광범위하면서 다양한 영역에서 활용되지는 못하고 있는 것이 현실이다.

(4) 건강보험공단의 국민보건의료정보 데이터베이스

국민건강보험공단은 빅데이터의 공개 종류 및 범위 확대와 관련하여 방대한 원시 빅데이터를 표본코호트로 구성하였다. 현재 표본코호트는 심사를 통해 제한적으로 공개되고 있다. 국민보건의료정보 데이터베이스는 총 6개의 코호트(cohort) 형태로 구성되어 있고, 2001년부터의 보건의료정보가 축적되어 있는데, 개별 코호트들은

통신 제32권 제1호, 2014, 68면.
112 전계논문, 68면.

아래의 그림과 같다(〈그림 3-7〉).

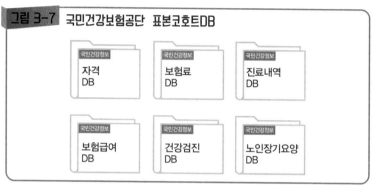

그림 3-7 국민건강보험공단 표본코호트DB

국민건강정보	국민건강정보	국민건강정보
자격 DB	보험료 DB	진료내역 DB
국민건강정보	국민건강정보	국민건강정보
보험급여 DB	건강검진 DB	노인장기요양 DB

출처: 국민건강보험공단, 「건강보험빅데이터」, 2016, 7면[113]

　국민건강보험공단은 위 코호트 데이터베이스를 기반으로 서비스를 제공하고 있다. 우선 개인 보건의료정보에 접근할 수 있는 대국민 맞춤형 서비스가 있다. 5년간의 건강검진 결과 등을 종합적으로 확인할 수 있는 My Health Bank 서비스가 그것이다. 또한 연구목적으로 활용할 수 있도록 표본연구 데이터베이스를 제공하고 있다. 이를 위하여 전 국민의 2%(약 100만 명)의 자격 및 건강보험료, 건강검진 결과 및 병·의원 이용내역을 코호트 형태로 해서 데이터베이스를 구축한 상태이다.

　나아가 공공의 관심사에 대한 연구를 포함해서 공공의 이익을 위한 연구에 해당하는 경우에는 맞춤형 자료도 제공하고 있다. 그 결과 다양한 공공기관 및 전문학회, 또는 정부와의 사이에서 공동

---

[113] 자격 데이터베이스(DB)는 건강보험가입자의 성별, 나이, 출생일자, 사망일자, 거주일자 등으로 구성된 데이터베이스이다.

연구가 진행되고 있다.

건강보험 빅데이터의 이용을 위해서는 아래와 같은 절차를 거치
도록 하고 있다(〈그림 3-8〉 참조).

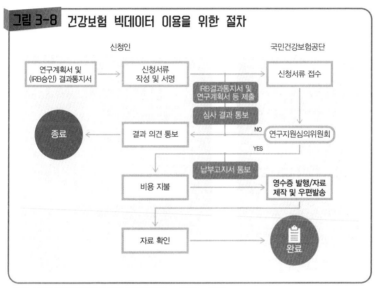

그림 3-8 건강보험 빅데이터 이용을 위한 절차

출처: 국민건강보험공단,「건강보험빅데이터」, 2016, 12면

2. 비식별화 논의

아래에서는 국내에서 이루어진 비식별화에 대한 논의의 흐름을
살펴보기로 한다. 2011년에 개인정보 보호법이 제정되기 이전 상황
에 관해 간략히 언급한 후, 개인정보 보호법 제정 이후의 논의에
관해 살펴본다.

(1) 개인정보 보호법 제정 이전

비식별화에 대한 국내의 논의는 개인정보 보호법이 제정되기 이전에도 있었다.[114] 개인정보 보호법이 제정되기 이전 시기에 개인정보 보호 규제는 정보통신망 이용촉진 및 정보보호 등에 관한 법률 등을 통해 이루어지고 있었는데, 그 당시에도 개인정보는 비식별화하여 수집 등에 있어 정보주체의 동의를 받지 않아도 될 수 있는 제도에 대한 모색이 있었다. 그와 함께, 정보주체가 사후적으로 수집 등의 중단을 요구할 수 있도록 허용하자는 옵트아웃(opt-out) 방식의 가이드라인 제정에 대한 논의도 있었다.[115]

(2) 개인정보 보호법 제정 이후

2011년 9월 개인정보 보호법이 제정되었다. 입법과정에서 1980년의 OECD 8원칙 등 다양한 국제 기준과 정책적 요소를 적극적으로 반영하고자 하였으나, 제정 당시부터 여러 논란이 있었다. 이 법의 입법을 통해 2005년 이른바 지문날인 사건을 통해 헌법재판소가 인정한 개인정보자기결정권이 충실하게 인정되고 보호될 것이라는 기대도 있었지만, 다른 한편 실제 국회를 통과한 법의 구체적인 내용을 보면 비현실적이고 과도한 규제의 내용이 담겨있어서 ICT기술의 발달로 도래한 빅데이터 시대의 시대조류에 역행할 것이라는 우려도 있었다.

---

114 서울대학교 산학협력단, 「비식별개인정보의 보호 및 활용에 관한 연구」, 2010.
115 상동.

이러한 우려 속에서 개방·공유·소통·협력을 추구하는 정부 3.0
이 시작되었고 이를 뒷받침하기 위하여 2013년 7월 공공데이터의 제
공 및 이용활성화에 관한 법률이 통과되었다. 동 법은 공공기관이 보
유·관리하는 데이터의 제공 및 이용 활성화를 촉진하여 국민의 공공
데이터 이용권을 보장하고 공공데이터의 민간 활용을 통한 삶의 질
향상과 국민경제의 발전에 이바지한다는 목적하에 제정된 것이다.

이와 같은 법률이 추구하는 정책적 목표를 구체화하기 위해 입
법 후 후속조치로 발표된 「공공정보 개방·공유에 따른 개인정보
보호지침」은 공공정보 처리 및 분석시 개인정보를 비식별화하여
보호조치를 하도록 규정하고, 동시에 비식별화 처리원칙, 비식별화
단계별 조치사항, 비식별화 처리기법 등 전반적인 기술적 사항들에
관하여 설명하였다. 이 지침은 특히 비식별화를 '개인정보의 일부
또는 그 전부를 삭제하거나 다른 정보로 대체함으로써 다른 정보와
쉽게 결합하여서도 특정 개인을 식별하기 어렵도록 하는 일련의 조
치'라고 정의한 후, 비식별화 기법으로 가명처리, 총계처리 또는 평
균값 대체, 데이터 값 삭제, 범주화, 데이터마스킹 기법 등을 소개
하였다. 이 지침의 마련은 정부 및 정부산하기관이 공식적으로 비
식별화에 대한 구체적인 논의를 통하여 방법론을 정리하고 언급하
였다는 점에 의의가 있다.

방송통신위원회도 개인정보를 충실하게 보호하는 동시에 빅데이
터 산업을 발전시킬 수 있는 균형점을 찾기 위해 2013년 12월 「빅
데이터 개인정보보호 가이드라인(안)」을 발표하였다. 이 가이드라인
(안)은 정보통신기술혁신이 가속화되는 상황에서 개인정보 보호에

관한 규제가 과도하고 비현실적이어서 빅데이터 산업이 발전하기
어려운 여건이라는 비판이 증가하는 사회적 분위기를 반영하는 것
이었다. 위 가이드라인은 공개된 개인정보는 정보주체의 동의 없이
이용할 수 있으며, 비식별화를 거친 개인정보는 정보주체의 동의
없이 이용할 수 있다고 규정하였다.[116] 곧이어 미래창조과학부와 한
국정보화진흥원이 2014. 5. 1.「빅데이터 활용을 위한 개인정보 비
식별화 사례집」을[117] 발간하였고, 행정자치부와 한국정보화진흥원
이 2014년 12월「개인정보 비식별화에 대한 적정성 자율평가 안내
서」를[118] 발간하였다. 2016년 6월에는 행정자치부 등 다수의 기관

---

[116] 가이드라인(수정안)은 "정보주체 및 정당한 권한이 있는 자에 의해 제한 없이 일
반 공중에게 공개"된 개인정보를 '공개된 개인정보'(제2조 제1호), "정보통신서비
스와 관련하여 이용자가 해당 서비스를 이용하는 과정에서 자동으로 발생되는
인터넷 접속 정보파일, 거래기록 등"의 개인정보를 '이용내역정보'(제2조 제2호)
로 각각 규정한 후, 정보통신서비스 제공자는 정보주체 및 정당한 권한이 있는
자가 공개대상을 제한하거나 공개 목적을 설정한 경우가 아닌 한 '공개된 개인
정보'를 정보주체의 동의 없이 수집할 수 있고(제3조), 정보통신서비스와 관련한
계약 체결과 이행을 위하여 필요한 '이용내역정보' 역시 정보주체의 동의 없이
수집하여 조합 또는 분석 처리할 수 있다고 규정(제4조)하고 있다(개인정보보호
위원회 2014의결 제16호).
[117] 빅데이터 활용단계별 비식별화 조치사항, 비식별화 처리기법, 그리고 각 기법에
대한 상세규칙 등을 제시하고 있으며, 빅데이터 활용사례별 비식별화 처리 실례
를 제공하고 있다. 의료분야 실무 적용사례에서는 성명, 주민등록번호, 연령,
주소, 전화번호, 이메일 주소, 외국인등록번호, 여권번호, 등록번호, 건강보험증
번호, 은행계좌번호, 자격/면허번호, 차량번호, 바이오정보(지문, 얼굴, 홍채, 정
맥, 음성, 필적 등), 유전자정보, 홈페이지 회원 ID, 사번, 비밀번호, 요양기관기
호, 소득, 민감상병, 아이디, 진단명, 약처방날짜, 진단검사날짜, 검사수행날짜
등과 같은 항목에 대한 비식별조치 적용 내용을 제시하고 있다. (정영철,「의료
분야 빅데이터 활용을 위한 개인정보 비식별화 규정 현황과 과제」, 2015.9.)
[118] 개인정보 비식별화에 대한 적정성 평가를 위한 절차와 세부평가방법, 재식별 위험
관리방안 등을 주 내용으로 하고 있다. 이 중 ① 성명(한자, 영문성명 포함), ②

188

들이 합동으로 기존의 비식별화 가이드라인의 내용을 종합적으로 반영하여 「개인정보 비식별화 조치 가이드라인 - 비식별 조치 기준 및 지원·관리 체계 안내」를 발표하였다.[119]

(3) 공공기관의 보건의료정보 비식별화에 관한 논의의 필요성

국내에는 아직까지 보건의료정보의 비식별화에 관하여 다루는 법령이나 지침은 존재하지 아니한다. 다른 한편, 공공기관이 보유하고 있는 보건의료정보가 가진 잠재적 가치 때문에 이의 개방을 요구하는 요구는 매우 거세게 나타나고 있는 편이다. 일부 공공기관들은 이미 데이터세트를 준비하여 공개하고 있는 상황이고, 앞으로 이를 확대할지 여부 및 확대할 경우 도입해야 할 비식별화 기술, 절차적 통제방법 등에 관하여 더욱 많은 고민을 할 수밖에 없다. 이에 따라, 특히 보건의료정보에 관한 비식별화에 논의를 더욱 진전시킬 필요가 있다.

주소, ③ 고유식별정보(주민등록번호, 여권번호, 외국인등록번호, 운전면허번호), ④ 연월일(생일, 기념일, 사망일, 자격증 취득일 등), ⑤ 전화번호(휴대폰번호, 집전화, 회사전화), ⑥ 팩스번호, ⑦ 전자메일, ⑧ 의료기록번호, ⑨ 건강보험번호, 복지수급자번호, ⑩ 계좌번호, 카드번호, ⑪ 각종 자격증 및 면허번호, ⑫ 자동차번호, ⑬ 각종 기기의 등록번호 및 일련번호, ⑭ IP주소, Mac주소, ⑮ 홈페이지 URL, ⑯ 사진(정지, 동영상, CCTV 영상 등), ⑰ 신체식별정보(지문, 음성, 홍채 등), ⑱ 기타 유일 식별번호(군번, 사업자등록번호, 식별코드 등) 등 18개 식별자를 예시로 들고 있는데, 이는 HIPAA 프라이버시 규칙에서 제시한 18개 식별자를 고려하여 우리나라 상황을 고려하여 일부 수정하여 제시한 것으로 파악된다.
119 이 가이드라인에 관한 좀 더 구체적인 논의는 이 책의 제4장 제2절 참조.

개인정보 비식별화 방법론

04

개인정보 비식별화를 위한 관리체계

개인정보 비식별화를 위한 관리체계

 1절 빅데이터 비식별화의 의의

1. 개인정보, 익명화, 비식별화

(1) 개인정보의 개념

개인정보 보호법은 개인정보처리자가 개인정보를 수집, 기록, 저장, 보유 등 '처리'하는 데 대하여 적용된다. 그리고 이때 개인정보는 "살아 있는 개인에 관한 정보로서 성명, 주민등록번호 및 영상 등을 통하여 개인을 알아볼 수 있는 정보(해당 정보만으로는 개인을 알아볼 수 없더라도 다른 정보와 쉽게 결합하여 알아볼 수 있는 것을 포함한다)"를 가리킨다(개인정보 보호법 제2조 제1호). 나누어 보면, 개인정보는 ① 살아 있는 개인에 관한 정보이고, ② 특정 개인에 관한 정보이며, ③ 식별정보이거나 식별가능정보여야 한다. 이 책에서 주로 언급되는 보건의료정보를 포함하여 개인에 관한 많은 유형의 정보는 대부분 살아 있는 개인에 관한 정보로, 집단에 귀속되는 것이 아니라 특정 개인에게 귀속되는 정보이므로 위 ①, ② 요건은 문제없이 충족한다. 핵심은 ③인데, 식별정보, 즉 성명, 주민등록번호, 여권번호 등 특정 개인을 직접 식별할 수 있는 정보가 개인정보라는 점에는 의문이 없으나, 위와 같은 정보는 아니지만 다른 정보와 쉽게 결합하여 그 특정 개인, 즉 정보주체를 식별할 수 있는 정보의 기준에 관하여는 논란이 적지 아니하다.

이와 관련하여 아직 대법원 판례 중에는 참고가 될 만한 것을 찾아보기 어렵고, 하급심 재판례 중 참고가 되는 대표적인 것으로는 이른바 '휴대전화번호 사건'과 'IMEI 사건'이 있다. 휴대전화번호 사건은 휴대전화번호 뒷자리 4자리만으로도 그 사용자가 누구인지를 식별할 수 있는 경우가 있고, 특히 그 전화번호 사용자와 일정한 인적 관계를 맺어온 사람은 더욱 그러할 수 있다는 점을 이유로 휴대전화번호 뒷자리 4자리가 식별가능정보에 해당한다고 판시한 사건이다.[1] IMEI 사건에서는 스마트폰의 기기고유번호라 할 수 있는 IMEI나 스마트폰 개통의 과정에서 통신사를 통해 제공되는 USIM 일련번호는 휴대전화 가입신청서 등 가입자 정보에 나타난 다른 정보와 어려움 없이 쉽게 결합됨으로써 개인을 특정할 수 있어 개인정보라고 봄이 상당하다고 하였다.[2] 이들 두 재판례는 객관적으로

---

1 대전지방법원 논산지원 2013. 8. 9. 선고 2013고단17 판결.
2 서울중앙지방법원 2011. 2. 23. 선고 2010고단5343 판결.

볼 때 동일한 휴대전화번호 뒷자리 4자리를 쓰는 사람이 다수 있을 것이라는 점, IMEI나 USIM 일련번호에 할당된 가입자 정보에 접근할 수 있는 사람은 극소수일 것이고, 그들이 동시에 특정 IMEI나 USIM 일련번호를 알고 있을 가능성도 매우 낮다는 점 등에도 불구하고 식별가능성을 인정하여 개인정보의 범위를 매우 넓게 파악한 예로 이해되고 있다.

(2) 비식별화(de-identification)와 익명화(anonymization)

이처럼 개인정보가 특정 개인에 관한 정보로서 그 정보주체를 식별하거나 식별할 수 있는 것을 가리킨다면, 그리고 개인정보 보호법이 개인정보처리자의 개인정보 처리에 대하여 적용되는 것이라면, 이를 거꾸로 생각하여 개인정보로부터 일부 속성을 제거하면 개인정보 보호법의 규제를 피하여 당해 정보를 활용할 가능성이 열리게 된다. 일반적으로 개인정보 보호법의 규제를 피하기 위해서는 개별적 예외에 해당하는 경우가 아닌 한 개인정보가 아니어야 한다. 그런데 특정 개인에게 귀속되지 아니하는 총량이나 평균 등의 정보는 그 활용도가 크게 떨어지는 반면, 특정 개인에게 귀속되기는 하나 그 특정 개인을 식별할 수 없는 정보는 여전히 여러 목적으로 활용될 수 있어서, 그러한 맥락에서 실질적인 해결책을 모색해 볼 수 있다. 그 반면에, 특정 개인을 식별할 수 있는 정보의 목적 외 이용은 개인정보 보호법의 보호대상으로서 개인정보라는 법익, 나아가 사생활의 자유와 인격권을 정면에서 침해할 소지가 높아, 그 이용을 제한함이 옳은 것이기도 하다.

특히 우리 개인정보 보호법은 개인정보의 목적 외 이용·제3자 제공을 크게 제한하고 있어 원칙적으로 정보주체의 동의를 받아야 한다. 다른 한편, 일부 기관, 예컨대 국민건강보험공단의 경우 정보주체, 즉 가입자 및 피부양자로부터 직접 정보를 수집하는 것이 아니라 가입자 정보의 경우 법에 터 잡아 다른 공공기관으로부터, 진료상세내역 등 기타 정보의 경우 요양급여기관과 검진기관으로부터 법령에 터 잡은 제3자 제공의 방법으로 제공받고 있어 사실상 정보주체의 동의를 받을 수 없으므로, 식별가능성을 제거하여 개인정보 보호법의 적용을 피하는 것이 공단이 보유하고 있는 의료정보 빅데이터를 활용할 사실상 유일한 방법이기도 하다.

이처럼 어떤 개인정보에서 그 식별가능성을 제거하는 것을 흔히 비식별화(de-identification) 또는 익명화(anonymization)라고 한다. 사실 실정법에서 비식별화나 익명화라는 표현을 찾아보기는 쉽지 않다. 「생명윤리 및 안전에 관한 법률」 제18조 제2항, 제38조 제2항에 인간대상연구 및 인체유래물연구에 대하여 대상자가 "개인식별정보를 포함하는 것에 동의"하지 아니한 이상 "익명화"하여 제공하여야 한다고 규정한 것이 보일 뿐이다. 그리하여 두 개념의 이동(異同)에 관하여 약간의 혼란이 있다. 일각에서는 비식별화는 개인정보의 회색지대를 부정하는 개념으로 사용되고 있어 잘못된 것이라거나,[3] 미국의 특정 법률이 쓰는 개념을 같은 개념을 쓰지 아니하는 우리 법제에 들여온 것이라고 비판한다.[4] 이들은 익명화된 정보는

---

3 이은우, 「국회토론회 자료집」, 2015. 8. 19., 13면.
4 전게서, 9면.

개인정보가 아닌 반면 비식별화된 정보는 상황에 따라 그 평가가 달라질 수 있다는 이해를 전제로 제시되는 논거이다.[5]

비식별화는 영어 de – identification을 옮긴 것이고 익명화는 anonymization을 옮긴 것이라는 전제하에, 해외에서의 두 용어의 구분에 관해 살펴보면, 개인정보 보호의 맥락에서 비식별화와 익명화에 관하여 일반적으로 인정되는 개념 구분 방식이 존재하지는 않는 것으로 파악된다. 두 용어가 혼용되는 경우도 있고, 구분하여 사용되는 경우도 있다. 또한 구분하여 사용되는 경우에도 그 구분이 일관적이지는 않다. 그래서 저자 또는 기관에 따라 동일한 개념을 상이한 용어로 설명하는 경우도 나타난다. 다만, 전반적으로 유럽에서는 주로 익명화란 표현을 사용하는 반면, 미국에서는 비식별화라는 표현이 좀 더 일반적으로 이용되고 있는 형편이다.[6]

EU 차원에서 데이터보호를 규제하는 대표적인 법규범인 DPD에서는 익명(anonymous) 정보는 더 이상 규제 대상이 되는 개인정보가 아니라고 정하고 있다.[7] 그러나 DPD에 익명화에 관한 정의나 개념 설정이 별도로 제시되어 있는 것은 아니다. EU DPD를 대체하여 실행될 예정인 GDPR도 익명화에 대한 용어 사용이나 개념 규정에 대해서는 (가명처리에 대해 별도로 규정하는 것을 제외하고는) DPD에 포함되어

---

5 엄열, 「국회토론회 자료집」, 2015. 8. 19., 56면.

6 K. El Emam and B. Malin, 'Appendix B: Concepts and Methods for De-identifying Clinical Trial Data', Institute of Medicine, 「Sharing Clinical Trial Data: Maximizing Benefits, Minimizing Risk, Institute of Medicine of the National Academies」, 2015, 204면.

7 EU DPD 서문 제26조.

있는 내용을 벗어나지 않고 있다. 한편, 2014년 4월에 발간된 EU 개인정보 보호 법제에 관한 핸드북에는 익명화에 관한 개념 설명이 포함되어 있다.[8] 이 핸드북은 모든 식별요소들이 제거된 경우를 익명화된 데이터로 정의하면서, 재식별을 위한 합리적인(reasonable) 노력을 통해서도 재식별이 될 수 없는 상황이라면 익명화된 데이터로 규정할 수 있다고 설명한다.[9]

이 핸드북이 발간되던 무렵인 2014년 4월에 EU 제29조 작업반 (Article 29 Working Party)은 '익명화 기술에 대한 의견서(Opinion)'를 제시하였다.[10] 이 의견서는 제목에서 볼 수 있듯이 익명화에 대한 기술적 설명이 주된 내용이다. 이 의견서가 비식별화와 익명화의 개념을 명확하게 비교 설명한 것은 아니지만, 의견서에는 "익명화란 비가역적인 비식별화를 이루기 위해 개인정보에 적용된 기법(anonymisation is a technique applied to personal data in order to achieve irreversible de-identification)"이라는 설명이 보인다.[11] 이 문장에 비추어 본다면, EU에서는 익명화와 비식별화의 구분에 있어 비가역성 여부를 중요한 기준으로 삼아서 판단하는 것으로 해석할 여지가 있다. 그러나 이러한 해석과 달리, EU에서는 비식별화 개념에 대해서는 별다른 의견을 표명하지 않고 익명화에 대해서만 명시적인 개념 설정을 하는 것으로 해석할 여지도 있다.

---

8 European Union Agency for Fundamental Rights & Council of Europe, 「Handbook on European data protection law」, 2014.

9 전게서, 44면.

10 EU Commission, 「Opinion 05/2014 on Anonymisation Techniques」, 2014.

11 전게서, 7면.

영국의 경우 EU DPD의 내용 및 이에 터잡은 정보보호법(Data Protection Act)에 근거해서 2012년에 익명화에 대한 ICO 실행규칙 (code of practice)을 공표하였다.[12] 이 실행규칙에는 익명화와 비식별화의 개념 구분에 대한 설명은 포함되어 있지 않다.[13]

다른 한편, 미국에서는 데이터보호를 위한 도구로서 비식별화라는 표현을 주로 사용하고 있다. 2003년에 확립된 HIPAA 프라이버시 규칙이 '비식별화' 방식들을 구체적으로 제시함으로써 비식별화라는 용어의 사용이 좀 더 본격화된 것으로 보인다.[14] HIPAA 프라이버시 규칙 및 동 가이드라인[15] 모두 익명화라는 용어는 사용하지 아니한다.

이와 달리 NIST는 개인정보의 비식별화 방식이 활용되는 일반적인 경우에 참조할 수 있는 중요한 세 편의 보고서를 차례대로 발표하면서 비식별화와 익명화 개념을 어느 정도 구분하고 있다.

---

12 Information Commissioners' Office (ICO), 「Anonymisation: managing data protection risk」, 2012.

13 전게서, 80면.

14 보건의료 맥락에서의 임상시험 데이터에 대한 보고서의 부록에서 임상시험 데이터의 경우에는 익명화란 용어를 사용하는 것이 더 적절할 수도 있는데 이미 HIPAA Privacy Rule에서 비식별화라는 용어를 사용하고 있으므로 용어 사용의 통일성을 위해 비식별화라는 용어를 사용한다고 밝히고 있다. 이런 설명을 통해 볼 때 HIPAA Privacy Rule이 이후의 용어 사용에 영향을 미쳤을 가능성에 대해 추측할 수 있다. El Emam & Malin (주 6), 214면 참조.

15 Office of Civil Rights, 「Guidance Regarding Methods for De-identification of Personally Identifiable Information in Accordance with the Health Insurance Portability and Accountability Act (HIPAA) Privacy Rule」, 2012.

NIST의 보고서 중에서 비식별화와 익명화의 개념 구분이 나타나는 첫 번째 보고서는 2010년에 발표된 것이다.[16] 보고서의 제목 "Guide to Protecting the Confidentiality of Personally Identifiable Information"에서도 알 수 있듯이, 이 보고서는 비식별화 방식에 대한 설명이 주된 목적이 아니라 개인정보의 보호 및 기밀유지를 위한 방법들을 포괄적으로 제시하는 것을 주목적으로 하는 것이다. 보고서에는 개인정보를 보호하기 위한 방법의 예로 정보의 비식별화와 익명화가 각각 구분되어 제시되어 있다. 이 보고서에 따르면, 정보의 익명화란 (1) 이전에는 식별 가능하였던 정보로서 비식별화 처리가 되고("previously identifiable information that has been de-identified") (2) 재식별을 위한 코드나 다른 관련요소가 더 이상 존재하지 않는 경우 ("for which a code or other association for re-identification no longer exists") 를 의미한다. 개념정의의 내용을 보면, 이 두 가지 요소 중에서 특히 두 번째 요소가 개념 구분에 있어 중요한 기준이 될 것임을 알 수 있다. 즉, 재식별을 위해 활용될 수도 있는 다른 부가적인 정보가 존재하지 않아서 재식별의 가능성이 상당히 낮은 경우를 익명화로 규정하는 것이다. 이 보고서는 이처럼 전반적으로 비식별화와 익명화의 개념을 구분하고 있지만, 그와 동시에 이 두 개념을 구분하지 않고 혼용하는 기관들의 존재를 인정하면서 컴퓨터 기술의 발전과 외부정보의 양에 비추어 볼 때 "완전한 익명성(full anonymity)"의 달성은 어렵다는 점 또한 언급하고 있다.[17]

---

16 National Institute of Standards and Technology, 「Guide to Protecting the Confidentiality of Personally Identifiable Information (Special Publication 800-122)」, 2010.

17 해당 보고서의 주석에서 이런 사실을 밝히고 있다. 전게서, 4-5면의 주석 58번

다음으로 2010년 보고서가 발표된 지 5년이 지난 후인 2015년 발표된 보고서에서는 익명화와 비식별화의 개념 구분에 관해서 위 보고서와는 다르게 좀 더 신중한 접근을 하고 있다.[18] 이 보고서는 개인정보의 '비식별화'에 대한 내용을 중점적으로 제시하고 있다. 비식별화라는 용어를 보고서 전반에 걸쳐 사용하면서 비교를 위한 유사 개념으로서 익명화에 대한 용어 설명을 하고 있다. 2010년 보고서와는 다르게 비식별화와 익명화에 대한 용어의 설명을 위한 기본적인 전제로 저자 및 기관에 따라 두 용어의 사용례가 다양하다는 점을 제시하고 있다. 이런 인식을 바탕으로 이 보고서는 국제표준화기구 ISO(International Standards Organization)의 문서[ISO/TS25237: 2008(E), "Health Informatics − Pseudonymization"]에서 제시한 정의에서 출발하여 개념설정을 한다고 밝히고 있다.[19] 그에 따라 비식별화는 "일련의 식별성이 있는 데이터와 데이터 주체 사이의 연관성을 제거하는 모든 절차에 대한 일반용어(general term for any process of removing the association between a set of identifying data and the data subject)"로 정의하고, 익명화는 "식별성 있는 데이터세트와 데이터 주체 사이의 연관성을 제거하는 절차(process that removes the association between the identifying dataset and the data subject)"로 규정한다.

그런데 이러한 표현만으로는 어떻게 개념 구분이 될 것인지 불

내용 참조.

18 National Institute of Standards and Technology, 「De-Identification of Personal Information」, 2015.

19 전게서, 2면.

명확하다. 다만, ISO의 문서가 추가설명으로 비식별화와 익명화에 대한 개념 관계를 좀 더 분명하게 제시하고 있다고 한다. 이에 따르면 익명화는 비식별화의 하위 개념으로서 주어인 정보와 정보주체를 연결할 수 있는 수단이 존재하지 않는 경우를 의미한다.[20] 그러나 다른 한편 현실에서는 익명화된 것으로 판단되었던 데이터에 대해 재식별이 이루어지는 사례가 발생하기도 하므로, 익명화 개념을 이처럼 설정하는 것은 현실을 적절히 반영하지 못하는 것이라고 보고서는 언급하고 있다. 그래서 이 보고서에서는 현실적인 한계가 있는 익명화라는 표현을 사용하지 않고, 비식별화 용어를 채택하여 이용하는 것으로 설명하고 있다.[21]

2015년 보고서에 이어서 2016년에 정부 보유 데이터의 맥락에서 비식별화에 대해 설명한 보고서의 초안이 발표되었다.[22] 이 보고서는 정부 데이터를 대상으로 하고 있지만, 비식별화에 대한 기본적인 내용은 위의 2015년 보고서를 기반으로 하고 있다. 비식별화와 익명화에 대한 개념 구분 또한 2015년 보고서의 기준을 따르고 있다. 전반적인 접근방식은 동일하지만 2016년 보고서의 초안은 익명화라는 용어 자체가 재식별이 불가능하다는 인상(perception)을 준다는 점을 명시적으로 지적하면서, 익명화라는 용어의 사용이 현실적인 상황을 반영하지 못한다는 비판을 하고 있다.[23] 그래서 비

---

20 상동.

21 전게서, 3면.

22 National Institute of Standards and Technology, 「De-Identifying Governmental Datasets (Special Publication 800-188, 2nd Draft)」, 2016.

23 전게서, 9면.

식별화가 기술적(descriptive)인 용어인데 반해, 익명화는 목표 추구적인(aspirational) 개념이라고 구분하고 있다.[24]

이상의 논의를 종합하여 살펴보면, 익명화와 비식별화의 개념 구별에 통일적인 기준이 없고 다양한 사용례가 나타남을 확인할 수 있다. 그래서 익명화와 비식별화에 관해 별도의 개념 구분 없이 혼용하는 경우도 많다. 다른 한편, 두 개념을 구분하여 이용하는 경우에는 일반적인 구분방식이 있는 것은 아니지만, 전반적으로 익명화가 비식별화보다 좀 더 재식별이 어려운 상황을 의미하는 것으로 개념 구분을 하여 이용되는 경우가 많다. 또한, 익명화 개념이 재식별의 가능성을 완벽하게 배제하는 것으로 해석된다면 익명화가 실제로 달성될 수 있는 상황은 상정하기 어려운 비현실적인 상황이라고 하면서, 익명화라는 표현 자체를 배제하는 경우도 있다.

결국 익명화와 비식별화의 개념 구분이 가능할 수는 있겠지만, 해외의 용례를 보면 전반적으로 두 용어는 별 구분 없이 혼용되는 경우가 많고 개념 구분이 있는 경우에도 구분방식이 일관적이지 않다. 또한, 상황에 따라 개인정보인지 여부가 달라질 수 있는 정보와 언제나 개인정보가 아닌 정보가 논리적으로 명확히 구별될 수 있는지도 의문이다. 국내 실정법 중에서는 생명윤리 및 안전에 관한 법률에서 말하는 "익명화"는 오히려 "개인식별정보"만을 제거한 것을 가리키는 것처럼 - 즉 말 그대로 이름(그리고 주민등록번호, 주소 등)만

---

24 전게서, 10면.

을 숨긴 것으로 - 읽히기도 한다.[25] 우리나라에서도 두 용어는 별 구별 없이 혼용되어 왔고, 근래 나온 각종 가이드라인, 지침 등은 비식별화라는 용어를 선호하는 경향을 보인다. 어느 것이든 개인정보에서 식별가능성을 없애는 과정 또는 그 결과를 가리킨다고 이해하면 족하다고 보인다. 이 책에서는 근래의 용례를 따라 비식별화라는 표현을 - EU의 법제를 설명할 때를 제외하고는 - 주로 쓰기로 한다.

(3) 비식별화와 개인정보 보호법 제18조 제2항 제4호

적절하게 비식별화된 정보는 더 이상 개인정보가 아니고, 따라서 개인정보 보호법상의 규제의 대상에서 제외된다고 볼 수 있다. 그러나 개인정보를 수집, 처리하던 개인정보처리자가 그 정보에서 식별가능성을 '제거'하고 비식별화된 정보를 '목적 외로 이용'하거나 '제3자에게 제공'할 수 있는지는 별개의 문제이다. 이와 관련하여 개인정보 보호법 제18조 제2항 제4호를 검토할 필요가 있다.

개인정보 보호법 제18조 제2항은 개인정보를 목적 외로 이용 또는 제3자 제공할 수 있는 예외사유를 규정하고 있다. 그중 제4호에서는 "통계작성 및 학술연구 등의 목적을 위하여 필요한 경우로서 특정 개인을 알아볼 수 없는 형태로 개인정보를 제공하는 경우"를 든다. 견해에 따라서는 위 요건 중 "특정 개인을 알아볼 수 없는 형

---

25 생명윤리 및 안전에 관한 법률 제2조(정의) 이 법에서 사용하는 용어의 뜻은 다음과 같다. "익명화"(匿名化)란 개인식별정보를 영구적으로 삭제하거나, 개인식별정보의 전부 또는 일부를 해당 기관의 고유식별기호로 대체하는 것을 말한다.

태로 개인정보를 제공하는 경우" 부분이 비식별화를 뜻한다고 본다.[26] 통계작성 및 학술연구 등의 목적으로 목적 외 이용 또는 제3자 제공을 할 수는 있으나, 특히 제3자 제공을 할 때에는 비식별화를 하여야 한다는 것이다. 그러나 비식별화된 정보는 더는 개인정보라고 할 수 없으므로 이러한 예외규정이 필요하지 아니하다. 그리하여 같은 견해는 "특정 개인을 알아볼 수 없는 형태로 개인정보를 제공하는 경우"를, 개인정보처리자는 자신이 보유하고 있는 정보와 결합하여 특정 개인을 알아볼 수 있으나 제3자는 알아볼 수 없는 경우로 볼 것을 제안한다.[27]

그러나 위와 같은 해석으로도 문제는 해결되지 아니한다. 개인정보처리자 자신은 이미 식별가능성이 있는 개인정보를 보유하고 있으므로 비식별화된 정보가 그에게 식별가능하다는 점이 비식별화 개념에 어떤 새로운 제한을 도입하지는 아니한다. 위와 같은 제한을 덧붙이더라도 "특정 개인을 알아볼 수 없는 형태로 개인정보를 제공하는 경우"는 비식별화된 경우 일반을 뜻할 뿐이고, 비식별화된 경우 중 특별한 속성을 가진 일부라고 할 수 없다.

그 결과 위 규정은 비식별화된 정보라 하더라도 당연히 제3자에게 목적 외 제공을 할 수는 없고, "통계작성 및 학술연구 등의 목적을 위하여 필요한 경우"에 해당하여야만 비로소 제3자 제공을 할 수 있다는 취지로 읽힐 수 있다. 나아가 이와 같이 해석하는 경우

---

26 가령, 이창범, '개인정보 제3자 제공 및 처리위탁 규제의 법적 과제', 고학수 편, 「개인정보 보호의 법과 정책 개정판」, 2016, 272면.
27 전게서, 273면.

비식별화를 하더라도 여전히 민감정보 및 고유식별정보, 제3자로부터 제공받은 정보의 재제공에 관한 규정들과 개인정보 보호법 제18조 제2항 사이의 관계 문제, 가령 민감정보나 고유식별정보, 제3자로부터 제공받은 정보에 대하여는 비식별화에 의한 제3자 제공도 금지되는 것인가 하는 의문이 제기될 수 있다.

"특정 개인을 알아볼 수 없는 형태로 개인정보를 제공하는 경우" 부분을 개인정보의 요건으로서 식별가능성을 완전히 제거하는 경우로 읽는 한 위와 같은 여러 해석상 문제는 피하기 어렵다. 그 결과가 합리적이라고 할 수도 없다. 따라서 위 요건은 특정 개인을 그 정보 자체로부터 어렵지 않게 확인 또는 추론할 수 있게 제공하여서는 아니 된다는, 즉 그에 대한 고유식별정보 등을 함께 제공하여서는 아니 된다는 의미로 이해하는 것이 좀 더 합리적이다. 한 개인에 대한 고유식별정보를 모두 제거하여도 기술적으로는 다른 정보와 결합하여 정보주체를 식별할 수 있는 경우가 있고, 그때에는 일정한 요건하에 여전히 개인정보가 될 수 있는데, 통계작성이나 학술연구 등의 목적으로 본래의 목적 외 제3자 제공을 할 때에는 적어도 위와 같은 정도까지는 식별성을 낮추어야 한다는 취지라는 것이다. EU DPD는 '역사적, 통계적 또는 과학적 목적을 위한 정보의 추가적 처리(further processing of data)'는 회원국이 적절한 보호조치를 하는 한 원래의 처리 목적과 모순되지 아니한다고 보고 있고[제6조 (b) 후단], 2016년 제정되어 2018년 시행될 예정인 GDPR 제89조는 적절한 보호조치의 하나로 개인정보의 가명화(pseudonymisation)를 들고 있는데, 대체로 유사한 취지라 하겠다. 유럽연합에서도 가명화는 개인정보의 개념에서 제외되는 비식별화와

는 다른 것으로 여전히 개인정보라고 이해한다.[28]

이상과 같이 해석한다면 개인정보를 수집한 뒤 비식별화를 하면 개인정보 보호법의 규제를 피하여 비교적 자유롭게 목적 외 이용 및 제3자 제공을 할 수 있게 된다. 그러나 아직 개인정보 보호법 제18조 제2항 제4호의 해석에 관한 판례 기타 선례가 축적되지 아니하였고, 서로 다른 해석론이 존재할 수 있으므로, 이하에서는 다른 해석의 가능성도 염두에 두고 논의를 전개한다.

(4) 비식별화와 비밀보호 규정

보건의료서비스는 특히 민감한 정보를 다루고 있으므로, 개인정보 보호법과 별개로 개별적 정보보호 내지 비밀보호 규정을 두고 있다. 가령 의료법 제19조 제1항은 의료인이나 의료기관 종사자에게 업무상 알게 된 다른 사람의 정보를 누설하거나 발표하지 아니할 의무를 지우고 있고, 같은 조 제2항은 의료기관 인증에 종사하고 있거나 종사하였던 자의 업무상 알게 된 정보 누설 및 부당 사용을 금지한다. 비식별화된 정보가 이러한 의미의 "비밀"에 해당하는지에 관하여는 아직까지 명확한 논의를 찾기 어렵다.

다른 한편, 국민건강보험법상의 비밀보호 규정은 의료법상의 비밀보호 규정과 다르다. 국민건강보험법 제102조 제1호는 국민건강

---

28 이 규정이 말하는 '특정 개인을 알아볼 수 없는 형태로 개인정보를 제공하는 경우'는 생명윤리 및 안전에 관한 법률이 요구하는 '익명화'와 같은 개념이라고 볼 수도 있다.

보험공단, 건강보험심사평가원 등에 종사하였거나 종사하는 자의 가입자 및 피부양자의 개인정보를 직무상 목적 외의 용도로 이용하거나 정당한 사유 없이 제3자에게 제공하는 것을 금지하고 그에 대하여 형사처벌을 과하고 있다. 그러나 같은 법은 동시에 위 규정의 "개인정보"가 "「개인정보 보호법」 제2조 제1호의 개인정보"임을 명시적으로 확인한다. 그러므로 어떤 정보가 비식별화되어 개인정보 보호법 제2조 제1호의 개인정보에서 제외되면 그로써 국민건강보험법상의 비밀보호 의무도 해제되게 된다.

2. 비식별화의 의의와 방법

(1) 식별가능성의 판단기준

비식별화는 개인정보에서 식별가능성을 제거하는 것을 뜻하므로, 비식별화의 의의와 기준은 결국 식별가능성의 의의와 기준의 문제이다.

이와 관련하여 개인정보 보호법은 제2조 제1호가 개인정보란 "살아 있는 개인에 관한 정보로서 성명, 주민등록번호 및 영상 등을 통하여 개인을 알아볼 수 있는 정보(해당 정보만으로는 특정 개인을 알아볼 수 없더라도 다른 정보와 쉽게 결합하여 알아볼 수 있는 것을 포함한다)"라고 규정하는 외에는 별다른 지침을 주지 아니한다. 당해 정보만으로 특정 개인을 알아볼 수 있는 경우, 가령 이름, 주민등록번호, 휴대전화번호 11자리 등은 이미 식별성이 있는 식별정보이므로 이러한 정보를 남겨두고 데이터의 변환이 이루어진 경우 비식별화되었다고 할 수 없음은 당연하다. 결국 문제가 되는 것은 위와 같은 정보 이외의 정보만을 남겨둔 경우이고, 이때 기준은 대부분의 경우에 다른 정보와 '쉽게' 결합하여 특정 개인을 알아볼 수 있는지 여부가 된다.

먼저 주의할 점은 위 개념규정은 식별가능성을 절대적·객관적으로 판단하는 것을 배제하고 있다는 것이다. 누군가 이론적으로 특정 개인을 식별할 수 있다는 것만으로 식별가능성이 있어 개인정보라고 할 수는 없다. 그러한 기준은 개인정보 보호법 제2조 제1호의 "쉽게"와는 잘 조화되기 어렵기 때문이다. 나아가 "중대한 과실" 개념이 그러하듯 "쉽게"도 일정한 범위에서 기준의 주관화, 즉 개별적 사정을 배려할 것을 시사한다.

그렇다면 식별가능성 판단에 어떠한 점이 고려되어야 하는가. 식별정보를 삭제하거나 적절히 대체한 정보로부터 특정 개인을 식별해내는 데는 크게 두 가지 요소가 작용 내지 동원된다. 하나는 결합시킬 "다른 정보(auxiliary information)"의 입수 내지 보유이고, 다른 하나는 관련 정보를 결합하여 특정 개인을 식별해내는 기술 내지 능력, 그리고 의사이다. 위 두 요소는 다시 누구를 기준으로 식별가능성을 판단할 것인가, 그리고 언제를 기준으로 식별가능성을 판단할 것인가에 따라 달라질 수 있다.

첫째, 누구를 기준으로 식별가능성을 판단하여야 하는가. 개인정보처리자를 기준으로 판단하여야 한다는 견해가 있으나,[29] 식별가

---

29 가령 김진환, '개인정보 보호법의 해석 원칙을 위한 제언과 시론', 법학평론 제3권,

능성 표지가 개인정보 보호법의 적용범위를 규정하는 기능을 하고, 그 결과 개인정보의 보호범위를 정한다는 점에 비추면 받아들이기 어렵다. 최종안에서 삭제되었으나 EU GDPR 초안도 '개인정보처리자 또는 다른 자연인·법인'을 기준으로 식별가능성을 판단하는 것으로 한 바 있다.[30] 그러나 그렇다고 하여 개인정보처리자 외의 모든 사람을 기준으로 하는 것도 합리적이라고 할 수 없다. 그중에는 특정 정보주체에 관하여 매우 특수한 사적인 정보(가령 '어느 날 어느 병원에 가는 것을 보았다'류의)를 갖고 있으되, 재식별에는 아무 관심이 없을 사람도 있는데, 그러한 사정까지 고려하는 것은 현실적으로 불가능하다. 이를 고려하면, 개인정보처리자 및 잠재적 내지 예상되는 공격자, 즉 재식별을 노리는 자의 입장에서 식별가능성을 판단하는 것이 합리적이다. 이 점에서 영국의 이른바 의도된 공격자(motivated intruder) 기준이 좋은 참고가 된다. 미국의 HIPAA 프라이버시 규칙 가이드라인도 예상되는 재식별시도자(anticipated recipient) 기준을 제안하고 있고, 미국 국립의학연구소 2015년 지침(NAM 지침)도 공격자의 유형에 따라 재식별 위험성을 달리 보아야 한다고 한다. 물론 잠재적 공격자의 식별가능성은 개인정보처리자의 입장에서 합리적으로 예상되는 바에 따라 판단하여야 하고, 사후에 객관적으로 확인된 공격자의 식별능력 등에 따라야 하는 것은 아니다.

2012. 12., 24f면; 박혁수, '빅데이터 시대에 개인정보 개념의 재검토', Law & Technology 제10권 제1호, 2014. 1., 12면. 이 외에 개인정보처리자와 개인정보와 관련된 당사자가 누구인지에 따라 상대적으로 판단하여야 한다는 견해도 있다. 가령 장주봉, '개인정보의 의미와 규제범위', 고학수 편 (주 26), 117면.

30 "a natural person who can be identified, directly or indirectly, by means reasonably likely to be used by the controller or by any other natural or legal person"

둘째, 쉽게 입수할 수 있는 정보, 가령 전화번호부, 기관 등의 홈페이지, SNS 등에서 검색할 수 있는 정보와 결합(link)하여 특정 개인을 식별할 수 있는 경우에는 식별가능성이 높아진다. 공개된 공적 정보를 고려하여야 한다는 점은 미국, 영국 등 다른 나라의 재식별 위험성 판단기준에서도 공통적으로 볼 수 있는 사항이다. 나아가 쉽게 입수할 수 없는 정보라 하더라도 재식별을 시도할 수 있다고 예상되는 공격자가 이미 입수하였으리라고 보아야 하는 정보나 그가 쉽게 입수할 수 있는 정보는 고려함이 옳을 것이다.[31] 반면 결합의 대상이 되는 정보가 일반적으로는 쉽게 입수할 수 없는 것이고, 예상되는 공격자도 갖고 있지 아니할 것으로 보이며, 또 그 또한 쉽게 입수할 수 없는 것일 때에는 그 정보를 고려하여 식별가능성을 판단할 필요는 크게 낮아진다.

셋째, 결합의 용이성 내지 식별능력도 고려하여야 한다. 다른 정보와 결합하여 복잡한 기술 내지 기법을 사용하지 아니하더라도 특정 개인을 식별할 수 있는 경우에는 식별가능성이 높지만, 상당히 높은 수준의 기술 내지 기법을 사용하여야 비로소 식별할 수 있을 때에는 식별가능성이 낮아진다. 이때에는 일반적인 기술수준도 고려하여야 하겠지만, 특히 재식별을 시도할 것으로 예상되는 자의 기술수준과 의지가 고려되어야 한다. 그 결과 간접적으로는 당해 정보의 가치 내지 활용도도 일정한 영향을 미치게 된다. 즉, 당해 정보가 매우 가치가 높아 복잡한 기술을 사용하여 상당한 비용을 들이더라도 재식별을 할 동기가 있다면 식별 가능한 것인 반면, 재

---

[31] 장주봉 (주 29), 119f면.

식별 노력에 드는 비용에 비하여 그 정보의 가치가 크지 아니하여 재식별을 시도할 유인이 별로 없다고 여겨질 때에는 식별가능성이 없다고 봄이 옳다.[32]

둘째와 셋째의 요소는 어느 정도는 상관적(sliding scale)으로 고려되어야 한다. 결합의 대상이 되는 정보가 극도로 입수가 어려운 것이거나 식별을 위한 기술이 극도로 복잡하고 난이도가 있거나 비용이 높다면 이미 그 자체로 식별가능성을 부정할 수 있는 사유가 되겠지만, 그 정도에 이르지 아니한 때에는 결합의 대상이 되는 정보를 입수하기가 다소 어렵다 하더라도 결합이 상대적으로 매우 쉽거나, 반대로 결합이 다소 어렵다 하더라도 결합의 대상이 되는 정보를 입수하는 것이 상대적으로 매우 쉽다면 식별가능성이 인정될 수 있다. 재식별을 시도하는 잠재적 공격자의 입장에서는 결국 총 비용이 문제될 뿐이기 때문이다.

넷째, 위 판단요소 중 상당수는 시간이 지남에 따라 변한다. 잠재적 내지 예상되는 공격자 자체가 시간이 지남에 따라 증가할 수 있고, 그중 특별히 재식별 능력이 매우 뛰어나거나 그 의사가 강한 자가 있을 수 있다. 잠재적 내지 예상되는 공격자가 그대로라 하더라도 시간이 지남에 따라 결합할 수 있는 정보의 입수가능성이 달라지고, 특히 결합비용, 즉 재식별 기술 내지 기법과 그 비용이 달라진다. 일반적으로 빅데이터 기술이 발전함에 따라 재식별비용도

---

32 영국 ICO 실행규칙이 재식별의 해악의 크기를 고려하는 것을 이러한 취지에서 이해할 수 있다.

낮아질 가능성이 높다. 개인정보처리자 자신의 비식별화 경험과 능력, 이용 가능한 기법도 시간이 지남에 따라 나아질 수 있다. 그 결과 비식별화 조치를 할 당시에는 식별가능성이 없었으나 시간이 지남에 따라 식별가능성을 회복하는 경우가 있을 수 있다. 비식별화된 정보가 계속 사용되는 한, 그리고 미국의 HIPAA 프라이버시 규칙에 있는 것과 같은 면책규정(safe harbor)이 없는 한, 이러한 정보는 재차 개인정보가 되었다고 보는 수밖에 없다. 즉, 식별 가능한지 여부는 당해 정보가 쓰이는 동안 그때그때 지속적으로 평가되어야 하고, 그 결과 식별가능성을 회복하면 그 순간부터 개인정보 보호법이 다시 적용된다고 보아야 하는 것이다.

나아가 비식별화된 정보가 일반에 공개되는 것이 아니라 특정인에게 제공되는 경우에 대하여는 별도의 고려가 필요하다. 비식별화된 정보가 일반에 공개될 때에는 잠재적 내지 예상되는 공격자의 재식별가능성을 모두 따져야 한다. 그 결과 매우 높은 수준의 비식별화가 요구될 수밖에 없다. 그러나 비식별화된 정보가 재식별 시도를 하리라고 우려되지 아니하거나 재식별에 필요한 다른 정보 내지 기술, 기법에 접근하기 어려운 자에 한하여 제공된 때에는, 그가 제3자에게 그 정보를 다시 누출하거나 제3자가 그 정보를 탈취할 가능성을 적절히 차단하기만 한다면, 식별가능성이 거의 없을 것으로 볼 수 있다.[33]

---

33 미국의 CMS도 데이터 공개의 방법 내지 유형에 따라 서로 다른 기준을 적용하고, 영국의 ICO 실행규칙과 UKAN 보고서도 이러한 사정을 고려하여 기준을 달리 설정한다.

이상과 같은 여러 고려요소에도 불구하고 실제로 어느 '정도'로 식별이 어려워야 비식별화 되었다고 할 수 있는지는 법문상 반드시 분명하다고 할 수 없다. 향후 규제기관의 대응과 판례의 축적 등을 통하여 구체화되어야 할 것이다. 다만, 개인정보 보호법 제2조 제1호가 "쉽게"라는 표지를 사용한 점에 비추면, 입법자는 현실적으로 기대할 수 있는, 개인정보의 보호와 이용 모두를 배려하는 제법 대담한 (재)식별가능성 기준을 염두에 둔 것으로 보인다. 이 점에서 앞서 본 몇몇 하급심 재판례(휴대전화번호 사건, IMEI 사건)가 식별가능성을 지나치게 엄격하게 판단하고 있다는 비판을 이해할 수 있다.

(2) 비식별화 기법

아래에서는 비식별화를 위해 이용되는 다양한 통계적 기법에 대해 살펴본다. 여기에 나열된 기법들 이외에도 훨씬 더 많은 기법이 있을 수 있고, 또한 다양한 기법이 서로 보완적으로 동시에 활용될 수도 있다. 유의할 것은, 비식별화 기법을 적용했다고 하여 그 결과물이 당연히 비식별화된 것으로 판단할 수는 없다는 것이다. 매우 '낮은' 수준의 비식별화만 달성되었을 수도 있고, 특정 목적을 위해서는 충분한 수준의 비식별화가 달성되었지만 그 이외의 기준이나 목적을 고려할 경우에는 비식별화의 수준이 높지 않은 것으로 평가될 수도 있다.

가. 가명처리(Pseudonymisation)

가명처리는 개인을 식별하게 하는 데이터를 직접적인 식별가능성이 없는 다른 값으로 대체하는 방식이다. 예를 들면, 주민등록번호가 포함된 데이터세트에 대해, 주민등록번호를 모두 삭제하고 그 대신 새로이 일련번호를 부여하여 직접적인 식별가능성이 없는 데이터세트를 만들어내는 것이다. 가명처리는 데이터에 대한 변형의 정도가 낮아서, 데이터의 분석 및 연구를 위한 데이터의 처리 방식으로 활용도가 높다. 실무적인 처리도 상대적으로 용이한 편이다. 가명처리는 다양한 방식으로 이루어질 수 있고 그에 따라 비식별화의 정도 또한 달라질 수 있다.

EU GDPR에는 가명처리에 관한 조항이 다수 나타나는데, 이는 익명화에 관해서는 별도의 규정이 없는 것과 대조적이다. 즉, GDPR은 가명처리와 익명화의 개념을 암묵적으로 구분하여, 가명처리에 대해서는 명시적으로 규율하는 체계를 마련하였다. 이와 같은 체계는 가명처리가 실질적인 유용성이 높고, 다른 한편 그 이외의 비식별화 기법과 구분하여 가명처리에 관해 규율하는 것이 크게 어렵지 않으리라는 판단을 반영하는 것일 수 있다. 다만, GDPR은 가명처리를 거친 개인정보는 계속해서 개인정보라고 규정하고 있다.

흔히 생각할 수 있는 가명화의 방법은, 식별가능성이 있는 데이터에 대해 새로운 번호나 기호를 부여하는 규칙을 이용하여 그 값을 변형시키는 것이다. 그리고 이때 적용한 번호나 기호의 부여규칙은 별도로 보관하여, 가명 처리된 데이터를 받게 되는 자는 본래의 오리지널 데이터 값에 대해 알 수 없도록 하는 것이다. 그 이외에도 가명처리 기법의 범주에 휴리스틱 가명화(heuristic pseudonymization), 암호화(encryption), 교환(swapping) 등을 포함하여 생각할 수도 있다. 아래의 설명에서 볼 수 있듯이, 이와 같은 방식으로 처리된 데이터는 '일반적인' 가명처리 방법을 거친 데이터와 달리 원래의 데이터로 재변환하는 것이 불가능한 경우가 많고, 따라서 일반적으로 더이상 개인정보라 보기 어려울 것이다.

휴리스틱 가명화(heuristic pseudonymization)는 식별자에 해당하는 값에 임의의 규칙을 적용하여 변형 또는 가공하는 것을 말한다. 실명을 홍길동 등 일반화된 이름으로 대체하는 것이 이에 해당한다. 그리고 암호화(encryption)는 일정한 알고리듬을 적용하여 정보를 암호화하여 해독 및 대조가 불가능하게 하는 것이다. 이때 암호를 다시 복원(복호)할 수 있게 암호화를 하는 것을 양방향 암호화라 하고, 그 복원에 쓰이는 기술적 장치를 키(key)라 한다. 양방향 암호화를 한 경우 키(key)가 있으면 식별이 가능해지므로 데이터의 유용성이 높을 수 있으나 키를 해독하는 것이 가능하거나 키에 접근하는 것이 어렵지 않다면 적절하게 비식별화 되었다고 말하기 어렵다. 다른 한편, 해쉬(hash) 값을 사용하는 등 단방향 암호화를 하는 경우에는 키가 없어 -이론적으로는- 복호가 불가능해지므로 식별가능성이 제거된다. 그러나 암호화된 범위에서는 원 데이터를 재사용할 수 없게 된다는 한계가 있다.

다른 한편, 교환(swapping)은 데이터베이스의 레코드를 미리 정하여 놓은 변수/항목의 집합과 연계하여 교환하는 방법이다. 기존 레코드 내의 재배열이 아닌 외부의 값으로 대체하는 것으로 특히 민감한 속성을 지닌 그룹에서 내부교환만 이루어지면 전체 그룹이 식별될 위험이 남는 문제를 해결하는데 활용된다.

나. 총계처리(Aggregation)

총계처리란 개인정보를 전체적 또는 부분적인 통계 수치로 대체하는 방식이다. 이 기법은 특히 평균값, 최댓값 등의 거시적인 통계치 분석에서 활용되는 방식을 비식별화 맥락에서 적용하는 것이다. 구체적인 기법으로는 전체 총계처리(aggregation), 부분집계(micro aggregation), 라운딩(rounding), 데이터 재배열(rearrangement) 등을 들 수 있다.

우선 전체 총계처리(aggregation)는 민감한 데이터가 있는 경우 데이터를 집단 또는 부분으로 집계하여 처리함으로써 민감도를 낮추는 기법이다. 가령 개개의 나이를 그 집단의 평균 나이(대푯값)로 대체하거나, 소득 데이터의 경우 해당 집단의 평균 소득을 구한 뒤 일정한 규칙에 따라 오차를 가감한 수치를 넣는다. 부분집계(micro aggregation)는 분석목적에 따라 집단 중 일부만을 집계치로 변환하는 것이다. 예를 들어, 다른 구간에 비하여 오차가 커 민감한 부분(가령 최상층과 최하층)을 모아 그 부분만 평균값 또는 평균값에 오차항을 가감한 수치로 대체하는 것을 들 수 있다.

라운딩(rounding)은 개별 수치의 민감도를 낮추기 위하여 올림, 내림, 반올림과 같은 라운딩 기준을 적용하는 방법이다. 데이터 재배열(rearrangement)은 데이터세트 전체로 볼 때 기존 정보를 유지하되, 그 결합된 상태를 재배열하여, 즉 특정 개인에 관한 몇몇 정보를 다른 사람의 정보와 교환하여 재배열하는 것이다.

총계처리는 그 결과 값을 가지고 다양한 통계분석이 계속 가능할 수도 있다는 장점이 있다. 그러나 대체로 일정 수준 집계된 데이터가 제공될 수밖에 없어서 데이터의 유용성이 낮아지게 되고, 데이터 재배열의 경우 다른 데이터 항목과의 연계가 깨지므로 정밀한 분석은 어려울 수 있다는 한계가 있다. 다른 한편, 집계된 수량이 적을 경우에는 데이터를 결합하거나 기타 방법을 통하여 개인정보를 재식별 해내는 것이 가능할 수도 있다.

다. 데이터 값 삭제(Data Reduction)

데이터 값 삭제는 정보 중 특히 식별자(identifier)로 쉽게 쓰일 수 있는 데이터나 식별 또는 누출 가능성을 특히 유의해야 하는 데이터 항목을 삭제하여 처리하는 방법을 말한다. 주로 이름, 주민등록번호, 계좌번호 등에 적용한다. 장점으로는 민감한 데이터를 완전히 삭제하므로 해당 항목에 관한 한 그 추측이 거의 불가능해진다는 점이 있다. 반면 데이터를 아예 삭제하는 것으로 인해 유용성이 크게 저하된다는 점이 단점이다. 구체적으로는 속성값 삭제(reducing variables), 속성값 부분 삭제(reducing partial variables), 데이터 행 삭제(reducing records), 식별자 제거를 통한 단순 익명화(trivial anonymization) 등의 기법이 있다.

우선 속성값 삭제(reducing variables)는 원 데이터에서 민감한 속성 값 등 데이터 항을 단순하게 제거하는 것이다. 가령 일체의 주민등록번호를 삭제하는 것을 말한다. 이와 함께 속성값 부분 삭제(reducing partial variables)는 민감한 속성 값에 동시에 가치 있는 정보가 있을 때, 가치 있는 정보는 최대한 남기고 식별가능성을 줄이도록 속성 값 중 일부를 삭제하는 것이다. 예컨대 주민등록번호를 삭제하면서 앞 7자리, 앞 6자리 또는 앞 4자리 또는 앞 2자리를 남기거나 주소 중 시군구까지를 남기고 그 이하의 세부주소를 삭제하는 방식이다. 경우에 따라서는 아래에서 볼 범주화와 실질에 있어서 유사해진다.

데이터 행 삭제(reducing records)의 경우는 다른 정보에 비하여 값이나 속성에서 뚜렷하게 구별되는 데이터 행이 있는 경우 그 행 전부를 삭제하는 것이다. 가령 재산수준을 포함하는 데이터세트에서 재산이 수십조에 이르는 데이터 행은 그 자체로 누구인지 식별이 가능할 수 있고, 연령을 포함하는 데이터세트에서 연령이 100세를 넘는 사람도 그 자체로 누구인지 식별이 가능할 수 있는데, 이 경우 그 데이터 행을 전부 삭제하는 것을 말한다. 이 방법은 통계분석에서 빈번하게 사용된다. 전체 평균에 비하여 오차범위를 벗어나는 자료를 제거할 때 사용할 수 있는 기법이기 때문이다. 그 밖의 제거 방식을 이용한 비식별화 기법은 식별자 제거를 통한 단순익명화(trivial anonymization)로 분류될 수 있다.

라. 범주화(Data Suppression)

범주화는 단일식별정보를 해당 그룹의 대푯값으로 변환(범주화)하거나 구간 값으로 변환(범위화)하여 민감도를 낮추는 방법이다. 생년월일과 같이 쉽게 식별할 수 있는 정보, 주민등록번호 등 고유식별정보, 계좌번호 등에 대하여 흔히 적용된다. 범주화 또한 일정 목적의 통계분석에 적합하다는 장점이 있다. 대신 분석의 정확성이 떨어질 수 있고, 만일 정확성을 높이기 위하여 범주나 범위를 세분하면 식별가능성이 높아진다는 한계가 있다. 기법의 대표적인 예로 범주화(data suppression), 랜덤 올림 방식(random rounding), 범위법(data range), 제어 올림(controlled rounding)을 들 수 있다.

범주화(data suppression)의 경우는 구체적인 값을 숨기기 위하여 개개의 데이터 값을 그 평균값 또는 범주 값으로 변환하는 방식이다. 랜덤 올림 방식(random rounding)은 데이터 중 임의의 수를 기준으로 올림 또는 절사를 하는 비식별화 기법이다. 라운딩과 유사하나, 수치 데이터가 아닌 형태의 데이터에 대하여도 적용될 수 있다는 장점이 있다. 가령 식별자의 나이, 우편번호와 같은 정보의 경우 일의 자리, 십의 자리 등 뒷자리를 숨긴다.

그리고 범위법(data range)은 수치 데이터를 임의의 수를 기준으로 하여 범위로 전환하는 것이다. 즉, 소득이 5,600만 원이라면 '5,000만 원 이상 6,000만 원 미만 구간'으로 대체하여 표시하는 것이다. 제어 올림(controlled rounding)은 랜덤 올림 방법에서 어떤 특정 속성 값을 변경시킬 때 행과 열의 합이 일치하지 아니하는 단점을 해결하기 위해 행과 열을 제어하여 일치시키는 기법이다. 랜덤 올림 방법의 문제점을 해결하는 장점이 있으나, 컴퓨터 프로그램으로 구현하거나 복잡한 통계표에 적용하기 어려울 수 있다.

마. 데이터 마스킹(Data Masking)

데이터 마스킹은 정보의 전부나 일부를 대체 값으로 바꾸어 알아볼 수 없게 하는 것이다. 이름이나 전화번호와 같이 식별이 용이한 정보 등에 적용된다. 데이터 마스킹의 장점은 해당 데이터에 대해 완전한 비식별화가 가능하고 데이터 구조에 대한 변형이 적다는 점이다. 대신 마스킹이 과도하게 행해지면 정보의 유용성이 떨어지고, 그 반대로 마스킹 수준이 낮으면 식별가능성이 남을 수 있다는 한계가 있다. 단순 마스킹 이외에도 임의 잡음 추가(adding random noise), 공백과 대체(blank and impute) 등의 기법이 있다.

임의 잡음 추가(adding random noise)는 소득과 같이 민감한 데이터 항에 임의의 숫자 등 잡음(noise)을 추가하여 재식별이 곤란하게 하는 것이다. 가령 생년월일에 미리 정한 6개월 범위의 잡음을 추가하면 생년월일 데이터가 1일에서부터 최대 6개월에 이르기까지 차이가 생긴다. 잡음은, 정규분포 등 분포의 유형 그리고 평균과 분산 등 해당 분포의 주요 패러미터를 정한 후 그 범위 내에서 임의로 추가되므로 총량 등에 대하여 통계처리를 할 때에는 바른 값을 얻으면서도 개개의 데이터 행은 식별하기 어렵게 된다. 다만, 마스킹된 개개의 데이터 항에 대하여 일관되지 아니한 오차가 더해지므로 개개의 데이터 항이 분석의 대상이 되기 어렵다는 한계가 있다. 공백과 대체(blank and impute)는 데이터 항 중 일부를 공백으로 바꾸고 대체 값을 넣는 것이다. 특수문자 등이 이용된다. 주민등록번호, 사용자 아이디(id), 이름 등을 비식별화할 때 유용하다.

(3) 보건의료정보 빅데이터에 적용할 수 있는 비식별화 기법

위에서 본 비식별화 기법은 다양한 형태로 변형되어 이용될 수도 있고, 몇 가지의 기법이 서로 중복되어 또는 조합을 이루어 이용될 수도 있다. 데이터의 형태나 비식별의 목적, 비식별화된 데이터에 대한 접근통제의 정도 등 다양한 요소에 따라 이용될 기법 또한 달라진다.

보건의료정보의 예를 들어 비식별화 기업이 어떻게 적용될 수 있을지 생각해보자. 먼저, 인적사항에 관한 부분, 즉 이름, 성별, 생년월일, 주민등록번호, 건강보험번호, 주소와 일정 범위에서 가족관계 등을 드러낼 수 있는 건강보험 가입자와 피부양자 관계, 과세자료, 전·월세 자료, 암/희귀난치성질환/장애 등에 관한 사항은 속성 값을 삭제할 수 있다. 위 정보가 분석에 필요한 경우에는 속성 값을 일부 남기고 부분 삭제하는 것도 가능하다. 가령 주민등록번호 중 첫 두 자리만 남기거나(생년), 첫 네 자리만 남기거나(생년과 월), 첫 여섯 자리(생년월일) 또는 첫 7자리만 남기는(생년월일 + 성별) 등의 방법을 생각할 수 있다. 주소의 경우에는 전체 주소 중 시·군·구 이하를 생략하는 것이 한 예가 될 수 있다. 연령이나 소득 및 재산 수준 또는 건강보험료는 범주화할 수 있고, 특히 민감한 초고령, 초고소득, 또는 특정 질환 등에 대하여는 - 분석에 반드시 필요하지 아니할 때에는 - 부분집계 조치를 하거나 아예 당해 데이터 행을 삭제하는 방법을 생각할 수 있다. 노이즈를 추가하는 방법도 가능할 것이다. 그밖에 요양개시일, 요양기관방문일, 종별과 기간, 투여량 및 회수 등도 범주화하거나 집계처리를 하거나 라운딩 처리를 하여 민감도를 낮출 수 있다. 그리고 검진결과 중 상당수는 범주화할 수 있다. 한편 이들 데이터를 결합하는 개인별 일련번호는 무작위로 정한 번호 등으로 대체할 수 있다. 나아가 이들 모두에 대하여 양방향 암호화를 할 수도 있다.

특정 영역 - 예를 들어 보건의료 - 의 정보를 상정하더라도, 비식별의 기법이나 방법을 사전에 특정할 수는 없다. 구체적으로 어떤 데이터 항을 어느 정도까지 비식별화할 것인가 하는 점은 비식별화된 정보의 이용 목적을 비롯한 여러 요소에 따라 달라질 수밖에 없기 때문이다. 분석 대상으로 삼고자 하는 데이터 항은 가급적 충분한 정보량을 유지하는 대신, 그 밖의 데이터 항은 적절히 가공하여 식별가능성을 제거하는 것이 기본 원칙이 될 것이다. 결국 우선적으로 고려하여야 할 사항은 그 데이터를 통하여 어떠한 분석을 하고 어떠한 정보를 얻고자 하는가이다. 그리고 식별가능성을 제거하는 동시에 어떻게 데이터의 유용성을 확보할 수 있을 것인지, 그러한 목적달성을 위해서 적용되어야 할 비식별화 기법이 어떤 것인지 판단할 필요가 있다.

3. 비식별화 판단의 기술적 기준

(1) 비식별화 정도의 통계적 판단 기법

가. k-익명성(k-anonymity)

비식별화 기법을 적용하여 비식별화된 정보에 대하여 어느 정도로 정보주체의 프라이버시가 보호되는지, 즉 개개의 데이터 행을 그 정보주체인 특정 개인에게 귀속시킬 가능성이 어느 정도인지 판단하는 기술적 기법으로 대표적인 것이 k-익명성이다. k-익명성은 실무적인 활용도가 가장 높은 개념이기도 하다.

k-익명성은 1998년 경 개발된 개념으로, 프라이버시 보호를 위

한 통계모형의 기초라고 할 수 있다. 이는 어떤 데이터 집합에서 한 레코드의 개별 값과 동일한 레코드가 k−1개 이상인 조건, 즉 전체적으로 같은 값을 갖고 있는 레코드가 k개 이상 존재하는 조건을 가리킨다.[34] 'k'는 그 성질상 자연수가 되는데, 일반적으로 k값이 커질수록 비식별화의 수준이 높은 것으로 평가된다. 예를 들어 k=3인 k−anonymity 상황이라면, 그 데이터 집합 내에는 특정 데이터 항목에 대하여 동일한 값을 갖는 데이터 열이 언제나 3개 이상이라는 의미가 된다. 따라서 그 데이터 집합 안에 어떤 사람들에 관한 데이터가 포함되어 있는지를 알고 있고, 그들 각자에 관하여 결합할 수 있는 다른 정보가 있다 하더라도, 그 다른 정보와 결합할 수 있는 데이터가 복수가 되므로 그 중 어느 데이터가 특정 개인에게 귀속하는지를 가릴 수 없게 된다.[35]

이 기법은 주어진 데이터세트의 분석을 통한 재식별 가능성을 통제할 수 있게 해준다. 또한 공개된 다른 정보와의 연결공격(linkage attack)의 가능성을 막아준다. 연결공격의 가능성을 고려하면 k−익명성을 충족시켜야 하는 것은 주로 다른 정보와 연결될 수 있는 가능성이 있는 데이터 항이다. 목표하는 k값을 달성하기 위해서 데이터를 범주화(suppression) 또는 일반화(generalization)하는 등의 방법을 적용하여 조건을 만족시킨다. 일반적으로 k값이 높아질수록 식별이 어려워지는 대신 높아지는 k값 조건을 충족시키기 위하여

---

34 P. Samarati and L. Sweeney, 「Protecting Privacy when Disclosing Information: k-Anonymity and its Enforcement through Generalization and Suppression」, 1998.
35 k = 3인 경우 논리적으로는 기껏해야 1/3의 확률까지 좁혀 들어갈 수 있을 뿐이다.

더 많은 비식별화 조치를 취하여야 하므로, 데이터의 유용성 내지 활용도가 떨어지고 정확한 분석이 어려워질 수 있다.

나. l-다양성(l-diversity)

l-다양성 기준은 k-익명성 기준이 보일 수 있는 취약점에 대응하여 보완·확장한 것이다.[36] 재식별 가능성의 맥락에서 고려하면, 앞서 본 k-익명성 개념은 동질성 공격(homogeneity attack)과 배경지식에 의한 공격에 취약하다는 한계가 있다. l-다양성은 이러한 취약점을 보완하는 역할을 한다.

동질성 공격은 한 데이터세트 내의 동일성이 있는 정보를 이용하여 공격 상대방, 즉 정보주체의 정보를 파악하는 기법이다. k-익명성을 확보하기 위하여 일정한 카테고리의 데이터 항이 범주화되었다 하더라도, 마침 범주화되지 아니한 다른 카테고리의 항목이 같은 값을 포함하고 있다면 특정 개인에 관한 정보를 정확히 특정하는 것이 가능하게 된다. 예컨대 다른 정보와 결합하여 특정 개인이 데이터세트에 포함된 001, 002, 003 아이디 중 어느 한 명이라는 점을 알게 되었는데, 마침 이 세 명 모두가 A라는 하나의 데이터 항목에서 120이라는 수치를 기록하였다고 하자. 그러면 세 명 중 누구이건 상관없이 A 카테고리의 데이터에 대해서는 120의 값을 갖는다는 것을 확정적으로 파악할 수 있게 되는 것이다.

---

36 A. Machanavajjhala, D. Kifer, J. Gehrke, and M. Venkitasubramaniam, 「l-Diversity: Privacy Beyond k-Anonymity」, 2007.

배경지식에 의한 공격은 공개된 정보가 없더라도 공격자가 이미 가지고 있는 배경지식에 의하여 식별이 가능해지는 경우를 말한다. 예컨대 특정 인구통계학적 특성을 가진 자는 심장마비에 걸릴 확률이 낮다고 하자. 공격자가 이러한 배경지식을 가지고 있다면 k-익명화된 데이터 집합 안에서 민감정보의 값의 범위를 좁혀 들어갈 수 있다.

이러한 문제는 결국 데이터 집합 내에 동질성이 있는 데이터 항이 존재하여 생긴다. 이를 해결하기 위해서 l-다양성 기준은 범주화를 통한 익명화의 과정에서 데이터의 값이 충분히 다양한 수치로 나뉘도록 확인하고 조정할 것을 요구한다. 이 과정을 통하여 동질성 공격을 차단하고 배경지식에 의한 공격도 상당한 정도로 막아낼 수 있다. l값도 증가하면 증가할수록 다양성이 커져 특정 개인 또는 특정 개인의 정보를 식별하기는 어려워진다. 그러나 그 대신 범주화의 범위가 넓어지는 효과가 생겨 정확한 분석이 어려워지거나, 다양성을 확보하기 위하여 좀 더 자세한 정보를 이용하면 그 결과 더 민감한 정보가 노출될 가능성이 생긴다는 한계가 있다. k-익명성의 개념과 l-다양성의 개념은 동시에 적용될 수도 있다. 두 개념이 동시에 적용되면 비식별화의 정도는 크게 높아질 수 있는데, 데이터의 유용성은 그 반대로 크게 낮아질 수 있다.

다. t-근접성(t-closeness)

t-근접성 기준은 l-다양성 기법으로도 식별이 가능한 상황에 대응하기 위하여 등장한 개념이다.[37] 데이터 값들이 통상적인 분포

---

37 N. Li, T. Li and S. Venkatasubramanian, 「t-Closeness: Privacy beyond

를 보이지 아니하고 매우 드문 특이한 분포를 보인다면, 그러한 분포를 파악할 수 있는 한, l-다양성으로는 그 민감도를 낮추기 어려울 수 있다. 일정 유형의 정보에 대하여 특이한 편향이나 패턴이 나타나는 경우, 그 편향이나 패턴에 대한 분포를 분석하여 특정 정보 및 그 정보를 보이는 개인을 식별해낼 수 있는 가능성이 생기기 때문이다.

t-근접성 개념은 특정 분포의 편향이나 패턴의 특이성을 완화하기 위하여 전체 데이터의 분포와 특정 구간 데이터의 분포를 인위적으로 일치시키는 방식에 의해 적용된다. t값은 0에 가까울수록 두 분포 사이의 유사성이 강해지고 따라서 식별이 곤란해진다.

라. 차분 프라이버시(Differential Privacy)

2016년 6월 미국 IT 기업인 Apple은 개발자회의(The Apple Worldwide Developers Conference)를 통해 향후 Apple이 생산한 이동통신기기에서 수집하는 개인에 관한 데이터의 보호를 위해 차분 프라이버시 기법을 적용할 것이라고 발표를 했다.[38] 이 발표 이후에 개인정보의 비식별화 기법으로서 차분 프라이버시에 대한 관심이 더욱 높아지고 있다. 하지만 차분 프라이버시는 구글 등 다른 몇몇 주요 기업들이 이용하고 있는 개념이기도 하다.

2006년에 등장한 차분 프라이버시 개념은 '프라이버시 손실(privacy

---

k-anonymity and l-diversity」, 2007.
38 The Guardian, 「Take That, FBI: Apple goes all in on encryption」, 2016. 6. 15.

개인정보 비식별화를 위한 관리체계 **227**

loss)'이란 수학적 개념을 기반으로 하여, 그 이전에 개발된 k-익명성 모형의 틀에서 한 걸음 더 나아간 이론이다.[39] 실제 검색 행위에 따라 해당 데이터베이스에서 특정인에 대해 발생하는 프라이버시 손실을 컴퓨터 알고리듬을 통해 최소화하는 방식이므로, 이 이론 체계에서는 특정 데이터베이스 안에 있는 개인을 식별하기 위해 활용할 수 있는 외부 지식의 양을 고려할 필요가 없다. 이와 대조적으로 k-익명성과 같은 기존 모형들은 특별한 데이터 환경들 중 가용한 외부지식과 같은 주변 환경에 따라 적절한 수준의 익명성을 찾아야 한다는 복잡성과 이론적 한계를 가지고 있었다. 특히, k-익명성과 l-다양성은 모두 해당 데이터 항 자체의 조정을 통하여 잠재적 공격자의 재식별 위험을 방지하는데, 데이터 유형에 따라서는 이러한 조정이 어려울 수가 있다는 한계점을 가지고 있다. 그리하여 단지 수치를 변형하는 것이 아니라 데이터 항 자체를 확률적으로 변형하여 그 식별가능성을 낮추는 기법이 등장하였는데, 그 대표적인 것이 차분 프라이버시 기법으로서 C. Dwork가 제안한 이론이다.[40] 이런 관점에서 차분 프라이버시는 주변 데이터 환경에 따른 변동성의 영향을 최소화하면서 수학적 모형을 통해 좀 더 정확한 값을 찾는 과정이 된다.

이 기법은 암호학(cryptography)에서 출발한다. 이 기법의 목표는

---

39 프라이버시 손실이란 특정 데이터베이스에 대한 검색이나 쿼리(query) 행위의 반복을 통해서 데이터베이스 안에 있는 개인에 대한 데이터가 드러나는 정도를 의미한다. National Institute of Standards and Technology (주 22), 7면.

40 가령 C. Dwork and A. Roth, 「The Algorithmic Foundations of Differential Privacy」, 2014.

어떤 특정인에 대한 정보가 포함되지 아니한 데이터 집합에서 차분적 알고리듬을 통하여 획득한 결과가 그에 대한 정보가 포함된 데이터 집합에서 얻은 결과와 구별될 수 없게 하는 것이다. 이를 위하여 이 기법에서는 정확하게 계산된 양의 노이즈(noise)를 통계 데이터에 포함시킨다. 이 기법은 특히 검색이나 쿼리(query)가 가능한 유형의 데이터베이스를 비식별화하는 데 도움이 된다. 즉, 반복하여 검색하더라도 개인에 관한 정보가 데이터세트 내에 포함되어 있을 때 특정 검색 결과가 나타날 확률과 해당 개인에 관한 정보가 포함되어 있지 않을 때 특정 결과가 나타날 확률을 일치시켜서, 반복 검색을 통하여 특정인이 포함되어 있는지 여부를 식별하는 것을 막는 것이다.

이런 설명을 좀 더 이론적인 관점에서 표현하면, "어떤 개인이 존재할 때 어떤 데이터 요청에 대해 특정 결과를 낼 확률과 그 개인이 존재하지 않을 때 동일한 결과를 내놓을 확률이 같은 경우"에는 차분 프라이버시의 관점에서 해당 정보가 공개되어도 프라이버시 침해의 위험이 최소화된다는 의미가 된다. 이 두 확률이 동일해져서 그 사이의 상대적 비율이 1이 되는 경우에는, 잠재적 공격자의 관점에서 보면 공격 대상이 되는 개인에 관한 정보가 해당 데이터세트에 포함되어 있을 확률과 그렇지 않을 확률이 같아지게 되는 경우가 된다. 그래서 특정 개인에 대한 정보가 공개가 되지 않는 이상적인 상태가 되어서, 이런 상태의 데이터베이스의 데이터는 자유롭게 활용을 해도 개인정보가 침해되는 문제가 발생하지 않게 된다. 이와 같이 상대적 비율을 1로 맞추기 위해 민감한 정보의 맥락에서 차분 프라이버시는 체계적으로 무작위 수치를 입력하게 되고,

이 무작위 수치는 일종의 노이즈(noise)의 역할을 하게 된다.[41] 노이즈가 추가됨으로써 어떤 데이터베이스에 특정인에 관한 정보가 포함되어 있는지 여부에 관계없이 동일한 결과물을 산출하도록 하는 구조를 가지게 되는 것이다.

이와 같이 검색과 쿼리를 기반으로 작동이 되는 구조를 가지고 있으므로 차분 프라이버시 접근법은 검색과 쿼리가 활발하게 이루어지는 데이터베이스 이용 상황에서도 개인정보의 침해 위험성을 높은 수준으로 관리할 수 있는 방식이 된다.[42] 이런 특징 때문에 위 Apple의 경우와 같이 전세계에 걸쳐 개별 디바이스와 중앙 데이터 서버 사이에 상호작용이 활발히 이루어지는 데이터베이스를 보유한 기업에 좀 더 매력적인 접근법이다.

차분 프라이버시는 이론적으로는 k-익명성 등 기존의 개념에 비해 더 우월한 한편, 아직까지는 현실적인 적용에 있어서는 많은 한계가 있는 것으로 평가된다. 특히, 검색이나 쿼리에 기반을 두고 있지 않은 유형의 데이터베이스에는 적용이 쉽지 않은 형편이다. 다만, 향후 기술개발의 추이에 대해서는 지속적으로 관심을 가질 필요가 있다.

---

41 James Bambauer, Krishnamurty Muralidhar, and Rothindra Sarathy, 'Fool's Gold: An Illustrated Critique of Differential Privacy', 16 Vanderbilt Journal of Entertainment & Technology Law 4, 2014, 14면.
42 전게논문, 9면.

(2) 통계적 판단 기법의 한계

빅데이터 내지 그 규모가 매우 큰 데이터 ─가령 국민건강보험 공단이 보유하는 보건의료정보의 경우 1조 건을 훨씬 상회한다─ 에 대해서 그 식별가능성을 판별하기 위해서는 통계적 분석기법의 도움이 반드시 필요하다. 그러나 통계적 기법 그 자체는 어떤 통계적 분석기법이 기준이 되어야 하는지, 예를 들어 k─익명성, l─다양성, t─근접성 등의 개념을 적용하더라도 최적의 k, l, t값은 각각 어떠해야 하는지에 관하여는 정해진 바가 없다. 또한 이 세 가지 개념의 이용이 항상 필요한 것은 아닐 것인데, 어떤 상황에서 어떤 개념이 이용되어야 할 것인지에 관해서도 정해진 것은 없다.

그런데 이와 같은 비식별 기준에 대한 판단을 위해서는, 여러 통계적 분석기법들이 다양한 형태의 공격, 즉 재식별 노력을 전제로 그 각각에 대한 대응책으로 마련된 것임에 유의할 필요가 있다. 앞서 언급한 바와 같이 개인정보의 개념, 그리고 그 반면으로서 비식별화의 개념이 일정한 예견되는 또는 잠재적인 공격 유형을 전제로 설정되어야 한다면, 어떤 통계적 분석기법을 쓸 것인가 하는 점도 어떤 공격 내지 재식별 위험이 존재하는가에 관한 평가에 기초하여야 한다. 그밖에 기업에 따라 비용과 데이터의 유용성에 미치는 영향에 차이가 있다는 점도 고려요소가 될 수 있다. 즉, 낮은 비용으로 데이터의 유용성을 크게 해치지 아니하면서 잠재적 위험을 제거할 수 있는 기법은 가급적 적용하여야 하는 반면, 비용이 높고 데이터의 유용성에 큰 영향을 주는 반면 잠재적 위험성과는 관계가 적은 기법은 적용하지 아니하여도 되는 것이다.

다음, 최적의 k값을 찾는 것은 정보의 보호와 이용이라는 상충하는 가치 사이에서 균형점을 찾는 규범적 판단의 문제이다. 최적의 l값을 찾는 작업도 마찬가지이다. 따라서 기술적인 접근만으로는 답을 구할 수 없고, 계속적인 논의와 다양한 기술적 시도 및 시행착오를 거쳐 그 답을 찾아가야 한다. 문제된 정보의 특성과 가치, 위험성 및 재식별을 시도할 가능성이 함께 고려되어야 함은 물론이다.

빅데이터 비식별화 관리체계의 구축방안

1. 관리체계의 의의

비식별화되어 식별성을 잃은 보건의료정보는 법적으로 개인정보가 아니므로 개인정보 보호법 등의 규제를 받지 않게 되고, 따라서 제공받은 목적 이외의 목적을 위하여 "활용"될 수 있다. 그밖에 개인정보 보호법 제18조 제2항 제4호에 근거하여 비식별화된 보건의료정보가 활용될 수도 있다.

그러나 비식별화 및 재식별화에 대한 판단은 해당 정보가 누구에게 어떤 목적으로 어떠한 조건하에 제공되었는가 하는 맥락에 크게 의존하고, 시간의 경과에 따라 그 경계가 바뀔 수 있는 동태적인 개념이다. 다른 한편, 개인정보 보호법 등이 적용되는 경우 보건의료정보의 "활용"은 민사책임, 행정처분 이외에 경우에 따라서는 형사책임 문제까지 발생시킬 수 있는데, 어떤 경우에 보건의료정보 빅데이터가 개인정보인 것으로 판단되고 또 어떤 경우에 비식별화 되었다고 할 수 있는지에 대해 아직 실무적으로 편리하게 적용될 수 있는 명확한 기준이 제시되었다고 하기 어렵다.

다만, 개인정보의 개념을 규정하는, 그리하여 비식별화의 의의도 함께 정하는 "식별가능성" 개념이 일정한 행위 내지 주의의무를 전제하고 있다는 점에 비추어 볼 때, 그리고 두 개념이 맥락에 크게 의존한다는 점에 비추어 볼 때, 개인정보와 비식별화된 정보의 경계는 기술적 요소만으로 결정되는 것이 아니라 어떤 조건하에 누구에게 어떻게 "활용"하게 하였는가 라는 절차적, 관리적 요소도 함께 고려하여 결정되어야 할 것이다.

건강보험 빅데이터의 "활용"을 위하여 섬세한 관리체계가 필요한 까닭이 여기에 있다. 먼저 국민건강보험공단이나 건강보험심사평가원 등이 스스로 또는 외부의 연구자들을 통하여 건강보험 빅데이터를 활용하기 위해서는 어떠한 형태로든 일정한 관리체계가 필요함은 당연하다. 그러나 특히 개인정보로서 민감정보에 해당할 수 있는 보건의료정보에 있어서 관리체계의 의미는 이러한 관리적·행정적 차원에 그치지 아니한다. 이는 대부분 과실책임, 그것도 재식별되지 아니한다는 결과에 대한 보증을 포함하지 아니하는 진정한 의미의 과실책임에 해당한다고 해석되는 개인정보 보호법상의 여러 책임을 면하기 위하여 필요한 조치이기도 하다. 식별가능성 판단에 있어 누가 잠재적 공격자이고 그에게 어느 정도의 능력과 의사가 있는지, 현재 비용 합리적인 수준의 기술이 어떠한 것인지 등이 미묘하고 복잡하며, 대개는 장래를 향한 불확실한 판단이 수반됨에 비추어 볼 때, 적절한 관리체계가 존재하는지 여부가 그 자체 개인정보와 비식별화된 정보를 가르는 실체적 기준이라고 볼 수도 있다. 이 한도에서는 절차적 규제가 실체적 기준을 대체할 가능성도 있는 것이다.[43]

2. 관리체계 개요

개인정보의 비식별화를 뒷받침하기 위한 관리체계에 일률적으로 정해진 '정답'이 있는 것은 아니다. 상황별로 필요한 관리체계를 마련하여야 한다. 가령, 정보가 제공되는 목적에 따라 학술연구 또는 정책연구 외의 목적일 경우에, 학술연구나 정책연구 목적일 경우보다 일반적으로 재식별의 위험이 크다고 볼 수 있다. 데이터에 대한 분석을 통해 학문적으로 또는 정책적으로 유용한 결과를 도출하는 것보다, 궁극적으로 개인에 대해 파악 또는 개인을 식별하여 맞춤형 서비스를 제공하고자 하는 의도가 더 중요할 수 있기 때문이다. 또한 정보의 제공 형태에 따라서도 재식별의 리스크는 달리 평가될 수 있다. 일반적으로 (1) 연구자가 데이터를 보유하고 있는 기관 또는 조직을 방문하여, 네트워크 연결이 없는 상태에서 해당 기관 또는 조직 내부에 설치된 컴퓨터를 이용하는 방식, (2) 연구자가 원격

---

43 재식별 위험성과 관련하여 개인정보의 개념에 위와 같은 요소를 편입시킨 예로, 영국의 UKAN 보고서를 들 수 있다. Mark Elliot, Elaine Mackey, Kieron O'Hara & Caroline Tudot, 「The Anonymisation Decision-Making Framework」, 2016, 22면.

으로 데이터를 보유하고 있는 기관 또는 조직이 네트워크에 접속하여 연구하는 방식,[44] (3) 정보를 외부 반출하는 방식을 생각해 볼 수 있다. 그리고 원격접속의 경우에도((2)번 방식), 가상(virtualization) 화면을 통해 데이터를 볼 수는 있지만 다운로드를 할 수는 없는 방식도 있고, 그와 달리 네트워크 접속을 통해 데이터를 다운로드 하는 것이 제한적으로라도 가능한 방식이 있을 수 있다. 이러한 방법들 중에서 대체적으로는 (1), (2), (3) 방법의 순으로 재식별의 위험성은 증가할 것으로 볼 수 있다. 따라서 제공되는 정보의 성격,

---

[44] 원격접속의 방식으로 데이터 제공이 이루어지는 해외의 실제 사례는 적지 않게 존재하는데, 그중에서 영국 NHS가 구글 딥마인드(DeepMind) 및 IMS Health 와 체결한 계약에 관해 살펴보면 다음과 같다.

① 영국 NHS Royal Free London과 구글 딥마인드 사이의 정보제공계약: 2015년에 정보제공계약을 체결하였는데, 정보의 제공 방식으로 원격접속을 인정하고 있다. 계약의 대상이 되는 정보는 ISO27001의 인증을 받은 별도의 데이터센터에서 보관한다고 정하고, 구글 딥마인드는 행정적 처리 목적과 같은 경우들을 제외하고 해당 정보를 구글 딥마인드의 사무공간 내부에서 저장하거나 처리할 수 없다는 점을 명시하고 있다. 이와 함께 원격접속에 따라 정보를 이용할 경우에 해당 정보에 대한 암호화 및 기타 보안 체계에 명시하고 있다. 2016년에 새로이 체결된 계약에는 외부 독립위원회에 의한 감사, NHS에 의한 상시 모니터링 기능 등 투명성과 목적 외 이용의 방지 등을 염두에 둔 구체적인 조항들이 포함되었다.

② 영국의 NHS 정보센터(Information Center)와 IMS Health 사이의 정보제공계약: NHS는 2009년 11월에 IMS Health에 대한 정보제공계약을 체결한 후 매년 계약의 갱신을 통해 다년간 정보제공에 관한 협력 관계를 유지해왔다. 정보제공계약서의 내용에 따르면, 이 계약은 정보의 제공 방식으로 VPN (Virtual Private Network, 가상사설망)에 의한 원격접속 방식을 채택하고 있다. 계약의 대상이 되는 정보는 별도의 데이터 센터에 보관되고, 정보제공계약서에 구체적으로 실명이 나열되어 있는 IMS Health의 일부 직원들만이 각기 아이디를 부여받고 데이터에 대한 접근이 허용된다. VPN에 적용되는 보안 장치는 CISCO 방화벽(firewall)의 설치와 함께 ISO27001의 인증을 받은 체계라는 기술적인 사항들도 계약의 내용에 구체적으로 명시되어 있다.

제공 목적, 제공 형태 등을 포괄적으로 고려하여 재식별을 방지할 수 있는 관리체계를 마련하여야 한다.

이런 전제를 기반으로 이 책에서는 보건의료정보의 비식별화에 대한 일반적 관리체계를 포괄적으로 제시한다. 여기에 제시된 일반적인 관리 모형을 기준으로, 개별적인 데이터 환경에 따라 구체적인 평가기준이나 요소들에 대한 적용을 달리 하여 개별 사례에 적합한 구체적인 관리체계를 마련할 필요가 있을 것이다.

여기서 제시되는 관리체계는 국내 보건의료정보의 맥락에서 제시되는 것이기 때문에, 제시되는 비식별화 관리체계는 두 가지의 국내 자료를 주요 출발점으로 한다.

우선은, 2016년 6월 30일에 관계부처(국무조정실, 행정자치부, 방송통신위원회, 금융위원회, 미래창조과학부, 보건복지부)가 합동하여 공표한 「개인정보 비식별 조치 가이드라인 - 비식별 조치 기준 및 지원·관리체계 안내 -」이다. 이 가이드라인은 그 자체로 법적 구속력을 갖는 것은 아니지만 관계부처가 함께 검토하여 공동으로 마련한 첫 지침이라는 점에서 큰 의미를 갖는다. 다만, 이 가이드라인은 주로 산업계에서 고객 등으로부터 수집한 정보를 재활용하는 것을 염두에 두고 마련된 것이고, 보건의료정보에는 몇 가지 점에서 특수성이 있어 이에 관한 별도의 고려가 필요하다. 보건의료정보는 미국처럼 개별적 접근방법을 취하는 나라는 물론, EU처럼 포괄적 접근을 취하는 곳에서도 독자적인 연구와 체계수립이 필요한 분야이므로, 보건의료정보의 특수성을 고려하여 반성적으로 수용 내지 반영함이 타당하다.

보건의료정보의 맥락을 고려해서 다음으로 참조하는 문헌은 국민건강보험공단의 「국민보건의료정보자료 제공 운영규정」이다. 국민건강보험공단은 이미 몇 년 전부터 식별성을 제거한 표본코호트 데이터베이스를 구축하고 이를 연구 등의 목적으로 제공해온 경험이 있다. 국민건강보험공단의 운영규정은 이와 같이 공단이 보건의료정보를 제공하는 시범사업 등의 운영을 위해 제정한 것인데, 우리나라에서 정보 관리체계를 규율하는 규범으로는 선구적인 것이다. 이 책 또한 위의 운영규정의 내용을 기초로 해서 빠른 속도로 발전해가는 정보 관리체계에 맞추어 현재 또는 장래의 관리체계를 어떻게 정비할 것인지에 대한 제안을 하는 것으로 한다.

전체적인 정보의 관리체계는 크게 사전적 검증, 약정을 통한 관리, 사후적 관리의 단계로 나누어 생각할 수 있다(〈표 4-1〉).

표 4-1 정보 관리체계 개요

정보 관리체계	내용
사전적 검증	• 비식별화 조치의 적정성 평가 • 접근 통제의 방법 및 기준 설정 • 데이터 공개의 유형에 따른 재식별 위험도 평가
약정 (위반 시 법적 책임)	• 접근 통제를 포함한 데이터 관리의 전반적인 상황에 대한 관리체계 구축 • 데이터 저장 시도 금지 • 재식별 시도 금지 • 재식별 가능성 보고 • 제3자 제공 및 위탁 제한

	• 아이디 공유 금지
	• 이용목적범위 내의 이용
사후적 관리	• 재식별화 모니터링
	• 이용 및 접속 기록 분석
	• 약정 사항의 이행 모니터링
	• 이용 결과 보고
	• 이용 확인서 및 보고서 제출

3. 연구데이터베이스의 관리체계

(1) 사전적 검증

가. 비식별화

데이터베이스의 사전적 관리체계의 출발점은 수집해서 보유한 개인정보를 비식별화하는 것이다. 비식별화 처리의 기준과 관련하여 「개인정보 비식별 조치 가이드라인 – 비식별 조치 기준 및 지원·관리체계 안내 –」의 내용을 참조할 수 있다. 이 가이드라인에서 제시한 몇 가지 기본원칙을 보건의료정보에 적용하면 다음과 같은 기준을 설정할 수 있다.

▶ 식별자(identifier)는 원칙적으로 삭제한다. 이름, 고유식별번호, 시·군·구 단위를 넘는 주소, 의료기록번호, 건강보험번호 등이 그 예이다. 필요한 경우(가령 주민등록번호, 요양기관기호, 환자번호 등 식별자에 해당하나 분석에 필요한 일정한 정보도 포함하고 있는 경우)에는 임의로 부여된 일련번호로 대체하여 가명처리한다. 다만, 데이터 이용 목적상 반드시 필요한 식별자는 비식별 조치를 한다. 가령 생년이나 생월이 필요하면 주민등록번

호 중 해당 부분을 남기고 그 나머지는 삭제한다.

▶ 속성 값(attribute value)은 데이터 이용 목적과 무관한 경우에는 원칙적으로 삭제하고, 데이터 이용 목적과 관계가 있을 때에는 원칙적으로 가명처리, 총계처리, 범주화 등의 기법으로 비식별 조치를 한다. 민감도가 특히 높은 데이터 항에 대하여는 부분집계나 데이터 행 삭제, 범주화 등의 기법을 활용하여 식별가능성을 최대한 낮추어야 한다. 그밖에 희귀병명(민감상병), 민감사인 등 속성 값은 대분류 또는 중분류 등만을 남기는 방법으로 비식별화함을 원칙으로 한다.

나. 적정성 평가

데이터베이스에 포함된 개인정보가 비식별화 처리가 되어도 언제든지 재식별이 될 수 있는 위험이 있다. 비식별화된 데이터세트의 재식별 위험성을 관리할 수 있는 추가적인 장치가 필요하다. 이러한 측면에서 「개인정보 비식별 조치 가이드라인 - 비식별 조치 기준 및 지원·관리체계 안내 -」에서 제시된 적정성 평가 절차는 유용한 참조가 될 수 있다.

「개인정보 비식별 조치 가이드라인 - 비식별 조치 기준 및 지원·관리체계 안내 -」는 개인정보 보호책임자의[45] 책임하에 외부전문가가 참여하는 비식별 조치 적정성 평가단을 구성하여 비식별화 조치에 관해 평가하게 하되, 그 과정에서 원칙적으로 프라이버시 보

---

[45] 개인정보 보호법 제31조(개인정보 보호책임자의 지정) ① 개인정보처리자는 개인정보의 처리에 관한 업무를 총괄해서 책임질 개인정보 보호책임자를 지정하여야 한다.

호모델 중 k−익명성 개념을 활용하도록 정하고 있다. 이를 위하여 위 가이드라인은,

① **기초자료 작성**
② **평가단 구성**: 개인정보 보호책임자가 3명 이상의 평가단을 구성
③ **평가 수행**: 기초자료와 k−익명성 모델을 활용하여 비식별화 조치 수단의 적정성을 평가
④ **추가 비식별 조치**: 평가결과가 '부적정'인 경우 추가적 비식별화 조치 수행
⑤ **데이터 활용**: 비식별화 조치가 적정하다고 평가받은 경우 데이터 활용

으로 규정하고, 각각에 대하여 세부적으로 규율하고 있다.

위 가이드라인에서 적정성 평가 절차는 기초자료의 작성으로 개시된다. 효과적인 적정성 평가를 위해서는 개별적 데이터베이스의 형태에 적합한 기초자료가 평가자들에게 제공되어야 한다. 다음의 표는 보건의료 영역에서 비식별화 작업의 적정성 평가를 위해 이용될 수 있는 기초자료에 포함될 내용의 구체적인 예를 제시하는 것이다(〈표 4-2〉).

표 4-2　비식별화 적정성 평가를 위한 기초자료 예시

구분	기초자료
데이터 명세	데이터 특성(크기, 생성 및 관리 환경 등), 세부항목별 명세, 원본 예시
	비식별 조치된 평가 대상 데이터세트 및 세부항목별 명세
비식별 조치 현황	비식별 조치에 적용된 기법·세부 기술
	평가 대상 데이터세트에 대한 k-익명성 값 산출결과

이러한 기초자료가 마련된 상태에서 적정성 평가를 위해 구성된 평가단이 해당 데이터세트에 관한 기초자료와 k-익명성 모델에 터 잡아 비식별화 정도를 검토한다. 구체적인 절차는 다음과 같은 단계를 개념화하여 진행할 수 있다.

① **사전검토**: 평가대상 데이터의 개인식별요소 포함 여부, 이용 목적, 비식별 조치 기법 등 검토
② **재식별 시도 가능성**: 데이터를 제공받는 자의 재식별 유인과 능력, 개인정보 보호 수준 등 재식별 시도 가능성 분석
③ **재식별시 영향 분석**: 재식별시 정보주체에게 미칠 영향 분석
④ **평가 기준값 결정**: '재식별 시도 가능성', '재식별시 영향', '계량 분석' 결과와 데이터 이용 목적 등을 종합적으로 고려하여 평가 기준값(k-익명성 값 등) 결정
⑤ **계량 분석**: k값 등 계량적 평가에 도움이 되는 수치의 산
⑥ **적정성 평가**: 평가 기준값과 계량 분석에서 산출된 값을 비교하여 비식별 조치의 적정성 평가

위에서 제시한 절차는 하나의 예시일 뿐이고, 실제 운용은 이와

달리 이루어질 수 있다. 이러한 사항에 대하여 규정 등으로 구체적인 기준을 일률적으로 제시하는 것이 적절하지 아니함은 이미 본 바와 같다.

특히 까다롭고 중요한 부분은 평가기준을 어떻게 설정할 것인가 하는 점이다. 예를 들어, k-익명성 개념의 현실적 적용이 문제가 될 수 있다. 일반적으로 적지 않은 경우에 k-익명성에서 안전도를 보장하는 최소한의 기준으로 k=3이 쓰이고 있는 것으로 보이고, 「개인정보 비식별 조치 가이드라인 - 비식별 조치 기준 및 지원·관리체계 안내-」도 k=3을 언급하고 있다. 그러므로 민감도가 높고 재식별 위험성이 큰 때에는 3 또는 그보다 큰 값으로 k값을 정하여야 하는 경우가 흔히 나타날 수 있다. 또한 제공하는 정보의 위험에 따라서는 l-다양성이나 t-근접성도 적절히 고려하여야 할 수 있을 것이다. 그러나 다른 한편 이러한 기준을 일관하여 획일적으로 적용하는 경우 너무 많은 정보가 훼손되어 제공의 목적을 달성하지 못하게 될 상황이 나타날 위험도 상당하다. 특히 연구목적 등을 볼 때 재식별 위험성이 높지 아니한 때에는 구체적인 사정에 따라 사후적 관리조치를 충분히 취하는 전제하에 k<3 수준의 k를 적용하는 경우도 있을 수 있다. 이와 관련하여서는 앞서 본 바와 같이 개인정보 보호법 제18조 제2항 제4호의 '학술목적'을 위해서는 식별성이 제거된 비식별화에 이르지 아니한 수준의 가명화(pseudonimization)로도 목적 외 제공을 할 수 있다고 해석될 가능성이 있다는 점도 참고가 된다.[46] 데이터베이스의 정보가 업데이트

---

46 앞서 본 바와 같이 이 규정이 개인정보 보호법상 제3자로부터 법령 등에 의하여

(update)되면서 재식별 위험성이 변화할 수 있고 시간의 경과에 따라 재식별에 쓸 수 있는 입수 가능한 정보와 기술(및 때로는 일반적인 동기 내지 유인)이 달라질 수 있다는 점을 고려하면, 이와 같은 적정성 평가를 주기적으로 할 필요성도 커진다.

이와 같은 비식별 적정성 평가는, 해당 자료가 이용되는 목적, 범위, 정보를 제공받게 되는 자의 특징 등을 고려하여 다양한 잠재적 재식별 시도를 염두에 두고 신중하게 함이 원칙이다. 연구 데이터베이스의 특성과 데이터가 활용되는 맥락에 따라 다양한 수준의 재식별 시도가 있을 수 있다는 점을 고려하여 상황에 따라 차별화된 수준의 비식별 조치를 취하여야 한다. 재식별의 위험의 판단 기준 또한 동태적이고 맥락 의존적이므로 사전에 일률적인 기준을 제시할 수는 없다.

(2) 약정/계약을 통한 관리

가. 정보의 심사 절차

약정 또는 계약을 통해서 개인정보의 관리를 한다는 것은, 어떤 데이터를 이용하려는 연구자와 그 데이터를 보유하는 기관 사이의 계약적 관계를 통해서 해당 연구자의 행위를 통제한다는 의미이다. 이런 측면에서 약정 또는 계약을 통한 관리는, 연구자가 특정 기관

제공받은 정보에 대하여 재차 적용될 수 있는 것인지, 이 규정이 과연 가명화를 규정한 것인지 등에 대하여는 논란의 여지가 있다. 그러나 위 규정의 취지가 본문과 같은 재식별 위험성에 대한 차별적 접근과 관련하여 고려될 수 있다는 점에 대하여는 별 이론(異論)의 여지가 없을 것이다.

으로부터 어떤 데이터에 대한 접근 및 이용 권한을 부여받을 수 있는지에 관한 심사 절차에서부터 개시된다.

어떤 연구자가 특정 데이터세트를 이용하려면, 해당 데이터세트가 포함된 데이터베이스를 보관하는 기관으로부터 그 데이터세트에 접근할 수 있는 권한을 부여받기 위한 심사 절차를 거치는 것이 일반적이다. 심사 절차는 해당 연구자가 기관에 정보제공 신청서를 제출함으로써 개시가 된다. 데이터세트를 제공받고자 하는 자가 이용신청서를 작성하여 제출하면 제공여부의 심사 결정을 위해서 이른바 제공심의위원회와 같은 심사기구가 설치되거나, 기관 내의 기존 조직에서 심사 행위를 하는 것이 일반적인 단계가 될 것이다.

연구목적의 데이터 이용을 전제로 한다면, 일반적으로 자료이용신청서에는 연구유형(정책연구/학술연구/기타), 발주처나 재정후원자가 있는 경우 그에 관한 정보, 연구명, 연구책임자 및 공동연구자, 연구보조원의 성명, 소속, 직위, 연락처, 주소 및 국적에 관한 정보, 연구목적, 주요 연구내용, 연구방법, 기대효과 및 활용방안, 연구기간, 요청자료, IRB 승인내역 등이 포함될 수 있다. 또한 자료요청내역 서식을 통해서는 연구명, 파일형식, 이용방법(기관 또는 조직 내의 컴퓨터 이용/원격접속/외부반출 등), 요청자료의 내용과 연도 등을 파악할 필요가 있다.

물론, 생명윤리 및 안전에 관한 법률의 적용대상인 인간대상 연구 등에 대하여는 기관생명윤리위원회의 심사를 받은 경우에 한하여 자료를 제공함이 타당하다. 요건이 되는 경우 공용기관생명윤리위원회의 심사로 대체할 수도 있을 것이다. 다만, 보건의료정보에 대한 정보제공신청에 대하여 모든 경우에 IRB의 심사 내지 승인을 요구할 필요는 없다. 기관생명윤리위원회와 공용기관생명윤리위원회에서 심의, 승인할 수 있는 연구의 대상이 제한되어 있는데, 보건의료정보의 이용은 그에 한정되지 아니하기 때문이다.[47] 생명윤리

---

[47] 생명윤리 및 안전에 관한 법률 제10조(기관생명윤리위원회의 설치 및 기능) ③ 기관위원회는 다음 각 호의 업무를 수행한다.
  1. 다음 각 목에 해당하는 사항의 심의
    가. 연구계획서의 윤리적 · 과학적 타당성
    나. 연구대상자등으로부터 적법한 절차에 따라 동의를 받았는지 여부
    다. 연구대상자등의 안전에 관한 사항
    라. 연구대상자등의 개인정보 보호 대책
    마. 그밖에 기관에서의 생명윤리 및 안전에 관한 사항
  2. 해당 기관에서 수행 중인 연구의 진행과정 및 결과에 대한 조사 · 감독
  3. 그밖에 생명윤리 및 안전을 위한 다음 각 목의 활동
    가. 해당 기관의 연구자 및 종사자 교육
    나. 취약한 연구대상자등의 보호 대책 수립
    다. 연구자를 위한 윤리지침 마련
       제12조(공용기관생명윤리위원회의 지정 및 기관위원회의 공동 운영) ① 보건복지부장관은 다음 각 호의 업무를 하게 하기 위하여 제10조제1항에 따라 설치된 기관위원회 중에서 기관 또는 연구자가 공동으로 이용할 수 있는 공용기관생명윤리위원회(이하 "공용위원회"라 한다)를 지정할 수 있다.
  1. 제10조제2항에 따라 공용위원회와 협약을 맺은 기관이 위탁한 업무
  2. 교육 · 연구 기관 또는 병원 등에 소속되지 아니한 인간대상연구자 또는 인체유래물연구자가 신청한 업무
  3. 그밖에 국가위원회의 심의를 거쳐 보건복지부령으로 정하는 업무
생명윤리 및 안전에 관한 법률 시행규칙 제9조(공용위원회의 업무 등) 법 제12조제1항제3호에서 "보건복지부령으로 정하는 업무"란 다음 각 호의 업무를 말한다.
  1. 다음 각 목의 어느 하나에 해당하는 연구에 대하여 해당 기관의 장이 공용위원회에서 하는 것이 필요하다고 판단하여 공용위원회에 신청한 법 제10조제3항제1호 및 제2호의 업무

위원회의 취지상 정보 이용과 보안에 관하여 판단하기에 적합하지 아니하기도 하다. 이를 요구한 것은 그 요건을 갖춘 적법한 연구 등에 한하여 조력하겠다는 취지이므로, 그 취지를 확장하여 일반적으로 이용목적과 관련하여 법령상 요건이 규정되어 있다면 그 요건을 충족함을 증명하여야 할 것이다.

그밖에 원칙적으로 연구책임자, 공동연구자, 연구보조원 등의 개인정보를 수집, 관리하여야 하므로 개인정보수집·이용동의서도 받아둘 필요가 있다.

이런 이용신청서의 제출에 따라 데이터베이스를 보유하는 기관은 정보의 제공 여부 및 관련된 절차나 제한 사항 등에 대해 판단하게 된다. 정보의 제공 여부의 결정을 하는 것은 미묘한 여러 요소에 대한 예측판단과 형량을 요하는 일이고, 이는 절차적 통제의 핵심이다. 이를 위해서 일반적으로 객관적·독립적·전문적인 위원

　　　가. 국가나 지방자치단체가 직접 수행하거나 연구비를 지원하는 연구
　　　나. 둘 이상의 기관이 공동으로 수행하는 연구로서 각각의 소관 기관위원회 중 하나의 기관위원회에서 심의하기에 적절하지 않다고 판단되어 수행 기관의 장들이 공용위원회를 이용하기로 합의한 연구
　　　다. 사회적 파급력이 큰 연구로서 심의의 공정성 확보가 필요하다고 판단한 연구
　　2. 그밖에 생명윤리 및 안전을 위한 다음 각 목의 업무
　　　가. 공용위원회 위원 및 기관위원회 위원의 교육
　　　나. 법 제10조제2항에 따라 공용위원회와 협약을 맺은 기관의 연구자 및 법 제12조제1항제2호에 따른 연구자의 교육
　　　다. 취약한 연구대상자등의 보호지침 마련
　　　라. 기관위원회를 위한 표준운영지침 마련
　　　마. 연구자를 위한 윤리지침 마련

회("제공심의위원회")를 구성하여 그 위원회를 통하여 의결하도록 하는 것이 타당하다. 그리고 그 판단을 위하여 필요한 경우 실무 담당자뿐 아니라 위원회도 이용신청자에게 소명자료의 제출을 요구하거나 직접 소명할 것을 요구할 수 있음을 규정으로 정해놓는 것이 합리적이다.

제공심의위원회의 구성을 고려할 경우 위원회의 객관성, 독립성, 전문성을 제고하기 위해서는 수 명의 외부위원을 선임하는 것을 고려할 수 있다. 또한 정보보안에 관한 기술 또는 개인정보 보호 및 정보공개에 관한 법적 소양을 갖춘 자 중에서 외부위원을 선임하게 하는 방식도 고려해볼 수 있다.

해당 데이터세트의 보관 주체가 공공기관이어서 보유하는 데이터베이스가 공공데이터에 해당될 경우에는 심사에 있어서 제공심의위원회가 고려해야 할 추가적인 요소가 있다. 즉, 적용하는 심사 기준에 대해서 제공심의위원회는 정책 및 학술연구 외의 목적으로 정보를 제공받는 것을 신청한 경우 정보의 제공 목적이 공익성을 해할 우려가 없는 지 여부에 대하여도 심사할 필요가 있다. 보건의료정보를 제공하면서 재식별 위험성을 0%로 하는 것 또는 그에 관해 확인이나 인증을 받도록 하는 것이 불가능하다는 점은 이미 본 바와 같다. 그럼에도 불구하고 관리체계를 설계하여 제공하는 것은 정보 이용의 이익과 정보 보안상의 위험 사이의 균형을 기하기 위함이다. 그러므로 정보 이용의 이익이 낮을 때에는 그만큼 정보 제공의 필요가 줄어들게 된다. 연구목적이 공익에 반하거나, 연구계획과 해당 보건의료 데이터와의 연관성이 적거나 기타 이용목적이 공적 가치를 전혀 가지지 아니하거나 재식별 위험과 비교할 때 제공하지 아니하는 것이 타당한 것으로 판단될 경우에 공공기관은 해당 데이터세트의 제공을 거부할 수 있다.

공공데이터에 대한 공익성 판단을 위해서는 판단기준이 필요할 것인데, 이를 위한 심사 기준으로는 일응 아래의 예시와 같은 것을 생각해볼 수 있다.

- ▶ 공익에 반하거나 가입자의 권리를 침해할 우려가 있다고 판단되는 경우
- ▶ 데이터의 이용이 제3자의 권리를 현저하게 침해할 우려가 있다고 판단되는 경우
- ▶ 데이터를 범죄 등 불법행위에 악용할 우려가 있다고 판단되는 경우
- ▶ 공익적인 목적 없이 순수하게 상업적인 목적으로만 이용될 것으로 판단되는 경우

특히 마지막 기준에 대하여는 약간의 부연설명이 필요하다. 데이터의 재식별 위험성은 선험적으로 결정되는 것이 아니라 경험적으로 확인된다. 이를 정보제공에 앞서 정확하게 평가하기 위해서는 매우 많은 정보와 예측판단이 필요한데 이는 현실적으로 불가능에 가깝다. 그러므로 위원회에게 가장 필요한 것은 노하우(know-how)의 축적인데, 아직까지 국내에서 데이터가 공개나 제공된 사례가 많지 아니하고 공개를 시작한지도 오래되지 아니하였다는 점을 고려할 필요가 있다. 특히 상업적 목적으로 제공되는 경우는 일반적

으로 재식별을 시도할 동기가 – 연구목적과는 비교할 수 없을 정도로 – 크고, 다른 상업적 목적을 위하여 정보를 전용하거나 제3자에게 불법 유통시킬 가능성도 더 큰 것이 보통이다. 아직까지 우리나라에서는 상업적 목적의 제공을 해온 경험도 없다. 이러한 점을 고려하면 상업적 목적에 대해서는 좀 더 주의할 필요가 있다. 이 점과 관련하여서는 개인정보 보호법 제22조 제3, 4항이 특히 마케팅 목적의 개인정보 수집에 대하여 좀 더 강화된 규제를 가하고 있다는 사정도 참고가 된다.

일반적으로 데이터의 재식별 위험 자체와 그에 대한 데이터 보유자의 이해 및 인식수준, 운용 노하우(know-how) 등은 모두 시간에 따라 변하리라고 추정하여야 한다. 이러한 점에서 심사기준은 그 자체로 동태적 기준일 수밖에 없고, 그 구체적 운용은 제공심의위원회의 선의의 심사노력에 맡겨지게 된다. 다만, 이러한 동태성을 고려하여 위원회가 주기적으로 개방정책에 관해 평가하고 이듬해의 운용에 반영하도록 하는 방식을 도입하는 것은 권장할 만하다고 여겨진다.

나아가 보다 효율적인 정보 관리를 위하여, 상술한 자료신청서 등에 작성한 정보에 추가하여 위원회가 정보의 관리를 위하여 필요하다고 판단하는 사항을 약정에 포함시켜 제공조건으로 정할 수 있게 하여야 한다. 즉, 위원회는 조건부 결정을 할 수 있다는 것이다. 그리고 이를 위반하는 경우 제재할 수 있도록 하여야 한다. 이 점은 관리체계의 강화를 위하여도 매우 중요하므로 항을 바꾸어 설명한다.

나. 약정/계약의 내용

제공심의위원회는 심의 과정에서 정보의 보안을 위하여 관리 조치가 필요하다고 판단하는 경우 이를 약정에 포함시켜 정보를 제공받는 자로 하여금 약정서에 서명하고 이를 준수하도록 하여야 한다. 약정에는 다음의 내용을 포함하여 제공심의위원회 및 해당 기관이나 조직이 정보의 보호를 위하여 필요하다고 판단하는 내용을 포함시킨다(〈표 4-3〉).

표 4-3 정보제공 약정의 내용 예시

약정 사항	약정 내용
정보의 목적범위 내 이용	정보를 제공목적 외의 용도로 사용하지 않음
	어떠한 상황에서도 정보를 저장하고자 시도하지 않음
	자료를 승인을 얻은 연구자가 아닌 제3자에게 열람하게 하거나 제공(이전), 대여, 판매하지 않음
	재식별의 시도를 하지 않음
	재식별의 가능성이 보일 때에는 즉시 이를 알리고 데이터를 반납한 후 추가적인 조치를 기다림
	데이터의 사용이 끝나는 대로 데이터를 폐기함
	연구결과의 경우 부여된 연구관리번호를 기재하여 자료의 출처를 명확히 하고 연구결과를 제출함

그밖에 이용자 측의 기술적·관리적 조치를 조사(실사 포함)할 수 있고, 보유하고 있거나 보유할 수 있는 정보에 대하여는 기술적·관리적 차단장치(이른바 'Chinese Wall')의 설치를 승인의 조건으로 붙일 수 있다. 이러한 조치의 예는 〈표 4-4〉와 같다.

표 4-4	기술적, 관리적, 물리적 조치
약정 사항	약정 내용
기술적 조치	접근통제(access control): 접근권한을 갖고 있는 자를 특정하고 그에 한하여 접근권한을 부여함. 접근권한을 아이디와 비밀번호 등으로 설정하는 경우 쉽게 알아낼 수 있는 아이디, 비밀번호를 사용할 수 없게 하며, 필요한 경우 본인 인증을 위한 방법을 추가함. 망을 통한 외부 공격을 대비하기 위하여 가급적 망을 분리하고, 지정된 컴퓨터 내지는 서버 외부로의 연결이나 반출이 불가능하게 함.
	보안 프로그램 설치: 백신 등을 설치하고 자동 업데이트 또는 1일 1회 업데이트하게 설정함. 다만, 망 분리시에는 상당한 패치관리시스템(PMS)의 설치로 갈음함.
	암호화(encryption): 개인정보의 경우에는 암호화가 요구되나, 비식별 조치된 정보에 대하여는 필수적이라고 할 수는 없음.
	접속기록(log) 보관: 유출 등의 경우 그 경로를 추적하고 접근통제권 등의 남용, 일탈을 견제하기 위하여 접속기록을 보관시킴. 접근권한을 가진 사람 개개인에 대한 기록 관리가 필요함.
관리적 조치	내부관리계획: 데이터 관리 책임자와 그 취급권한자를 지정하고 책임자로 하여금 취급권한자에게 취급시 유의사항에 대하여 교육할 의무를 지움.
	출력·복사 등을 금지하거나 매스킹을 요구함.
물리적 조치	비식별화된 정보가 저장되어 있거나 원격접속이 가능한 매체, 컴퓨터, 서버 등이 있는 공간은 잠금 장치가 있는 안전장소로 하고, 권한이 없는 자의 출입을 통제함.

데이터베이스를 보유하는 기관이나 조직은 이런 내용을 약정에 포함하는 것 이외에 약정의 기본적인 내용을 자체적인 운영규정에 담도록 할 수 있다. 나아가 정보의 이용 과정에서 약정을 위반할 경우 위반의 경중, 고의성 등을 고려하여 즉시 이용을 정지하거나

위약금을 부과하며 향후 일정 기간 동안 이용을 제한하는 등의 제재를 가할 수 있도록 하여야 한다. 이러한 약정의 내용은 정보제공 결정의 조건이 되므로 데이터세트의 이용자가 기술적·관리적 조치에 관한 사항을 변경하고자 하는 경우에는 해당 기관 또는 조직에 보고하고 사전 승인을 받도록 하는 것을 약정의 내용으로 할 필요도 있다.

(3) 사후적 관리체계

데이터베이스의 성격과 제공 형태 등에 따라 부분적으로는 상이한 모습을 보일 수 있지만, 대체적으로 다음과 같은 사항들을 고려하여 재식별의 위험성을 지속적으로 관리할 필요가 있다.

첫째, 식별 및 재식별 가능성은 동태적 개념으로서 시간이 변화함에 따라 달라질 수 있다. 이용자가 이용기간 내내 기술적·관리적 조치를 성실하게 이행한다고 단정할 수도 없다. 데이터베이스를 보유한 기관이나 조직에서 재식별 가능성을 지속적으로 모니터링(monitoring)하여야 하는 까닭이다. 이를 위해서는 이용신청을 승인할 때 재식별 위험성 등 제반 사정을 고려하여 필요하다고 판단되면 재식별 가능성 모니터링을 위한 일정을 정하여야 한다. 그밖에 특별한 사정이 있으면 수시로 재식별 가능성 모니터링을 할 수 있음을 규정과 약정에 명시함이 바람직하다. 그리고 해당 기관이나 조직은 재식별 가능성 모니터링을 위하여 이용자에게 자료 제공을 요청하거나 실사할 권한 및 이용자의 협력의무를 - 약정 등으로 - 확보하여야 한다.

252

둘째, 원격접속을 통해 데이터를 제공하는 경우, 접속 및 이용기록 시스템을 갖추고, 이용기간 중 정기적으로, 그리고 이용종료 후 접속 및 이용기록을 분석하여, 승인받지 아니한 재식별 또는 데이터 반출시도가 있었는지를 확인하고, 위반사실이 확인되는 경우 즉시 이용을 정지하거나 위약금을 부과하며, 향후 몇 년간 또는 상당 기간 이용의 제한 등의 제재를 가할 수 있도록 정할 필요가 있다. 같은 취지에서 기관 내 컴퓨터를 이용하는 경우, 접속 및 이용기록 시스템을 갖추도록 하고 외부로 반출하는 분석 결과물에 관하여 기록하게 하고 보관하며, 기관이 위 확인 등을 위하여 위 기록 등에 접근, 분석할 수 있는 권한을 확보하여야 한다.

셋째, 이용기간이 만료되거나 이용기간 만료 전에 목적을 달성한 경우에는 즉시 그 이용을 종료시키고, 이용자에게 그 결과(산출물)에 관하여 보고할 의무를 부과할 수 있다.

넷째, 정보를 제공받은 자가 약정사항을 이행하는지 여부에 대한 모니터링이 계속되어야 한다. 접속 및 이용기록에서 별도의 조사가 필요한 점이 드러나면 조사하여야 한다. 또한 이행사항 위반에 관한 사실이 알려지거나 위반의 우려가 있는 경우 즉시 이에 관한 조사를 실시하고, 위반사항이 있는 경우 그에 대한 조치를 취하도록 한다.

다섯째, 특히 원격접속의 경우 사후관리의 일부로 '이용 확인서' 및 '이용 보고서'를 받는다. 이용 확인서를 통해서는 처음 받은 약정서 내용과 유사한 내용에 대해 재차 확인을 받도록 한다. 특히, (1) 데이터를 다운로드 하려는 시도를 하지 않았다는 점, (2) 재식별 시도를 하지 않았다는 점, (3) 데이터에 대해 제3자 제공을 하지 않았다는 점, (4) ID와 비밀번호에 관해 권한을 부여받지 아니한 자와 이를 공유하지 않았다는 점을 확인하는 등의 내용을 포함하여 이용 확인서를 받을 필요가 있다. 사전적인 약정과 유사한 내용이 담긴 약정서를 사후적으로도 징구하는 것은, 사전에 향후의 상황에 대해 약속하는 것에 더해, 사후적으로 데이터 이용 상황에 관하여 사실 확인을 하고, 이를 통하여 데이터의 오·남용 가능성을 낮추는 효과를 기대할 수 있다는 점에 그 의의가 있다. 이용 보고서를 통해서는 실제로 이용된 기술적, 관리적, 물리적 조치에 대해 설명하도록 하고 이를 기록에 남기게 한다. 이는 사후에 정보 유출 등이 확인되었을 때 그 대응을 위해서도 의미가 있다.

4. 정보가 외부에 저장되는 경우의 고려 사항

연구 데이터베이스를 이용한 분석과 관련하여, 해당 데이터세트의 정보 자체를 외부에 저장하는 것을 허용할 수 있을지에 관해서는 별도의 고려가 필요하다. 관리가 어려울 수 있기 때문이다. 개별 사례마다 외부저장이 허용될 경우의 위험성과 외부저장의 필요성 등을 고려하여 각기 별도의 판단이 필요할 수 있다. 대개의 경우에는 원격접속을 통해 분석의 목적을 달성할 수 있겠지만, 늘 그러하리라고 단정하기는 어렵다. 또한 연구 데이터베이스의 성격에 따라 특별한 사정이 있다면 다운로드 등으로 저장, 이용할 여지를 열어 두고 향후 운용에 맡기는 것이 좋을 것이다.

물론 이 예외조항을 악용하여 정보가 필요 이상으로 외부로 반출될 위험이 있을 수 있다. 이를 막기 위해서는 제공 심의 과정에서 정보의 외부 반출이 분석목적 달성을 위하여 반드시 필요한 것인지 여부를 면밀히 확인해야 한다. 이를 위하여, 정보의 반출을 신청하는 자에게 분석목적의 달성을 위하여 왜 정보의 반출이 필요한지를 소명하는 자료를 제출하도록 요청할 필요가 있다. 정보의 외부 반출이 재식별, 부당한 전용(轉用) 및 불법유출 가능성에 큰 영향을 줄 수 있음에 비추어, 제공심의위원회가 일반적인 사항의 심의, 의결 기준보다 더 강화된 형태를 채택할 수 있다.

심의 과정에서 정보를 제공받는 자에게 약정의 내용으로 이용기간이 종료하거나 이용기간 내라도 이용목적이 소멸한 경우 지체 없이 데이터를 파기할 것을 요구하여야 한다. 이때에도 원격접속과 마찬가지로 이용 확인서 및 이용 보고서를 제출하도록 할 필요가 있다. 또한 무엇보다 제3의 전문가를 통하여 정보의 파기를 확인하였다는 정보파기 확인서를 별도로 제출하도록 함이 타당하다.

나아가 기술적으로 가능한 경우 다운로드된 정보의 이용과 이동을 추적할 수 있도록 일정한 복제방지 등 기술을 적용할 수 있다. 이때에는 이용자에게 이것이 추적되는 것임을 명시하고 그 동의를 받아야 한다.

5. 위탁운영

특정 기관이나 조직은 연구데이터베이스를 제작한 후 필요와 상황에 따라 하나 또는 복수의 거점 협력기관을 정한 후 연구데이터베이스의 제공 및 사후관리에 관한 사항 중 일부를 위탁할 수 있다. 예를 들어, 정보 제공과 관련된 심의위원회를 해당 기관이나 조직 외부의 협력기관을 통하여 위탁운영할 수도 있다. 또는 정보이용신청서의 접수, 정보 제공의 심의 및 결정, 정보의 제공, 정보에 대한 사후적 관리 절차 중 일부를 위탁기관과 적절하게 협의, 위탁하고, 해당 기관이나 조직은 위탁기관을 관리, 감독하는 형식으로 정보제공시스템을 운영할 수도 있다.

이와 관련하여서는 대만의 후생성이 이미 정보의 제공 과정 일부를 6개의 협력기관에 위탁하여 운영하고 있음도 참고가 된다. 아래는 대만에서의 위탁 사례에 관해 정리한 것이다(〈박스 4-1〉).

1. 개관

대만 후생성은 통계처 산하에 통계응용센터를 두었고, 그 중점 연구센터로서 6개 협력기관을 지정하였다(http://www.mohw.gov.tw/). 위 협력기관의 목록은 다음과 같다.

- National Taiwan University Health Data Research Center (http://ntuhdrc.blog.ntu.edu.tw/)
- Taipei Medical University Health and Clinical Research Data Center (http://hcrdc.tmu.edu.tw/)
- Yang Ming University Health Data Research Center(http://www.ym.edu.tw/~ymuhdrc/)
- Chang Gung University Research Services Center for Health Information (http://rschi.cgu.edu.tw/bin/home.php)
- Tzu Chi University Center for Health and Welfare Data Science Center (http://healthdata.tcu.edu.tw/)
- Kaohsiung Medical School Center for Medical Informatics and Statistics (http://cchia.kmu.edu.tw/)

2. 장경대학의 사례

협력기관 중 가장 활발하게 운영되고 있는 곳 중의 하나인 장경대학(長庚大學)의 운영방식은 다음과 같다.[48]

(1) 전반적인 운영

장경대학은 행정원 보건복지부의 건강데이터 부가가치응용협조센터

---

48 http://rschi.cgu.edu.tw/files/11-1085-200.php.

와 협력하여 장경대학에 「보건복지부 보건복지데이터 통계응용센터 장경대학분원」과 「장경대학 건강데이터 연구서비스센터」를 설치하고, 2013년 11월 나란히 정식으로 현판을 달았다. 장경대학분원은 보건복지부 통계처가 설립한 여섯 번째 분원으로 통계처에서는 최근 이미 건강보험데이터 및 수많은 위생 정책, 건강조사, 의료 관련 자료를 포함한 14개 대분류의 56종 데이터베이스를 제공하고 있다. 장경대학분원은 특별히 장경대학 건강데이터 연구서비스센터를 설치하여 본교와 장경의료시스템이 전국 건강데이터베이스를 응용하여 관련 연구와 건강데이터 부가가치 업무를 진행할 수 있도록 추진하고 있다. 또한 교육 트레이닝과 작업실을 개설하고 건강데이터 분석 및 연구결과 확산을 위한 역할을 수행하며, 건강데이터 분석 인재를 배양하고 건강데이터 처리 및 분석 자문 서비스를 제공하고 있다.

(2) 정보이용을 위한 절차[49]

　　1) 신청서 제출: 신청서는 이메일을 통하여 혹은 직접 센터에 제출한다.

　　2) 신청심사: 보건복지부 통계처 심사부서를 통하여 신청서를 심사한다.

　　3) 데이터의 처리 및 제공

　　　① 자료 처리: 보건복지부 통계처에서는 납부 통지를 확인한 후 바로 데이터 편집 다운로드 처리를 진행한다. 신청 1건마다 약 2주가 소요되며 작업장소가 연구 분원이면 자료의 준비에 약 3~4주가 소요되기도 한다. 보건복지부

---

49 http://rschi.cgu.edu.tw/files/11-1085-202.php.

통계처에서는 상황에 따라 데이터파일 사용의 내용과 권한을 조정할 수 있다.

② 자료 제공: 보건복지부 통계처에서는 데이터 처리를 완료한 후 작업구역 관제팀을 통하여 센터 내에서 분석인원이 데이터를 사용할 수 있도록 한다.

③ 분석작업: 센터의 독립작업구역에서 데이터를 이용한다.

개인정보 비식별화 방법론

05

결 론

결 론

우리나라가 보유하고 있는 보건의료정보의 양과 질은 다른 여러 국가들과 비교를 해도 매우 높은 수준이다. 전자의무기록이 널리 보급되어 있고 특히 전국민을 대상으로 하는 국민건강보험 체계가 확립되어 있기 때문이다. 이처럼 높은 수준의 잠재적 가치를 가진 국민보건의료정보에 관하여, 프라이버시를 보호하는 동시에 빅데이터 관점에서 어떻게 적절히 활용할 수 있을지에 관해 많은 연구와 논의가 필요하다. 보건의료정보 빅데이터 활용을 위한 합리적인 로드맵을 구상할 필요가 있다. 보건의료정보의 활용 가능성을 높이는 것이 개인정보 보호의 가치를 훼손시키는 것이어서는 곤란하므로, 로드맵을 구상하는 과정에서 개인정보 보호에 관한 고려가 동시에 이루어질 필요가 있다.

그런 점에서 보건의료정보 관리체계의 핵심은 개인정보의 보호와 활용 사이에서 균형을 찾는 것이라 할 수 있다. 이때 개인정보의 활용도를 모색하는 것이 반드시 개인정보 보호의 가치가 낮아지는 것을 의미하지는 않는다는 점을 인식할 필요가 있다. 보호와 활용이 항상 서로 상충관계(trade-off)에 놓이는 것은 아니기 때문이다. 개인정보 보호와 활용을 모두 고려하면, 적극적인 논의가 필요한 개인정보의 주요 규제 방식 중 하나는 비식별화가 된다.

이러한 관점에서 이 책에서는 개인정보 특히 보건의료정보의 비식별화 기법을 정리하고 비식별화의 절차를 마련하는 한편, 사전적 관리는 물론 사후적 관리의 합리적 체계를 구축하기 위한 제안을 하고 있다. 효과적인 관리체계의 수립을 위해서는 개인정보 보호법과 보건의료분야의 개인정보 보호체계에 대한 이해가 전제되어야 한다. 우리나라는 개인정보 보호법 이외에도 정보통신망 이용촉진 및 정보보호 등에 관한 법률, 신용정보의 이용 및 보호에 관한 법률, 위치정보의 보호 및 이용 등에 관한 법률 등 여러 법률들이 개인정보 보호 문제에 복잡다기하게 적용되는 규제체계를 가지고 있다. 이들 법률 이외에도 공공 부문의 데이터에는 공공데이터의 제공 및 이용 활성화에 대한 법률 등이 적용되고, 의료분야를 규율하는 법령에 관해서도 검토할 필요가 있다.

다른 한편, 비식별화에 관해서는 국내의 경험이 많지 않으므로 해외 사례를 충분히 참조할 필요가 있다. 특히, 다양한 시도와 논의가 이루어지고 있는 미국과 유럽연합(EU)에 관해 살펴볼 필요가 있고, 유럽연합 국가 중에서는 특히 활발한 활동이 있는 영국의 사례에 대해 별도로 살펴볼 필요가 있다. 아시아 지역에서는 우리나라와 유사한 건강보험 제도를 가지고 있는 대만의 사례가 중요한 참고가 된다.

우선 미국에서는 의료 분야에 적용되는 HIPAA 프라이버시 규칙의 실무적인 적용을 둘러싸고 많은 논의와 경험이 축적되어 왔다. HIPAA 프라이버시 규칙에는 두 가지 방식의 비식별화 절차가 제시되어 있다. 하나는 관련전문가의 개별적인 판단에 의하는 방식이다. 다른 하나는 특정 식별자 또는 준식별자들이 데이터에서 제거되면 비식별화된 것으로 간주하는 방식이다. 앞의 방식은 전문가 판단 방식(expert determination rule)이라고 불리고, 후자의 방식은 세이프하버 방식(safe harbor rule)이라고 불린다.

EU의 경우 의료영역에 별도로 적용되는 개인정보 보호에 대한 규범은 없고, 일반적인 개인정보 보호 규제를 위해 DPD가 역할을 해왔다. 그리고 GDPR이 새로이 입법되어 2018년부터 시행될 예정이다. EU DPD와 GDPR 모두 비식별화 또는 익명화의 절차나 방식에 대한 명시적인 규정은 두고 있지 않다. 다만, GDPR의 경우 익명화에 대해 그 활용을 장려하는 취지의 조항이 다수 포함되어 있다는 특징이 있다.

한편, 영국은 EU의 회원국이지만 별도의 독특한 관행을 형성해왔다. 영국에서는 NHS Digital을 중심으로 보건의료정보의 빅데이터 활용이 이루어지고 있다. 그 근거가 되는 논의는 다음과 같은 가이드라인 또는 보고서의 논의가 중요한 기초를 제공하였다. 첫 번째는 개인정보 보호 규제기관인 ICO가 2012년에 발간한 익명화에 대한 실행규칙이다. 이 실행규칙은 식별 위험성을 판단하는 원칙으로 합리적 가능성(reasonably likely test) 원칙을 제시하고, 이 원칙의 적용을 위해 익명화된 데이터에 대한 가상의 "의도된 공격자(motivated intruder)" 개념을 도입했다. 이 개념은 재식별의 가능성을 평가함에 있어 기술전문가 등에 의한 공격가능성은 고려하지 않게 함으로써 재식별의 위험성에 대한 고려가 무한대로 확장되는 것을 방지해 주는 역할을 하였다. 두 번째는 UKAN이 2016년에 발표한 익명화 관리체계에 대한 보고서이다. 이 보고서는 재식별의 위험성을 판단하기 위해서는 데이터가 속한 맥락이 중요하다는 점을 강조하면서 데이터 환경적 접근법(data situation approach)을 제시하였다. 세 번째, 영국의 건강데이터 정책에 실질적으로 중요한 영향력을 미치는 Caldicott 보고서이다. 이 보고서는 1997년, 2013년, 그리고 2016년에 각각 발표되었다. 그 중 특히 2013년 보고서는 구체적인 익명화 체계를 제시하면서 데이터의 활용성을 높이기 위한 정책을 제시하였고, 2016년 보고서는 동의철회 제도를 강조하면서 데이터의 활용에 대한 국민적 신뢰를 확보하는 정책의 마련을 추구하였다.

대만에서는 1995년부터 단일한 국민건강보험제도를 운영하기 시작하였고, 이에 따라 의료정보에 대한 대규모 데이터베이스가 구축되기 시작하였다. 이 데이터베이스에 포함된 대표적인 데이터세트는 전민건강보험이 보유하고 있는 청구데이터세트이다. 전민건강연구기관은 이로부터 연구목적의 샘플 데이터를 매년 준비한다. 대만에서 활용되는 방법, 즉 프로젝트별 동의의 방식 등 실무적, 절차적 방법들은 국내의 절차마련 및 개선을 위해 좋은 참고가 될 수 있다.

국내·외의 법령과 논의를 바탕으로 하여, 비식별화를 전제로 한 보건의료정보의 관리체계를 생각해 볼 수 있다. 이때 기계적이고 일률적인 비식별화 기준을 마련하는 것은 가능하지도 않고 바람직하지도 않다는 것을 고려해야 한다. 데이터 환경이나 맥락을 고려하여 절차적 관리를 하는 것이 기술적 방법론 못지않게 중요하다. 비식별화된 데이터에 대한 재식별 위험성은 데이터의 규모, 크기, 복잡성, 데이터 이용의 목표, 잠재적 공격자의 존재 및 재식별 유인, 데이터 관리체계, 이용 가용한 기법 등 다양한 요인에 의해 달라지고, 시간에 따라서도 달라지는 것이기 때문이다.

이 책에서는 이러한 데이터 환경적 고려를 기본 전제로 사전적 관리, 약정 또는 계약에 의한 관리, 그리고 사후적 관리의 세 과정으로 나누어 비식별화 관리체계의 기본적 모형을 모색하였다. 개별 데이터세트가 활용되는 맥락을 고려해서 각각의 단계를 구성하는 다양한 관리 방식들을 유연하게 적용할 수 있다. 하지만 대부분의 경우에 공통적으로 적용되는 비식별화 관리체계의 핵심은 개인정보가 포함된 데이터의 비식별화는 1회성 처리로 끝나는 것이 아니라, 지속적인 관리를 통하여 미래에 발생할 수도 있는 재식별의 위험성을 실질적으로 최소화하는 것에 있다는 점이다.

참고문헌

1. 국내 자료

[1] 강희정, 「보건의료 빅데이터의 정책 현황과 과제」, 『보건복지포럼』(2016 년 8월호), 2016.

[2] 개인정보보호위원회, 「해외 개인정보보호 집행체계 및 개인정보보호 주 요 동향조사」, 2012.

[3] 국민건강보험공단, 「건강보험빅데이터」, 2016.

[4] 고학수, 「개인정보보호: 규제체제에 관한 논의의 전개와 정책적 과제」, 『개인정보보호의 법과 정책(고학수 편저, 개정판)』, 박영사, 2016.

[5] 고학수·최경진, 「개인정보의 비식별화 처리가 개인정보 보호에 미치는 영향에 관한 연구」, 개인정보보호보위원회, 2015.

[6] 김진환, 「개인정보 보호법의 해석 원칙을 위한 제언과 시론」, 법학평론 제3권(2012년 12월호), 2012.

[7] 미래창조과학부·한국정보화진흥원·K-ICT빅데이터센터, 「빅데이터 활 용을 위한 개인정보 비식별화 기술활용 안내서 Ver1.0」, 2015.

[8] 미래창조과학부·한국정보화진흥원, 「빅데이터 활용을 위한 개인정보 비 식별화 사례집」, 2014.

[9] 박혁수, 「빅데이터 시대에 개인정보 개념의 재검토」, 『LAW & TECHNOLOGY』

제10권 제1호(2014. 1),

[10] 방송통신위원회, 「빅데이터 개인정보보호 가이드라인(안)」, 2013.

[11] 오미애, '보건복지분야 데이터 연계 필요성 및 활용방안', 『보건복지포럼』 (2015년 9월호), 2015.

[12] 윤석진, 「개인정보 보호와 빅데이터 활용의 충돌, 그 문제와 입법정책 과제 - 보건의료 빅데이터를 중심으로」, 『중앙법학』 제17호 제1호, 2015.

[13] 이시직, 「공공데이터 제공 및 이용 활성화를 위한 법·제도적 개선방안」, 『정보통신방송정책』 제26권 제3호, 2014.

[14] 이연희, 「보건복지분야 공공빅데이터 활용과 과제」, 『보건복지포럼』 제227호, 2015.

[15] 이은우, 「빅데이터 활용과 다가올 위험 - 개인정보 비식별화를 중심으로」, 국회토론회 자료집(2015년 8월 19일), 2015.

[16] 이지혜·제미경·조명지·손현석, 「보건의료 분야의 빅데이터 활용 동향」, 『정보와통신』 제32권 제1호, 2014.

[17] 이창범, 「개인정보 제3자 제공 및 처리위탁 규제의 법적 과제」, 『개인정보보호의 법과 정책(고학수 편저, 개정판)』, 박영사, 2016.

[18] 장주봉, 「개인정보의 의미와 규제범위」, 『개인정보보호의 법과 정책(고학수 편저, 개정판)』, 박영사, 2016.

[19] 정상조 외, 「비식별개인정보의 보호 및 활용에 관한 연구」, 방송통신위원회, 2010.8.

[20] 정영철, 「의료분야 빅데이터 활용을 위한 개인정보 비식별화 규정 현황과 과제」, 『보건복지포럼』 통권 제227호, 2015.

[21] 한국정보화진흥원, 「각국의 개인정보 보호법상 개인정보의 정의 및 해석」, 2014.

[22] 행정자치부·한국정보화진흥원, 「개인정보 비식별화에 대한 적정성 자율평가 안내서」, 2014.

[23] 행정자치부 외, 「개인정보 비식별 조치 가이드라인 - 비식별 조치 기준 및 지원·관리 체계 안내 -」, 2016.

2. 외국 자료

[1] Article 29 Data Protection Working Party, *Opinion 05/2014 on Anonymisation Techniques,* 2014.

[2] Bambauer, J., Muralidhar, K., and Sarathy, R., "Fool's Gold: An Illustrated Critique of Differential Privacy", *Vanderbilt Journal of Entertainment & Technology Law,* 2014, 16, pp. 701−755.

[3] Cavoukian, A. and Castro, D., *Big Data and Innovation, Setting the Record Straight: De−identification Does Work,* 2014.

[4] Chio, Wen−Tsong,"The Big Data Rush and its Discontent in Taiwan", 2015.

[5] Commission nationale de l'informatique et des liberties(CNIL), *Art 29 WP Opinion on anonymization techniques,* 2015.

[6] Dwork, C. and Roth, A.,"The Algorithmic Foundations of Differential Privacy", Now Publishers Inc., 2014.

[7] El Emam, K. and Alvarez, C., "A critical appraisal of the Article 29 Working Party Opinion 05/2014 on data anonymization techniques", *International Data Privacy Law,* 2015.

[8] El Emam, K. and Arbuckle, L., *Anonymizing Health Data,* 2014, O'Reilly.

[9] El Emam, K., Arbuckle, L., Koru G., Eze, B., Gaudette, L., Neri, E., Rose, S., Howard, J., and Gluck, J., "De−identification Methods for Open Health Data: The Case of the Heritage Health Prize", *Journal of Medical Internet Research,* 2012, 14, pp. 1−18.

[10] El Emam, K. and Malin, B., "Appendix B: Concepts and Methods for De−identifying Clinical Trial Data," in Sharing Clinical Trial Data: Maximizing Benefits, Minimizing Risk, Institute of Medicine of the National Academies, The National Academies Press, Washington, DC., 2015.

[11] Elliot, Mark, Mackey, Elaine, Kieron O'Hara, Kieron and Tudot, Caroline, *The Anonymisation Decision — Making Framework*, UKAN Publication, 2016.

[12] European Medicines Agency, *External guidance on the implementation of th European Medicines Agency policy on the publication of clinical data for medicinal products for human use*, 2016.

[13] Garfinkel, Simon L., National Institute of Standards and Technology, *De — Identification of Personally Identifiable Information*, 2015.

[14] _____, National Institute of Standards and Technology, "De — Identifying Governmental Datasets"(Special Publication 800 — 188, 2nd Draft), 2016.

[15] Greens/European Free Alliance(EFA), European Parliament, *EU General Data Protection Regulation State of play and 10 main issues*, 2015.

[16] Kaplan, Bonnie,"Patient Health Data Privacy," in Beyond IP: The Future of Privacy, Shlomit Yanisky — Ravid (ed.), 2016 (forthcoming).

[17] Li, N., Li, T., and Venkatasubramanian, S., "t — Closeness: Privacy beyond k — anonymity and l — diversity", ICDE, 2007.

[18] McKinsey Global Institute, *Big data: The next frontier for innovation, competition, and productivity* , 2011.

[19] McCalister, Erika, Grance Tim, and Scarfone Karen, National Institute of Standards and Technology (NIST), *Guide to Protecting the Confidentiality of Personally Identifiable Information(Special Publication 800 — 122)*, 2010.

[20] McGraw, Deven, "Policy Frameworks to Enable Big Health Data"in Future of Privacy Forum, *Big Data and Privacy Making Ends Meet,* 2014.

[21] National Information Standards Organization (NISO), *Understanding Metadata*, 2001.

[22] Ohm, P., "Broken Promises of Privacy: Responding To The Surprising Failure of Anonymization", *UCLA Law Review*, 2010.

[23] Organization for Economic Cooperation and Development (OECD),

Health Data Governance, 2015.

[24] Rubinstein, Ira and Hartzog, Woodrow, "Anonymization and Risk", Washington Law Review, 2016 (forthcoming).

[25] Samarati, P. and Sweeney, L., "Protecting Privacy when Disclosing Information: k – Anonymity and its Enforcement through Generalization and Suppression", 1998.

[26] Schwartz, P. and Solove, D., "The PII Problem: Privacy and a New Concept of Personally Identifiable Information", *New York University Law Review*, 2011.

[27] Sweeney, L., "K – Anonymity: A Model for Protecting Privacy", *International Journal on Uncertainty, Fuzziness and Knowledge – based System*, 2002, 10, pp. 557 – 570.

[28] U.K. Department of Health, *Report on the Review of Patient – Identifiable Information*, 1997.

[29] _____, *Information to Share or Not to Share: The Information Governance Review*, 2013.

[30] _____, *The Independent Information Governance Oversight Panel's report to the Secretary of State of Health*, 2015.

[31] _____, *Review of Data Security, Consent, and Opt – Outs*, 2016.

[32] U.K. Information Commissioner's Office (ICO), *Anonymisation: managing data protection risk code of practice*, 2012.

[33] _____, *Determining what is personal data*, 2012.

[34] U.S. Department of Health & Human Services, *Protecting Personal Information in Research: Understanding the HIPAA Privacy Rule*, 2004.

[35] U.S. Department of Health & Human Services, Office for Civil Rights(OCR), *Guidance Regarding Methods for De – identification of Protected Health Information in Accordance with the Health*

Insurance Portability and Accountability Act (HIPAA) Privacy Rule, 2012.

[36] Wu, Felix, "Defining Privacy and Utility in Data Sets," University of Colorado Law Review, 2013.

[37] Yeung, Karen, "Tensions in law regulation and technological innovation, Recent Cases from the UK experience (manuscript)", 2016.

[38] 高度情報通信ネットワーク社会推進戦略本部, パーソナルデータの利活用に関する制度改正大綱, 平成26年6月24日.

[39] 日本画像医療システム工業会(JIRA), 医療情報利活用における匿名化技術ガイド Ver1.0, 2015.

[40] 非學術界研究類行政院衛福部102年11月19日通知 「行政院衛生署及所屬機關提供產業界衛生相關資料庫使用作業要點」自即日起停止適用(文號:1020109741號函)

[41] 内閣官房情報通信技術 (IT) 総合戦略室, 個人情報の保護に関する法律及び行政手続における特定の個人を識別するための番号の利用等に関する法律の一部を改正する法律案(概要,要綱,法律案・理由, 新旧対照表, 参照条文), 第189回 通常国会, 2015.

[42] 個人情報保護委員会, 「個人情報の保護に関する法律についてのガイドライン(匿名加工情報編)」, 平成 28年.

3. 참조 사이트

[1] http://ptac.ed.gov

[2] http://www.resdacr.org

[3] https://www.cms.gov

[4] http://www.bna.com

[5] http://www.hhs.gov

[6] http://ukanon.net

[7] http://ec.europa.eu

[8] https://www.kantei.go.jp

[9] http://www.cas.go.jp

[10] http://www.ppc.go.jp

[11] http://ico.org.uk

[12] http://content.digital.nhs.uk

[13] http://royalfree.nhs.uk

[14] http://www.nhs.uk

[15] http://nhird.nhri.org.tw

[16] http://www.mohw.gov.tw

[17] http://rschi.cgu.edu.tw

[18] http://www.data.go.kr

[19] http://www.nhis.or.kr

[20] http://mhiss.nhis.or.kr

[21] http://uhealth.amc.seoul.kr

[22] http://www.theguardian.com

찾아보기

저자 소개

고학수
서울대학교 경제학과 졸업
미국 컬럼비아대학교 경제학 박사
미국 컬럼비아대학교 로스쿨 JD
미국 및 한국 로펌 근무
(현) 서울대학교 법학전문대학원
    교수
(현) 한국법경제학회 회장

이동진
서울대학교 법과대학 졸업
서울대학교 법학박사
서울중앙지방법원, 서울북부지방법원
    판사
(현) 서울대학교 법학전문대학원
    부교수

이선구
서울대학교 법과대학 졸업
미국 조지타운대학교 로스쿨 법학
    박사(SJD)
가천대학교 의과대학 조교수
(현) 연세대학교 언더우드 국제대학
    조교수

김은수
서울대학교 경제학과 졸업
미국 텍사스테크대학교 로스쿨 JD
서울대학교 법과대학 전문박사과정
    수료
미국 변호사

정종구
연세대학교 법과대학 졸업
서울대학교 법과대학 박사과정 수료
연세대학교 로스쿨 재학중

개인정보 비식별화 방법론

초판발행	2017년 7월 1일
공저자	고학수 · 이동진 · 이선구 · 김은수 · 정종구
펴낸이	안종만
편 집	김효선
기획/마케팅	정병조
표지디자인	김연서
제 작	우인도 · 고철민
펴낸곳	㈜ **박영사**
	서울특별시 종로구 새문안로3길 36, 1601
	등록 1959. 3. 11. 제300-1959-1호(倫)
전 화	02)733-6771
f a x	02)736-4818
e-mail	pys@pybook.co.kr
homepage	www.pybook.co.kr
ISBN	979-11-303-3047-1 93360